監訳者のことば

人間の本性を見据《す》えた骨太の書

楠木　建

「GIVE《ギブ》 & TAKE《テイク》」。

本書のタイトルに大きく掲げられた言葉を目にして、あなたはどう思うだろうか。僕の第一印象は「要するに『情けは人のためならず』という話なのかな」というものだった。で、実際に読んでみると、そういう内容である。これだけだと、ありきたりの話に聞こえる。

しかし、本書は凡百の「自己啓発書」ではない。著者は優れた研究者であり、本書で展開されている議論は、どこをとっても行動科学の理論と実証研究に裏打ちされている。論理が実に頑健だ。その点で本書は、個人的な経験や思いつきで書かれた自己啓発のビジネス書とは一線を画している。

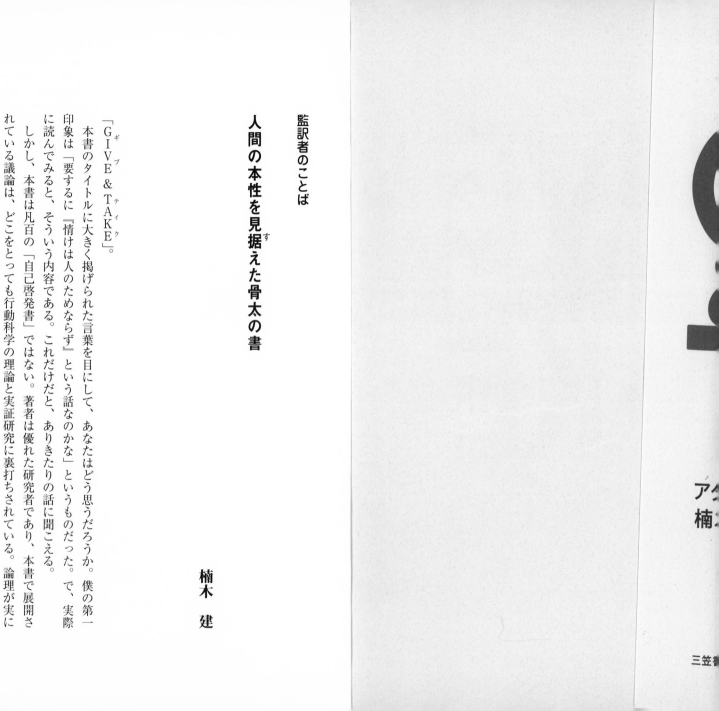

著者の議論の基底にあるのは、**「ギバー（与える人）」「テイカー（受けとる人）」「マッチャー（バランスをとる人）」**という、人間の思考と行動の三類型だ。

実にシンプルな分類だが、これがなかなか奥深い。字面だけだと誤解する恐れがあるので要注意。

「ギバー」といっても「ひたすら他者に与えるだけ」ではない。同様に「テイカー」にしても「人からとろうとするだけ」ではない。これでは世の中と折り合いがつかない。どのタイプでも最終的にはタイトルにあるとおり「ギブ&テイク」になることには変わりはない。いずれにしても人はギブしたりテイクしたりしながら仕事をしている。要するに世の中は「ギブ&テイク」で成り立っている。

しかし、ギバーとテイカーとマッチャーでは、「ギブ&テイク」にいたる筋道がまるで異なる。本書の三分類は、「ギブ&テイク」という仕事の場面でごく日常的に見られる相互作用に対して人間がもつ前提の違いに焦点を当てている。なぜ、どのように「ギブ&テイク」にいたるのか、という因果論理の違いに注目しているといってもよい。

三つのタイプの本質的な違いを理解するためには、それぞれのタイプの意図や行動を時間軸において見るのがよい。ポイントは、ギブとテイクのどちらが先に来るかということだ。

テイカーであったとしても、ギブすることも少なくない。しかし、テイカーが前提とする因果論理はこうなる。彼らにとっては、目的はあくまでも「テイク」にある。何でも自分中心に考え、自分の利益を得る手段としてのみ、相手に「ギブする」。裏を返せば、テイクという目

GIVE & TAKE

「与える人」こそ成功する時代

ム・グラント 著

建 監訳

房

的を達成する手段として有効だと考えれば、テイカーは実に積極的にギブすることもあるわけだ。

これに対して、ギバーは思考と行動の順番が逆になる。まずギブしようとする。相手のことを考え、真っ先に相手に与える。その時点では頭の中に、目的としてテイクがあるわけではない。それでも、結果としてギブが自分に返ってくる（テイク）。

つまり、テイカーの頭のなかにあるのは、ひたすら「テイク＆テイクン」である。自分から奪いとる。それでも、テイクするためにはその過程で手段としてとられるもの（テイクン）が出てくるのもしかたがない。これがテイカーの思考と行動だ。

一方で、ギバーは「ギブ＆ギブン」だ。見返りなど関係なしに、まず先に人に与える。その結果、はからずも「どこからかお返しをもらえる」というわけだ。

「人間関係の損得はお互いに五分五分であるべきだ」と考える人たちもいる。これが著者のいう「マッチャー（バランスをとる人）」だ。彼らは、いつも頭のなかに「バランスシート」をもっている。自分と相手の利益・不利益を、そのつど公平にバランスし、ギブ＆テイクの帳尻を合わせようとする。「これだけしてもらったから、私も同じくらいお返ししよう」という思考と行動のパターンとなる。

だから、マッチャーというタイプではギブとテイクの間に時間的なズレがあまりない。ギブが先行すればすぐにテイクで補完しようとする。逆に、こういう人びとはテイクが先行することも好まないので、そう感じると意識的にギブをする。

「ギブ&テイク」という言葉を聞いて、多くの人がすぐにイメージするのは、ギバーでもテイカーでもなく、マッチャーだろう。ただし、この第三のタイプは本書の分類でいえばギバーでもテイカーでもない人びとなのである。

豊富な事例とデータにもとづく発見事実のおもしろさ

この本の著者であるアダム・グラントは、ビジネススクール「ウォートン校」で教鞭をとり、学校史上最年少で終身教授になったという優秀な組織心理学の研究者だ。膨大な実証研究の蓄積に裏打ちされた骨太な論理を展開している。

アカデミズムの先端にいる若い学者が書く本というと、簡単な話をわざわざ小難しい概念やいいまわしをこね回して意味もなく難解にしてしまう「若書き」のものが少なくない。しかし、本書はその逆だ。

著者の主張は、つまるところ「情けは人のためならず」というシンプルなものだ。しかし、よくよく考えてみれば、その背後にはさまざまな論理が複雑に絡《から》み合っている。本書は複雑な論理世界にいったん踏み込みながら、それを複雑なままぶちまけるのではなく、再びシンプルな主張へと解きほぐしていくというスタイルをとっている。だから、とても読みやすい。読者にとって素直に役に立つ。そういう本を提供できるアカデミックな研究者はそうそういないものだ。

ビジネスにおいては、「ゼロサムではなくプラスサムにしなければならない」とか「ウィン・ウィンの関係を構築して……」というようないいまわしがよく出てくる。本書の美点は、定量的・定性的データの分析から導出される論理を駆使して、われわれが何気なく口にしている「プラスサム」「ウィン・ウィン」といわれる現象の背後にあるメカニズムについての深い理解を与えてくれるところにある。

本書の読みやすさと説得力は、定量的なデータ分析にもとづいた発見事実だけでなく、リアリティあふれる「ビジネスの現場の事例」が豊富に出てくることによるところが大きい。

たとえば、シリコンバレーの起業家アダム・リフキン、ＩＴ投資家のデビッド・ホーニック、『ザ・シンプソンズ』の脚本家ジョージ・マイヤー。この三人のギバーたちのエピソードはとくに印象深い。こうしたギバーは、「ひかえめに話す」人たちで、「人にアドバイスを求めるのをいとわない」し、さらには「自分から弱みを見せる」。読者のみなさんも、やりとりをしていて気持ちがいい人や、信頼できる人は確かにそうだと感じられるのではないだろうか。

一方のテイカーについても、本書は興味深い事例を紹介している。たとえば、僕が建築家として好きなフランク・ロイド・ライト。この人はかなりのテイカーだった。自己中心的で傲慢な振る舞いがもとで、その建築家としての実力にもかかわらず、結局まったく弟子が育たなかった。ポリオワクチンを開発した功労者として知られる医学者のジョナス・ソークもまたテイカーだった。

データ分析からの発見事実もいちいちおもしろい。とくに、これまでの研究が示唆《しさ》する「テ

イカーを見分ける方法」には笑ってしまう。

・テイカーのＣＥＯは話をするとき、やたらと「○○」という単語を使う。
・テイカーが経営する会社の年次報告書は、写真が○○である。
・テイカーは「フェイスブック」で使っているプロフィール写真が○○である。

何が書かれているかは本文に譲るとして、次から次へと飛び出す発見事実がおもしろい。とくに興味をそそられるのは、ギバーの仕事のパフォーマンスが二極化するという事実だ。平均的なパフォーマンスがもっとも高いのはギバーのグループだったが、もっともパフォーマンスが低いのもまたギバーのグループだった。

この発見事実からさらに著者は議論を展開していく。「ギバーこそが成功する」という著者の主張は、ある条件のもとで成り立つというわけだ。その条件とは何か。このへんが実証研究の成果に立脚して議論をきめ細かく進めていくという著者の本領発揮のところなので、じっくり論理をたどってほしい。

時間的に鷹揚《おうよう》であれ

いうまでもないことだが、本書は自然科学でいうような「法則」を提示するものではない。

法則とは、いつでもどこでも再現可能な一般性の高い因果関係を意味している。本書は人間をあつかっている。いくら実証研究に立脚しているとはいえ、人間の行動について絶対の法則はありえない。

著者の「ギバーこそが成功する」という主張は、法則というよりは「論理」である。「こうすればこうなる」という話ではなく、「こう考えてみてはどうでしょうか」というものの考え方や視点を提供している。だから「よし、自分は今日からギバーになる」といって努力したからといって、たちまち営業成績がアップし、職場の人間関係が改善され、給料が増えていくかというと、そんなことはない。

むしろ話は逆である。著者の論理を注意深く追えば明らかなことだが、「速効性」や「確実性」を求めている人は、ギバーにはなれない。**「与える人が成功する」というロジックは、現象として起きるまでに非常に時間がかかる。**人に与えたことは、のちのち返ってくる。しかし、ギブのあとのテイク（というかギブン）が起こるのは、ずっと先の話だ。しかも、いつ返ってくるのか、果たして返ってくるのかこないのか、事前の期待や意図はない。もっといえば、そういう「取引」をもちこまないのがギバーのギバーたるゆえんなのだ。

要するに、**時間的に鷹揚な人でないと、ギバーにはなれない。**「いついつまでに自分にとっての利得が返ってきてほしい」などというのは、テイカーやマッチャーの発想だ。テイカーやマッチャーは、自分が誰かにしてあげたことを損得勘定に置き換えて、子細漏らさず自分の「記録ノート」につけている。これに対して、ギバーは「記憶ノート」にいい思い出を残すこ

とを大事にしている。そして、ギバーに助けてもらった人たちには、その経験がより克明にその人たちの「記憶ノート」に残っている。

ギバーは「記録」より「記憶」を重んじる。だから時間を経ても、人間関係のつながりを再構築することができ、そこから恩恵を得ていくのである。ギバーにとって恩恵とは「思いがけず来るもの」であり、事前に期待したり損得勘定するものではない。

ことほど左様に、時間軸で鷹揚であることは、ギバーとなるためにもっとも大切な条件の一つである。ところが、インターネットに代表されるＩＴの進展にともなって、私たちは「時間的なゆとり」「鷹揚さ」を失いつつある。すぐに答えが出たり、時間をおかず返事が返ってきたりすることが当たりまえになっている。だから待てない。

そういう意味では、ＩＴの発達は両義的だ。著者のいうように、ＩＴは世の中を便利にし、ギバーであることのメリットを加速させる面をもっている。しかし、その一方でゆっくり構える鷹揚さを阻害し、ギバーであることを難しくしているともいえる。ギバーでいることの、非常に重要な条件――「心のゆとり」「人間関係において想定する時間軸のゆとり」が、必要なのではないかと改めて考えさせられる。

どうしたら「ギバー」になれるのか

ギバーであるためにはどうすればいいのか。

ここが凡百のビジネス書や自己啓発書と大きく違う本書の真骨頂だ。薄っぺらな自己啓発書だと、「悔い改めよ」とか「これからはこういうことをしなければならない」とか、あっさりいえば「がんばれ！」という話に終始することが多い。

これに対して、著者の発想と主張は一八〇度異なる。「がんばるな」というのである。ギバーであることは、考えてみれば人間の本性だ。もともと人間がもっている本性を正面から見据えて理解すれば、人間は自然とあるべきギバーに戻っていく――そういう論理展開になっている。物事を見る前提や構えを変えれば、無理やり努力をせずとも、自然と新しい可能性が拓《ひら》ける。論理が人間的で明るい。ここが素晴らしい。

たとえば、「自己利益」と「他者利益」についての著者の議論がその典型だ。多くの人は「他者に利益を渡す＝自分の利益がなくなる」と考える。だから、「他者のために何かしてあげたい」「ギバーになりたい」と思っても、なかなか行動できない。

しかし、「自己利益」と「他者利益」は一つの次元の両極ではない、したがって相反するものではない、と著者は主張する。「他者に利益をもたらすためには、〝自己犠牲〟は必要ない」のである。

成功するギバーは、「自己犠牲」ではなく、「他者志向性」をもっている。他者志向性とは、たとえばチームで仕事をするときに、自分の取り分を心配するのではなく、みんなの幸せのために高い成果を出す、そこに目的を設定するということだ。

前述の『ザ・シンプソンズ』の脚本家ジョージ・マイヤーの話は、その典型的な事例だ。彼

は優れた番組をつくることに徹底的にこだわった。それが何のためなのかという「意義」を考え抜いていたからだ。番組を見る人はもちろん、番組の製作にかかわる人を幸せにする。ここにジョージ・マイヤーの強い他者志向性があった。

要するに、自分がその仕事をせずにはおれないという〝意義〟がポイントだ。

「自分にとって意義のあることをする」

「自分が楽しめることをする」

この条件が満たされれば、ギバーは他人だけではなく、自分にも「与える」ことができる。自分が認識する「意義」のもとに、他者と自己が一体化するからだ。他者に対する共感と愛着が生まれる。こうなると、ギブはもはや犠牲ではない。何のことはない、真のギバーはギブすることによって他者のみならず、意義に向かって仕事をする自分自身を助けているのである。だから自然とギブするという成り行きだ。

本書が出版されたアメリカと比べて、「情けは人のためならず」という著者の主張は、日本人にとって、より親和性が高いだろう。おそらく**ビジネスにおいては、日本のほうが「ギバーが多い社会」**だと思う。

本書でもいくつかのデータで示されているとおり、アメリカでは一人ひとりの人間は本性においてはギバーであっても、ことビジネスとなると、極端な「テイカー社会」である。「うかうかしているとやられてしまう」という考え方が、歴史的、社会的、文化的に共有されている。

本書に書かれていることは、アメリカ人たちにとっては驚きの発見ばかりかもしれないが、

日本の読者にしてみれば「昔からいわれている、当たりまえのことじゃないか……」という感想をもつかもしれない。

だとすれば、それは日本にとって重要な意味のあることだ。**ビジネスにおいてもギバーが（潜在的に）多いということは、日本の社会と日本人が伝統的にもっている「天然資源」といってよい。**本書の議論は、われわれがふだん意識していない日本の可能性についても光を当てている。

“自分志向”から抜け出す

本書は単に「人間関係をよくしましょう」という話をしているのではない。ギバーになるということは、「仕事とは、いったい何のためにするのか」ということを、突きつめるということだ。

これは僕自身のこれまでを振り返っても実感として納得できる。そもそも仕事というのは、「自分以外の誰かのためにするもの」だ。こんなことをいうと「きれいごと」に聞こえるかもしれないが、そういう話ではない。単純に、「仕事」は「趣味」とは違うというだけの話だ。

たとえば、「釣り」は趣味だ。趣味であれば自分志向でまったく構わない。自分が楽しければいい。ところが「漁師」となると、それは仕事だ。人のために新鮮で安全な食料を安定的に供給しなければならない。魚を買ってくれる他者のためにならなければ仕事にならない。世の

ため人のためと大上段に構える必要はない。ささやかであっても必ず自分以外の誰かのためになるから、仕事として成立する。この意味で、趣味は仕事ではない。当たりまえの話だ。「この人は頼りになるな」「役に立ってくれたな」。人にそう思われてはじめて「仕事」になる。裏を返せば、テイカーは、そもそも仕事に向いていないといってもよい。仕事として仕事に向き合っていないのである。

テイカーの頭のなかは「自分の評価」でいつもいっぱいになっている。自分の評価をなるべく楽をして上げることしか考えていないからだ。世間でよくありがちな「人脈術」などというものも同じことだ。たとえば、「誰と知り合えば自分のビジネスが有利になるのか」「どの人間と仲よくすれば、おいしい話があるのか」など、ひたすら自分のことにしか目が行っていない。これでは趣味である。仕事ではない。

そもそも、仕事の評価は自分でするものではない。それが仕事である以上、他者に評価されてこその仕事だ。本書が描くギバーは、この当たりまえのことを仕事で実践している人びとである。

心と体を突き動かす本

まずは自分の周囲にいる「ギバー」「テイカー」「マッチャー」の顔を、それぞれの類型のモデルとして思い浮かべながら読む。多くの人が自然とそうするだろうが、これが本書の正しい

読み方だ。著者の筆致はリアリティがあるので、僕にしても、すぐにそれぞれの類型に対応した知人の顔が頭に浮かんだ。自分の頭のなかにある「モデル」に当てはめながら本書の議論をたどっていくことをおすすめする。本書の理解がますます深くなること請け合いだ。

　さて、自分自身はどうか。ギバーかテイカーか、はたまたマッチャーなのか。読み進めながら、多くの人は自問自答するだろう。僕もその例外ではない。これまでの自分の思考や行動を改めて振り返ってみると、僕は自信をもって「ギバーです」といえるほどには根性がよくない。頭ではわかっているのだが体がついていかないことも多い。

　そんな僕でも、時や場合によっては、ギバーになることもある。たとえば、才能を感じさせる人や自分がおもしろいと思ったことのために、自分の利益とは関係なしに、ごく自然とギバーとして行動していたことに気づかされた。

　僕でも多少は経験があるのだから、「ギブすること」は誰のなかにもある本能、本性であることは間違いない。ギバーとして生きることは、仕事の成果を出すためだけではなく、人間としてもっとも幸せな姿勢である――「頭」でそう思うだけではなく、「体」でも「心」でも同意できる。

　読み終わったとき「もうちょっと意識的にギバーになりたい」と思い、動き出した自分がいる。**読めばついつい心と体が動いてしまう本**――そんな本は、この世の中にそう多くない。自信をもっておすすめできるさわやかな一冊である。

contents

監訳者のことば
人間の本性を見据《す》えた骨太の書――楠木建 1

PART 1

あなたは、まだ「ギブ&テイク」で人生を決めているのか

いま「与える人」こそ、幸せな成功者となる

誰が「成功のハシゴ」をのぼるのか――ある投資家のストーリー 22
やり手の起業家が選ぶ相手とは 32
ビジネスは「大きなチーム」で動いている 37
報酬が百倍になったアドバイザー 48
お金と幸せ、どちらを優先するか 51

PART 2

「名刺ファイル」と「フェイスブック」を見直せ

「与える人《ギバー》」の才能① 「ゆるいつながり」という人脈づくり

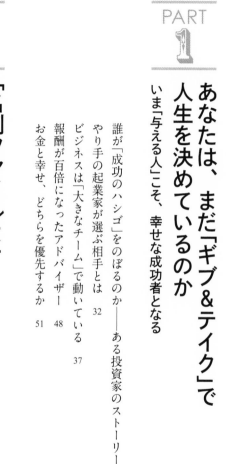

一人の男が大企業を破綻に追い込む　62
仮面をかぶった「泥棒」は誰だ　69
写真を見ただけでわかること　74
ＳＮＳの情報はこう活用する　78
「コンピュータ・オタク」が世界一の〝人間関係〟を築く時代　83
人と会うまえに考えておきたいこと　87
こんな「ちょっとしたお節介」の効果　90
「休眠状態のつながり」とは　97
「五分間の親切」からすべてがはじまった　103
この発想ができる人こそ求められている　109

PART 3

チームの総力を活かせる人

「与える人《ギバー》」の才能②　利益の「パイ」を大きく増やす働き方

『ザ・シンプソンズ』のすごい仕掛け人　114
いまや「仕事ができる」のは、こんな人たちである　116
あの偉大な建築家の「黒い人生」　122

才能ある人が、なぜ凋落《ちょうらく》するのか 126
「僕は優れた一兵卒になりたい」 129
優秀だから尊敬される人、妬《ねた》まれる人 134
手柄を〝独り占め〟にする心理 137
人を動かす人が、必ずやっていること 141
「自分という箱」から出る方法 146
結婚祝いの品はハズレが多い――なぜか 150

PART 4

荒野で〝ダイヤモンド〟を見つける法

「与える人《ギバー》」の才能③ 可能性を掘り出し、精鋭たちを育てる

大統領の〝側近〟に選ばれし男 158
「スター」を育てる確実な方法 164
原石は〝見つける〟のではなく〝磨く〟 170
「天賦《てんぷ》の才」は生まれつきのものか 173
「隠れ役立たず」を見分ける 180
名選手をつくるコーチのやり方 184

こんな「プライド」と「メンツ」は捨てなさい 187
人間は〝才能〟で決まるのか 196
マイケル・ジョーダンの「史上最悪の失敗」 200

PART 5

「パワーレス」の時代がはじまった

「与える人《ギバー》」の才能④ 「強いリーダーシップ」より「影響力」

その弱点は「大きな強み」になる 206
スーツにコーヒーをこぼしただけなのに 214
トップ営業マンの、すごい「逆転の発想」 218
眼鏡販売店での「驚きの実験」 222
投票率を一気に上げる「このひと言」 229
知らずしらずのうちに心をつかむ「説得術」 231
身につけるべきは「質問力」 240
「他人に好かれる人」の行動 242
なぜ「下心」はバレるのか 247

PART 6

「与える人」が気をつけなければならないこと

「成功するギバー」の、したたかな行動戦略

やる気に火がつく「エンジン」とは 250
〝全米ワースト1の学校〟を救うために 255
「意味のない仕事」に誰もが燃え尽きる 260
人助けは「まとめてやる」 267
「百時間ルール」を決めておく 272
「自己犠牲」から「楽しみ」へ 275
まるで「心の筋肉」を鍛えるように 280
それは大金持ちになるための「一番の近道」 282

PART 7

気づかいが報われる人、人に利用されるだけの人

「いい人」だけでは絶対に成功できない

踏みつけられる人、大事にされる人 290
「愛想のよさ」ほど当てにならないものはない 294
「共感の罠」から抜け出す法 301
「テイカー」と、どうつき合えばいいのか 307
「○○さんのために」がすごい力を生む 311
この〝ひと押し〟が昇給を勝ちとる 316
「いい人症候群」という落とし穴 320
「ギブ・アンド・テイク」の形は一つではない 325

PART 8

人を動かし、夢をかなえる「ギブの輪」

未来を変える「因果応報」のルール

「ズルい人ほど得をする」——それは本当か 330
人間が「お互いを助ける」理由 337
難しい商談を勝ちとった〝切り札〟 344
二人の「アダム・リフキン」 350

人が節電に走る「意外な動機」 356
相手の望みをかなえ、自分の欲しいものを手に入れる 361
「テイカー」を「ギバー」に変えられるか 367

PART 9

「成功への道」を切り拓《ひら》く人たち

あとに続くのは誰だ

頭のいい人ほど早く行動している 374
「与える人」は〝その一歩先〟を見る 380

編集協力：石井綾子
75ページ、77ページ写真：ⓒKurt Ogden of Huntsman International, LLC

PART 1

あなたは、まだ「ギブ＆テイク」で人生を決めているのか

——いま「与える人」こそ、幸せな成功者となる

「ギブ・アンド・テイクの原則とは、駆け引きにほかならない
——一を与えて一〇を得るのだから」

マーク・トウェイン（作家）

誰が「成功のハシゴ」をのぼるのか——ある投資家のストーリー

シリコンバレーのある晴れた土曜の午後、二人の男が誇らしげにサッカー競技場のサイドラインの外側に並んで立っていた。二人はそれぞれ自分の娘たちの試合を観戦していたのだが、いままさに仕事の話をはじめようとしていた。

背の高いほうはダニー・シェーダー。三つの会社を立ち上げてきた起業家で、それまでネットスケープ、モトローラ、アマゾンにスタートアップ（ベンチャー企業）を売却していた。髪が黒く精力的で、ビジネスの話とくれば留まるところを知らない、三十代後半で最初の事業を興《おこ》した、自称「インターネットの大家」だ。会社を築き上げるのがことのほか好きで、ちょうど四社目を立ち上げようとしているところだった。

シェーダーは娘の試合を見にきていたもう一人の男、ベンチャーキャピタリスト（ベンチャー企業が発行する株式への投資を行ない、資金を提供すると同時に、経営コンサルティングを行なう人）のデビッド・ホーニックにかねて初対面のときから好印象を抱いていた。身長一六〇センチちょっと、やはり黒髪で、眼鏡をかけ、あごひげを生やしたホーニックは、幅広い事柄に関心をもつ人物だ。『不思議の国のアリス』の本のコレクターであるほか、大学ではコンピュータ音楽を専攻し、音楽史、物理学、コンピュータサイエンス、音響学を学んだ。さらに犯罪学と法律学で修士号をとり、法律事務所で修業を積んだのち、ベンチャーキャピタル（ベンチャー

企業が発行する株式への投資などによって資金を提供する企業）に入り、以来十年間、起業家たちの熱心な売込みに耳を傾け、投資すべきか否かを決定する毎日だ。

試合の休憩中、シェーダーはホーニックのほうを向くと、こういった。

「今度、事業を立ち上げようと思っているんだ。話を聞かないかい？」

ホーニックの専門はインターネット企業だったので、シェーダーには理想的な投資家に思えた。どちらにとってもうまみのある話だ。


通常、ビジネスアイデアを売り込んでくるのは、はじめて会社を立ち上げる人間がほとんどなので、当然実績などない。その点、シェーダーはすでに一流の起業家で、過去に一度ならず二度も大成功を収めていた。一九九九年には最初の事業、アクセプト・ドット・コムを一億七五〇〇〇万ドル（約百七十五億円）でアマゾンに、二〇〇七年には次の会社、グッド・テクノロジーを五億ドル（約五百億円）でモトローラにそれぞれ売却していた。シェーダーの経歴を考えれば、彼が次にはじめようとしている事業について、ホーニックはぜひとも話を聞いてみたかった。

サッカーの試合から数日後、シェーダーはホーニックのオフィスを訪れ、温めているアイデアを売り込んだ。ホーニックはこのアイデアを最初に聞いたベンチャーキャピタリストの一人だったが、たちどころに気に入った。一週間を待たず、シェーダーをパートナーたちに引き合わせ、タームシート（出資条件の概要が書いてある資料）を提示した——何としてもシェーダー

の会社に出資したかったからだ。

ホーニックは迅速に事を運びはしたが、決めるのはあくまでシェーダーだった。彼の評判や新事業の有望性からすれば、手を組みたがる投資家はほかにも大勢現れるだろう。「起業家にタームシートを提示しているのは、おまえだけじゃない」と、ホーニックは自分にいいきかせた。「並みいる優良ベンチャーキャピタルのなかから、あえて、おまえからの出資を選んでもらえるよう日々、起業家を説得しているんだ。そのうちの半分でも契約にこぎつければ、ありがたいことじゃないか」

この投資契約をものにするには、早い期限を設定して、シェーダーに決断を急がせるのが一番よい方法だった。そうやってせっつけば、シェーダーはきっと契約書にサインし、ほかの投資家に話をもっていくことはないだろう。自分に有利になるように、ベンチャーキャピタリストがよくやる手だ。

だがホーニックはシェーダーに返答の期限を設けなかった。それは、ほかの投資家にも売り込んでみてはどうかとすすめているも同然だった。起業家には選択肢を値踏みする時間が必要だとホーニックは考えていたので、建前として強引なオファーはしないことにしていたからだ。「じっくりお考えになって、最善の決断を下されるといいですよ」とホーニックはいった。もちろん最終的に自分と契約してくれることを望んではいたが、それよりもシェーダーにとっての利益を一番に考え、ほかの選択肢を検討するチャンスを与えたのだ。

シェーダーはすすめられるまま、数週間にわたってビジネスアイデアをほかの投資家にも売

り込んだ。そのあいだホーニックは、有力候補であり続けるために、シェーダーの役に立ちそうな資料を積極的に送った。それは、自分の投資家としての力量を証明してくれる四十社にのぼる照会先リストだった。起業家は、人びとがファイナンシャルアドバイザー（資金運用のアドバイスを行なう職業）に求めるのと同じ特性、すなわち、能力と信頼性を投資家に求める。起業家が投資家と契約を結ぶと、投資家は会社の重役の一員となり、専門的な立場からアドバイスをすることになるからだ。

この照会先リストは、ホーニックがベンチャービジネス界で十年以上にわたり、起業家たちと築いてきた血と汗と涙の結晶だった。これで自分の手腕と人柄はわかってもらえるはずだ。

数週間後、ホーニックの電話が鳴った。シェーダーがかけてきたのだ。

「申し訳ないんだが」とシェーダーはいった。「別の投資家と契約することにしたんだ」

ホーニックとその投資家の契約条件はほぼ同じだったので、彼のほうがリストの分だけ有利なはずだった。照会先の人びとと話をしたあと、シェーダーにはホーニックが素晴らしい人物であることがはっきりとわかった。しかしまさにその寛大さが、あだとなったのである。

シェーダーは、ホーニックが背中を押してくれるばかりで、時には耳の痛いアドバイスをして自分を発奮させてくれることがないのでは……と心配になった。ひょっとしたら、事業をうまく軌道に乗せられるほどタフな人間ではないのかもしれない。それに引きかえ、もう一人の投資家は、起業家にも厳しく、有能なアドバイザーとして定評があった。

シェーダーは帰途、こう考えた。「取締役会にはもっと自分にはっぱをかけてくれるような人物を加えるべきだろう。ホーニックは人がよすぎて、取締役としては何ともいえないな」

ホーニックに電話をすると、シェーダーはこう説明した。「僕の心は君を選べといったんだが、頭のほうは別の投資家を選べというんだ。今回は、頭のほうに従おうと思う」

ホーニックはすっかり落ち込み、あれこれ後悔しはじめた。「私は何をやっているんだ。もっと強引に契約を迫っていれば、シェーダーはそうしたかもしれない。彼とは、十年もかけて信頼を築いてきたんじゃないか。なのに、どうしてこんなことに？」

ホーニックはこのつらい経験から教訓を学んだ――お人好しでは勝てない、と。

だが、本当にそうなのだろうか。

＊＊＊

大きな成功を収める人びとには三つの共通点がある。それは「やる気」「能力」「チャンス」だ。成功とは、勤勉で、才能があり、かつ幸運な人びとによって達成されるものである。シェーダーとホーニックのエピソードからは、第四の要因が浮かび上がってくる。

極めて重要であるにもかかわらず、なおざりにされがちなこと――そう、成功とは、人とどのように「ギブ・アンド・テイク」するかに大きく左右されるということだ。私たちが働く社会は人びとが密接に結びつき、そこでは人間関係と個人の評判がますます重要になっている。

そしてビジネスで誰かとかかわるたびに、こんな選択をすることになる——相手からできるだけ多く価値あるものを受けとるべきか、それとも見返りを気にせず価値あるものを与えるべきか——。

組織心理学者でウォートン校（世界的に高い評価を受けているビジネススクール）の教授でもある私は、もう十年以上、グーグルからアメリカ空軍にいたるまで、組織におけるこうした選択について研究してきた。そしてわかったのは、この選択こそが成功に決定的な影響をおよぼしているということである。過去三十年以上にわたり実施された一連の研究で社会科学者は、相互関係、すなわちギブ・アンド・テイクの関係において、どのくらい与え、どのくらい受けとるのが望ましいと考えるかは、人によってまったく異なることを発見した。もっとわかりやすく説明するために、この座標軸の両極端に位置する二種類の人びとについて見ていこうと思う。

一方を「テイカー《受けとる人》」、もう一方を「ギバー《与える人》」と呼ぶことにする。

「テイカー」は常に、与えるより多くを受けとろうとする。 ギブ・アンド・テイクの関係を自分の有利になるようにもっていき、相手の必要性よりも自分の利益を優先する。テイカーにとって、世の中は食うか食われるかの熾烈《しれつ》な競争社会だ。だから成功するには、人より上にいかなければならないと思っている。能力を証明するために自分を売り込み、また、費やした努力は必ずきちんと認められるようにする。たいていのテイカーは冷酷でもなければ非情でもない。ただ用心深く、自己防衛的なだけである。自分の身は自分で守らなければならないと考え

ているからだ。

ホーニックがもっとテイカー寄りだったなら、シェーダーに返答の期限をいいわたし、相手のために時間的余裕を与えたりせず、投資契約をものにするほうを優先していただろう。しかしホーニックは、テイカーとは正反対の「ギバー」だった。職場にギバーはめったにいない。**ギバーはギブ・アンド・テイクの関係を相手の利益になるようにもっていき、受けとる以上に与えようとする。**ギバーかテイカーかは金銭的なことでは測れない。仕事に関しては、慈善事業にいくら寄付しているかや、いくら給料をもらっているかで、ギバーとテイカーを区別することはできない。それより、ギバーとテイカーは他人に対する態度と行動が違っているのだ。

テイカーが自分を中心に考えるのに対し、ギバーは他人を中心に考え、相手が何を求めているかに注意を払う。テイカーなら、得られる利益が損失を上回る場合にかぎり、相手の有利になるように協力する。一方ギバーなら、いつ何時も、損失より「相手」の利益のほうが上回るように手を差し伸べるのだ。いいかえれば、自分が払う犠牲はあまり気にせず、見返りをいっさい期待することなく相手を助けるということである。仕事においてギバーである人は、自分の時間、エネルギー、知識、スキル、アイデア、有益な人脈を惜しみなく分かち合おうとするだろう。

そういうと、まるでギバーがマザー・テレサやマハトマ・ガンジーに匹敵する人物のように聞こえるかもしれないが、ギバーになるのに何も並はずれた犠牲は必要ない。ただ他人の利益

のために行動することを心がけ、助けたり、助言したり、手柄を分かち合ったり、わたりをつけてやったりするだけだ。職場以外では、このタイプの行動をする人はざらにいる。イェール大学の心理学者、マーガレット・クラークが行なった調査によれば、親密な人間関係ではたいていの人がギバーとして振る舞うという。家族や友人に対しては、いつでも打算なしで相手の役に立とうとする。

しかしいざ職場となると、ギブ・アンド・テイクはもっと複雑なものになる。仕事においては、ギバーかテイカーかにはっきりと分かれることはほとんどなく、たいていの人が第三のタイプになる。それが、**与えることと受けとることのバランスをとろうとする「マッチャー《バランスをとる人》」**だ。マッチャーは常に〝公平〟という観点にもとづいて行動する。だから人を助けるときは、見返りを求めることで自己防衛する。マッチャーは相手の出方に合わせて、助けたりしっぺ返しをしたりしながら、ギブとテイクを五分五分に保つのである。

相互関係には、基本的にギバー、テイカー、そしてマッチャーの三タイプがあるわけだが、この三つの線引きは厳密なものではない。人は自分の役割や相手との関係によって、この三タイプを使い分けるからだ。当然、給料について交渉しているときにはテイカーになるし、自分より未熟な相手に助言するときはギバーになり、同僚に専門知識を教えるときはマッチャーになる。しかし仕事では、たいていの人が三タイプのうちどれか一つになって、人とかかわっている。それがどのタイプであるかが、勤勉さ、才能、幸運と同じくらい、成功できるかできな

いかを左右することになるのだ。

実際、三タイプのどれであるかによって、成功の可能性ははっきりと違ってくる。では、もっとも成功できそうにないのは誰だと思うだろうか。テイカーだろうか？　ギバーだろうか？　それともマッチャーだろうか？

仕事においては、この三タイプはどれもそれぞれにメリットとデメリットがある。しかしこのうち、ほかの二つより払う犠牲が大きいタイプが一つある。ホーニックのエピソードから、ギバーは最悪の結果を手にすることになりそうだと思ったかもしれない。確かにそれは正しい。

調査によれば、成功からほど遠い位置にいるのは、ほとんどがギバーだ。どの重要な職業を例にとっても、ギバーはいつも割を食っている。それは、自分の成功を犠牲にして、相手の利益を優先しているからなのだ。

エンジニアリングの世界では、もっとも生産性が低く効率の悪いエンジニアは、ギバーだ。百六十名を超すカリフォルニア州のプロのエンジニアが、どのくらい協力的かという観点で互いを評価し合った際、もっとも成功していないエンジニアがギバーだった。ギバーは会社全体で、仕上げた仕事、報告書、製図の数はもとより、ミス、締め切りの遵守、経費のムダ遣いの点でも最低点をつけられた。ほかの人の仕事を手伝っているせいで、自分の仕事を終えられないのだ。

これと同じパターンは医学部でも見られる。ベルギーの医学生六百名以上を調査した結果、成績のもっとも低い学生が、「人助けが大好きだ」とか「人が何を必要としているか常に思い

やる」といったギバー特有の主張に関して、得点が非常に高かったのである。ギバーはわざわざ仲間の勉強を手伝ってやり、テストで不利になることもかえりみず、自分の知識を分け与えていた。

販売員も例外ではない。私が実施した調査では、テイカーとマッチャーは年間売上がギバーの二・五倍だった。ギバーは強引に売りつけるようなことはせず、客にとって何がベストなのかを常に気にかけていることが裏目に出た。

どの職種をとっても、ギバーはとても思いやりがあり、人を疑わず、相手の利益のためなら自分の利益を犠牲にすることもいとわないようだ。ほかにも、ギバーはテイカーに比べて収入が平均一四パーセント低く、犯罪の被害者になるリスクは二倍、人への影響力も二二パーセント劣ることがわかっている。

どうやら成功からもっとも遠いのはギバーのようだが、では、成功を収めるのはテイカーだろうか。それともマッチャーだろうか。

実は、そのどちらでもない。データをもう一度見て、私は驚くべきことを発見した。何と、それもギバーだったのだ。

先に述べたように、一番生産性の低いエンジニアはほとんどがギバーである。ところがもっとも生産性の高いエンジニアも、やはりギバーだったのだ。先述のカリフォルニア州のプロのエンジニアで、業績の質・量ともに最高点を獲得したのは、受けとるより多くを同僚に与える人びとなのである。もっとも成功する人ともっとも成功しない人がギバーである一方で、テイ

カーとマッチャーはおそらく、ほどほどの成功に留まるのだろう。

このパターンはどの分野でも変わらない。もっとも成績の低いベルギーの医学生は、ギバーであることを示す得点が非常に高いが、「もっとも成績のよい」学生もやはりそうだった。医学部全体では、ギバーは成績が一一パーセントも高い。

販売業でも、一番売上の低い販売員は平均的な販売員よりギバーを示す得点が二五パーセント高いが、もっとも売上の多い販売員もやはりそうだった。売上トップはギバーで、テイカーやマッチャーより平均五〇パーセント年収が多かった。

このように、ギバーは成功への階段の一番下だけでなく、一番上も占めているのだ。どの職種であれ、ギブ・アンド・テイクのやり方と成功との関連を調べてみれば、ギバーが「バカなお人好し」なだけでなく、「最高の勝利者」にもなれることがわかるだろう。

では、ホーニックは果たしてどちらだったのだろう。

やり手の起業家が選ぶ相手とは

ほかの投資家と契約したあと、シェーダーはずっと気がもめていた。「高額の増資を契約できたし、めでたいことじゃないか。ズバ抜けて才気ある投資家と組めて、本当によかった。……でもそのせいで、ホーニックと仕事をするチャンスを失いかけているのではないか」

シェーダーはホーニックからも投資を受ける方法を見つけようとしたが、難点があった。そ

れには、シェーダーと最大の投資家が会社の株をさらに手放さねばならず、二人のオーナーシップ（所有権）が希薄になってしまうのだ。

だがシェーダーは、みずからが犠牲を払うだけの価値はあると判断した。そして資金調達を終えるまえに、ホーニックに出資してくれるよう要請した。ホーニックはオファーを受け入れて出資し、会社のオーナーシップを一部手に入れた。取締役会に出席するようになると、ホーニックはシェーダーに檄《げき》を飛ばして、常に新しい方向に目を向けさせた。シェーダーはその手腕に舌を巻いた。「彼の別の面を知ることになったよ」とシェーダーはいう。「あの愛想のいい顔の下に隠れていて、それまで見えていなかったんだ」

ホーニックの助言のおかげもあって、シェーダーのスタートアップは無事、立ち上がった。社名は「ペイニアミー」。銀行口座やクレジットカードをもたないアメリカ人がオンラインショッピングを利用できるようにする会社だ。シェーダーは、セブン‐イレブンやグレーハウンドバスといった大手企業と提携してサービスを提供しはじめ、創業から一年半後には、ペイニアミーは毎月三〇パーセント以上の割合で成長していた。投資家として、ホーニックもささやかながらこの成長に貢献していた。

ホーニックはシェーダーも照会先リストに加えることになったが、これはおそらく取引そのものよりはるかに価値のあることだっただろう。起業家がホーニックについて問い合わせてくると、シェーダーはこう答えるのだから。

「彼のことをただのお人好しだと思ったら、大間違いだ。素晴らしい人物だよ。誰よりも勤勉

で度胸もある。厳しい意見をいうだけじゃなく、協力も惜しまない。それに、レスポンスが驚くほど早い。これは投資家にもっとも必要な資質の一つだね。重要な案件に関しては、昼夜を問わずすぐに回答をくれるんだ」

　ホーニックが手にした見返りは、このペイニアミーとの取引ひとつに留まらなかった。その仕事ぶりを目《ま》のあたりにして、シェーダーはホーニックが常に起業家の最大の利益のために行動していることに感心し、投資契約の話があれば彼を推薦するようになった。あるとき、弁護士事務所であるロケットロイヤー社のCEO（最高経営責任者）と会ったあと、シェーダーはホーニックを投資家として推薦した。CEOはすでに別の投資家からオファーを受けていたのだが、結局はホーニックがこの契約をものにしたのである。

　ギバーにマイナス面があることはもちろんわかっているが、それでもホーニックは、ギバーであることが、ベンチャーキャピタル業界で成功できている原動力だと信じている。ある投資家が興味をもつ起業家はたいていほかの優良投資家も引きつけるので、ベンチャーキャピタリストが勝ちとれる投資契約の確率はせいぜい五〇パーセントだとホーニックは踏んでいる。

　それにもかかわらず、ベンチャーキャピタリストとして十一年間やってきて、ホーニックはこれまで二十八枚のタームシートを起業家に提示し、そのうち二十五枚を契約に結びつけているのだ。シェーダーは、ホーニックの出資を断ったわずか三人のうちの一人だった。残りの八九パーセントの起業家はホーニックから資金を調達し、その資金と専門的なアドバイスのおかげで、価値の高いスタートアップが数多く育ってきた。そのうち一社は、二〇一二年の取引初

日に評価額が三〇億ドル（約三千億円）を超え、またほかのスタートアップもグーグル、オラクル、チケットマスター、モンスターケーブルなどの大手企業に売却されている。

ホーニックのいつも努力を惜しまない姿勢と手腕は、シェーダーとの取引を結ぶうえで大きな要素となった。だが成功の決め手となったのは、そのギブ・アンド・テイクのやり方だったといっていいだろう。さらによかったのは、得をしたのがホーニックだけではなかったことだ。シェーダーもまた、後日ホーニックを推薦した企業と同様、得をすることになったのだから。

ギバーとして行動することで、ホーニックはみずから価値あるものを生み出しただけでなく、それを最大限ほかの人の利益につなげることもできたのである。

＊　＊　＊

本書の目的は、ホーニックのようなギバーの成功がいかに過小評価されているか、それを知ってもらうことである。「与えること」が一般に考えられているよりも、どれほど素晴らしいものになりうるか、驚くべき研究結果とエピソードを紹介していきたい。

まずはじめに、なぜギバーがもっとも成功するのか、その理由について説明したいと思う。

ギバーは「お人好しで、他人にいいように使われる人」と思われがちだが、実は意外にも成功者が多い。本書では、さまざまな職業における成功したギバーを紹介していくが、そこにはコンサルタント、弁護士、エンジニア、販売員、脚本家、起業家、会計士、教師、ファイナン

シャルアドバイザー、プロスポーツチームの上級管理職などが含まれる。こうしたギバーたちは、「成功するのが先で、与えるのはそのあと」という一般的なやり方の逆を行き、「先に与える人」こそが、あとでもっとも成功するのだと教えてくれる。

そうはいっても、成功できないエンジニアや販売員がいることも忘れるわけにはいかない。人に利用され、うだつの上がらない人も確かにいる。では、いったい何がお人好しと成功者を分けるのだろうか。それは、生まれついた才能や素質というより、その戦略や選択に関係している。どうしてトップまで登りつめるギバーがいるのか、それを説明していくが、彼らについてよくいわれている二つのこと——思いやりがあって、利他的である——が、実は必ずしもそうではないことがわかるだろう。

そして三つ目に、ギバー特有の成功法を明らかにしていこうと思う。もちろん、ギバーも、テイカーも、マッチャーも成功することは可能だし、現に成功してもいる。しかしギバーが成功するときには、ギバー特有の現象が起こるのだ——その成功がまわりの人びとに波及していくのである。

テイカーが勝つ場合には、たいていほかの誰かが負ける。調査によれば、成功したテイカーは妬《ねた》まれやすく、何とかしてその鼻をへし折ってやろうと周囲から思われるという。それとは対照的に、ホーニックのようなギバーが勝つと、みんなやんやと声援を送り、非難することなどない。その成功が、周囲の人びとの成功を増幅させるからだ。

ギバーは成功から価値を得るだけでなく、価値も生み出す。それがテイカーやマッチャーと

違っているのだ。ベンチャーキャピタリストのランディ・コミサーはこう説明する。
「誰もが勝たせようとしてくれれば、勝つのは簡単だ。まわりに敵がいなければ、成功するのは簡単になる」

ビジネスは「大きなチーム」で動いている

政界入りを目指して悪戦苦闘しているある農村出身の青年を例にあげてみよう。

名はサンプソンとしておく。「イリノイ州のクリントン」になることが目標のサンプソンは、いつか上院議員に立候補したいと考えていた。農場で働く一人の労働者にすぎないサンプソンに当選の見込みはなさそうだったが、彼には大きな野心があった。そして弱冠二十三歳のとき、はじめて州議会議員に立候補した。立候補者は十三名で、そのうち上位四名だけが議席を獲得できた。サンプソンはパッとせず、八位に終わった。

落選すると、今度はビジネスに目を向け、借金をして友人と小さな小売店をはじめた。だが事業は失敗し、借金を返済できなくなり、地方当局に財産を差し押さえられてしまった。それからまもなく、ビジネスパートナーの友人が遺産を残さずに亡くなったため、その借金も背負うことになった。サンプソンは自分の負債のことを、ふざけて「国家債務」と呼んでいた。総額が年収の十五倍もあったからだ。返済には何年もかかったが、のちにすべて完済した。

事業を失敗してから、サンプソンは州議会議員に二度目の立候補をした。まだ二十五歳だっ

たにもかかわらず、何と二位で当選を果たした。彼は初登院で着るはじめてのスーツを買うのに、借金しなければならなかった。それから八年間、サンプソンは州議会議員を務め、そのあいだに法学の学位をとり、弁護士になった。そして四十五歳でついに、国政に打って出る準備が整い、サンプソンは上院議員選挙に出馬した。

　苦しい戦いになるのは承知のうえだった。何しろ、強敵が二人もいたのだから。ジェームズ・シールズとライマン・トランブルはどちらも州最高裁判事を務めたことがあり、サンプソンなど足もとにもおよばない特権階級の出身だった。シールズは再選をねらう現職で、下院議員の甥《おい》でもあった。トランブルもまた、イェール大卒の著名な歴史家の孫だった。それに引きかえ、サンプソンには国政の経験も政治的影響力もほとんどなかった。

　一回目の投票で、サンプソンは四四パーセントの票を獲得して、トップに躍り出た。シールズが四一パーセントの僅差《きんさ》で続き、トランブルにいたってはわずか五パーセントと、大差をつけられて三位に終わった。次の投票でもサンプソンは四七パーセントにのぼる票を得たが、現職の州知事ジョエル・マットソンが選挙戦に参入したことで形勢が一変した。マットソンは人気があり、サンプソンとトランブルは票を奪われる恐れがあった。

　シールズが選挙戦から撤退すると、今度はマットソンがトップに躍り出た。マットソンが四四パーセントを獲得し、サンプソンは三八パーセントで二位に後退、トランブルはわずか九パーセントだった。しかしトランブルは最後の投票まで屈しなかった。そして数時間後、マットソンの四七パーセントに対し、五一パーセントを獲得して、トランブルがついに当選を果た

した。

ところで、なぜトランブルの票が急に増えたのだろうか。どうやらサンプソンが病的なまでのギバーだったのが原因のようだ。マットソンが参入してきたとき、サンプソンは、自分では十分な票を集められないのではないかと思いはじめた。一方トランブルは、小規模ではあったが、必ず投票してくれる忠実な支持層をもっていた。サンプソン支持者がトランブル支持者に支持候補を変えるよう圧力をかけたせいで、二回目の投票ではわずか九パーセントの得票でトランブルは最下位になっていたのである。

ただし、サンプソンが何より気にかけていたのは、自分が当選することではなかった。それは、マットソンの当選を阻止することだったのである。実は、マットソンが不正を働いているのではないかとにらんでいたのだ。有力な有権者を買収しようとしているとの悪評が耳に入っていたし、サンプソンは少なくとも、自分の有力支持者にマットソンが接近してきたという確かな情報をつかんでいた。「サンプソンは勝てそうにないので、私を支持したほうがいい」などと忠告したらしい。

サンプソンはそうしたマットソンの汚いやり口と動機を危惧《きぐ》していたが、その心配は的中した。一年後、マットソンは知事の任期を終えた際、期限が過ぎているか使用ずみであるにもかかわらずキャンセルされていない旧政府の小切手を現金化したのだ。そして数一〇万ドルをもち帰り、詐欺罪で起訴されたのである。

サンプソンは、マットソンには不信感を抱いていたが、トランブルのことは主義主張に共通点があったので信用していた。数年にわたり、サンプソンは社会・経済政策の大転換を熱心に訴え続けていた。それが祖国の将来にとって極めて重要だと信じており、その点ではトランブルと考えが一致していた。そこで、トランブルの忠実な支持層をとり込むのをやめ、自分が身を引くことに決めたのである。すべてはマットソンを引きずり下ろすためだった。

サンプソンは選挙活動の補佐役のスティーブン・ローガンに、選挙戦から撤退することを伝え、支持者にはトランブルに投票するよう頼んでくれといった。しかしローガンにはどうしても納得がいかなかった。

「なぜあれだけの支持を集めている君が、ずっと支持者の少ない対立候補に勝ちをゆずらなければならないんだ⁉」

ローガンは泣き崩れたが、サンプソンは頑として決心をひるがえそうとはしなかった。こうして、サンプソン票はトランブル票へと流れ、トランブルは当選を果たしたのである。

サンプソンが自分の利益よりほかの人の利益を優先したのは、これがはじめてではなかった。それ以前にも、弁護士として高い評価を受けながら、責任が衝突したせいで成功をみすみす逃していた。サンプソンは依頼人が有罪だと感じると、どうしてもそれ以上弁護する気になれなかったのだ。

同僚によると、依頼する側も「自分に何らやましいことがなければ勝訴できるだろうし、そうでなければ、サンプソンに弁護を頼んだところで時間のムダだ」とわかっていたという。あ

る裁判で、依頼人は窃盗罪で訴えられていたのだが、サンプソンは判事に近づくとこういった。「この被告を弁護できるなら、どうぞしてください。私にはできません。たとえ弁護したところで、陪審は彼を有罪だと評決するでしょうから」

別の刑事裁判では、サンプソンは同僚のほうに身を傾けてこういった。「この男は有罪だ。君が弁護したまえ。私にはできない」

そしてこの仕事を同僚にゆずり、かなりの額の弁護料を棒に振ってしまった。こうした決断は尊敬を集めはしたが、一方ではサンプソンが、困難であっても避けることのできない政治的決断を下せるほど強い男なのだろうか……という疑問も提起した。

政治上のライバルの一人はサンプソンのことを、「かぎりなく完璧な人間だが、一つだけ欠けているものがある」と評した。それは、「権力を振るえない」ことだった。サンプソンの判断は、人への気づかいからいとも簡単に鈍ってしまう。政界でギバーとして振る舞うことでサンプソンは不利になったが、それでも自分のことを優先する気にはなれなかった。おかげで選挙戦から撤退するはめになり、周囲もため息をつくしかなかった。

「撤退は確かに残念だった」と本人も認めたが、トランブルが当選したことで、共通の目的は果たされるだろうと主張した。トランブルは非常に弁が立ち、サンプソンはいつも簡単にいいまかされてしまった。選挙のあと地元の新聞記者は、トランブルはサンプソンよりも「真の才能と力をもつ男」と書いた。

だからといって、サンプソンはいつも人にゆずってばかりいるわけではなかった。トランブ

ルの当選に手を貸した四年後、サンプソンは再び上院議員に立候補した。そして、またも落選した。

しかし投票に先立つ数週間、もっとも雄弁にサンプソン支持を訴えた支援者の一人が、何を隠そうあのトランブルだったのである。サンプソンは犠牲を払うことで人びとの好意を得ており、勝ちをゆずってもらったことへのお返しとして、敵から支持者に変わったのはトランブル一人ではなかった。

最初に出馬した上院議員選挙で、サンプソンが四七パーセントの票を獲得したとき、五パーセントの票を占めていた忠実なトランブル支持層のリーダーは、ノーマン・ジャッドというシカゴの男だった。二度目の出馬では、そのジャッドがサンプソンの心強い支持者になってくれたのだ。二年後、二度の落選を経てようやく、サンプソンは国政レベルの選挙で初当選した。事情に通じた解説者によれば、ジャッドはサンプソンの「心の広い振る舞い」をけっして忘れず、彼が大統領に指名されるように「誰よりも」力を尽くしたということだ。

一九九九年、政治を扱うケーブルテレビネットワークＣ‐ＳＰＡＮが、千人の政治通の視聴者に人気投票を行ない、同等の公職を目指して出馬したサンプソンと、ほか三十六名の政治家について評価してもらった。

得票数が一位で、もっとも高い評価を受けたのはサンプソンだった。たび重なる落選にもかかわらず、リストにあるほかのどの政治家よりも人気があった。実は、サンプソンとは、この男が使っていたペンネームである。

そう、彼の本名はエイブラハム・リンカーンだ。

一八三〇年代、リンカーンは、デビッド・クリントンのような政治家になろうと奮闘していた。クリントンはイリノイ州選出の上院議員で、ニューヨーク州知事も務め、エリー運河開削の陣頭に立った人物だった。トランブルを当選させるため、最初の上院議員選挙から撤退したとき、二人は奴隷制度の廃止に尽力することを誓い合った。奴隷の解放にしても、大義のために自分の政治的機会を犠牲にしたことにしても、また、有罪と思われる依頼人の弁護を断ったことにしても、リンカーンは首尾一貫してより大きな利益のために行動していた。歴史、政治学、心理学の専門家が歴代大統領を調べたところ、リンカーンは紛れもないギバーであることがわかった。

「たとえ自分にとって都合が悪かろうと、リンカーンはあえて人を助け、市民一人ひとりの幸福を常に気づかっていた」と二人の専門家は書いている。リンカーンほど、利己的でなく、自己中心的でなく、うぬぼれ屋でもない大統領はほとんどいないという。

歴代大統領の経歴を調査した結果、人を信用し、人の利益を一番に考えて行動した点で、リンカーンはワシントン、フィルモアとともに上位三名にランキングされている。リンカーンと仕事をしたある陸軍将軍の言葉にこうある。「彼にはほかの誰よりも、善良さを兼ね備えた偉大な人だったと思う」

大統領としては、リンカーンは自分のエゴより国家の利益を優先した。一八六〇年に大統領

に就任すると、共和党候補の指名争いで敗れた三人の候補に、国務長官、財務長官、司法長官のポジションを要請した。『リンカン』（中央公論新社）のなかで、著者である歴史家ドリス・カーンズ・グッドウィンは、リンカーンの内閣がいかに普通でなかったかについて述べている。「閣僚はすべて、リンカーンより知名度も学歴も高く、公職の経験も豊富だった。閣内での彼らの存在は、スプリングフィールドからやってきた無名の田舎弁護士の影を薄くしかねなかった」

　リンカーンの地位にあれば、テイカーならエゴと権力を守ろうと「イエスマン」を入閣させただろう。マッチャーなら、自分の支持者を任命したに違いない。ところがリンカーンは自分に敵意をもつライバルを選んだ。「閣僚には党内でもっとも有力な人間が必要だったからだ」と、リンカーンは半信半疑の記者に語っている。「彼らが国家に奉仕するのをはばむ権利は、私にはない」

　こうしたライバルのなかには、リンカーンを見下す者もいれば、無能あつかいする者もいたが、リンカーンは全員を味方に引き入れるのに成功した。先の歴史家のカーンズ・グッドウィンによれば、「真に偉大な政治家の手にかかれば、一般に品位や徳性に結びつけられる資質——やさしさ、思いやり、あわれみ、誠実さ、共感——も、効果的な政治的手段になりうるという証《あかし》だろう」ということだ。

　だがそうはいっても、与えることが望ましい結果を生むかどうかは、その「与え方」にもよ

るのだ。これは与えることの重要な特徴の一つで、これから本書を読んでいくなかで常に念頭に置いてもらいたいことでもある。人を思いやることが、成功と相容《い》れない場合もあるだろう。一方が得をすれば他方が損をするというゼロサムゲームや、どちらか一方が勝つか負けるかという関係では、与えることが利益をもたらすことはまずない。

しかし、世の中の大半はゼロサムゲームではない。最終的に、ギバーは見返りを手にすることになるといってよい。冒頭の投資家のホーニックの場合も、自己犠牲的に思える決断が自分に有利に働いた。短期的には、ホーニックは損をしたように見えたに違いない。確かに、ギバーが好意と信頼を築き上げるのには時間がかかるが、最後には、成功へと導いてくれる評判と人間関係をつくることができるのだ。

事実、ギバーであることの恩恵は時間とともに大きくなっていく。もちろんリスクもあるが、長い目で見れば、素晴らしい結果をもたらしうるのだ。ジョワ・ド・ビーブル・ホテルを創業した著名な起業家チップ・コンリーは、こう説明する。**「ギバーであることは一〇〇メートル走では役に立たないが、マラソンでは大いに役立つ」**

電話もなければ、インターネットも高速の交通機関もない時代には、マラソンにはかなりの時間がかかった。人間関係と個人の評判を築くのは気の長い話だった。「昔は、手紙は出せても、そのことに誰も気づかなかった」とコンリーはいう。今日《こんにち》のような密接に結びついた社会では、人間関係や個人の評判は人目につきやすく、ギバーはペースを加速することができるとコンリーは考えている。

時間がかからなくなったことだけが、今日ビジネスの場で、与えることをより実りあるものにしているわけではない。現在、仕事の構造——とそれを形づくるテクノロジー——に起こっている大規模な変化が、ギバーであることの強みをさらに高めてくれているのだ。

いまや欧米の企業の半分以上が、チームで仕事を行なっている。チームで自動車や住宅をつくり、手術を行ない、飛行機を飛ばし、戦争をし、交響曲を演奏し、記事を書き、企業を監査している。チーム内では、ギバーが情報を分かち合い、嫌われ仕事をし、仲間を助けている。チームでの仕事が増えるほど、ギバーはその価値を証明するチャンスが増えるのだ。

たとえあなたがチームで仕事をしていなくても、何らかのサービス業にはついているだろう。祖父母の時代には、商品を生産する仕事はたいてい独立して行なわれていた。必ずしも人と協力する必要はなかったので、ギバーであってもその価値をなかなかわかってもらえなかった。それに引きかえ現在は、かなりの数の人びとが互いに協力しあってサービスを提供している。

一九八〇年代には、サービス部門は世界の国内総生産（GDP）の約半分を占めていたが、一九九五年にはほぼ三分の二になり、現在はアメリカ人の八〇パーセント以上がサービス業で働いている。

サービス部門が拡大するにつれて、**ますます多くの人びとが、ギバーとして人間関係や評判を築いたサービス提供者を重視するようになっている。**受ける側からすれば、ギバーからサービスを受けたいと思うのは当然である。

医師であれ、弁護士であれ、教師であれ、歯科医であれ、配管工であれ、はたまた不動産仲

介人であれ、価値あるものを要求されるより、与えてもらえるほうがいい。

これこそ、投資家のホーニックが八九パーセントの成功率を誇っている理由なのである。起業家には、ホーニックが彼らの利益を一番に考えて出資をオファーしていることがわかっているからだ。ベンチャーキャピタリストの多くは、飛び込みの営業は相手にしない。少ない時間を有望な起業家やアイデアにだけ費やしたいからである。それに対しホーニックは、まったく面識のない起業家からのEメールにもみずから返事を出す。

「儲かりそうな話かどうかに関係なく、できるだけ力になれれば、うれしいのですよ」

ホーニックによれば、成功するベンチャーキャピタリストは「サービス提供者であるべきでしょう。起業家がベンチャーキャピタリストにサービスを提供するのではなく、我々が起業家にサービスを提供するのです」という。

サービス経済の進展が、なぜ成績がもっとも低い医学生ともっとも高い医学生がギバーなのかを解き明かしてくれる。ベルギーの医学生の調査では、ギバーは入学した最初の年にかなりひどい成績をとっていた。だが実は、ギバーが振るわなかったのは、その年だけだった。

二年次までには不足を補い、逆に仲間よりやや成績が上回った。六年次には、ギバーはかなり高い成績を修めていた。最終学年の七年次には、ギバーは将来を嘱望《しょくぼう》される医師の卵になっており、さらにいっそう躍進していた。ギバーであることが医学部の最終成績におよぼした影響は、かなり大きかったのである。

では、なぜギバーのデメリットが、これほど強力なメリットに変わったのだろうか。

ギバー自身は何も変わっていないのだが、学校のプログラムが変わったからである。進級するにつれて、独立したクラスでの授業から、クリニカルローテーション（参加型臨床実習）、インターンシップ、患者の治療、と授業内容が変化する。上に進むほど、成績はチームワークやサービスによって決まるようになる。授業構成が変化するにつれて、ほかの医師とうまく協力したり患者を気づかったりするのがもともと得意なギバーが有利になるのだ。

サービスを提供する側でのギバーの強みは、医療の分野にかぎったことではない。オーストラリア大手銀行の元ＣＥＯのスティーブ・ジョーンズは、ファイナンシャルアドバイザーの成功の秘《ひ》訣《けつ》を知りたいと考えた。そこでチームをつくり、財政に関する専門知識や努力など、カギとなる要因について調査を行なった。

「会社や自分の利益よりも、顧客の利益を一番に考えているかどうかが、もっとも有力な要因でした」と、ジョーンズはいう。

「この価値を社員に徹底し、顧客をそのようにあつかうことがみんなの利益になるんだと実証することが、私の上位三つの優先事項の一つになったのです」

報酬が百倍になったアドバイザー

こんなギバーの作法を実践しているファイナンシャルアドバイザーが、ピーター・オデットだ。最初の仕事は、大手保険会社の顧客相談窓口で、顧客からの問い合わせに応じていた。入

社一年目で、ピーターは数百人の従業員のなかから、もっとも熱心に顧客にサービスを提供したとしてその年の優秀社員賞に選ばれ、全社で最年少の部門責任者に昇進した。翌年、十五名の上級管理職のグループに加わって、ギブ・アンド・テイクの研修を受けた際、平均的な上級管理職が三人の同僚に援助を申し出たのに対し、ピーターは十五名全員に援助を申し出た。そのギバーぶりときたら、自分が不採用にした求職者にさえ、ほかの仕事を見つけられるようわざわざ面倒を見てやるほどなのだ。

ある日、顧客から電話がかかってきたときのことである。七万ドル（約七百万円）という小額の年金基金に変更を加えたいということだった。スタッフの一人が担当することになったが、調べてみたところ、金属リサイクル業を営んでいるらしい。担当者は丁重に訪問を断った。小口の客にかかわるのは時間のムダに思えたからだ。だがそれをいうなら、ピーターの時間はなおさらだっただろう。その千倍の額の年金基金をもつ顧客を担当しており、なかには一億ドル（約百億円）を超える顧客もいたのだから。

「そんな慎ましい額では、同僚たちは誰も相手にしたがりませんでした。その価値がないと思われていたのです」とピーターは回想する。「しかし重要な顧客でなかったとしても、ないがしろにしていいはずがありません」

ピーターはアポイントをとって、彼の自宅を訪れることにした。家に車を寄せたとき、ピーターはあっけにとられた。玄関はクモの巣だらけで、数カ月は開けていないようだったからだ。

裏口に回ってみると、三十四歳の顧客本人がドアを開けてくれた。だが、居間は虫だらけ、さらに天井全体が剝《は》ぎとられていて、屋根の骨組みがまる見えだった。顧客は弱々しく折りたたみいすをすすめ、ピーターは契約の変更手続きにとりかかった。見たところ、顧客はまじめな働き者のようだった。ピーターは気の毒に思い、こう申し出た。「よろしければ、お客さまのことをもう少しお教えいただけませんか。私に何かできることがあるかもしれませんので」

車が大好きだというのを聞いて、ピーターは錆びた鉄の山を思い浮かべ、気がめいるような貧困のありさまを見せられるのだろうと覚悟した。二人は裏のみすぼらしい倉庫に歩いていった。ところが、なかに足を踏み入れた瞬間、ピーターはハッと息を飲んだ。目のまえに、ピカピカの高級車がずらりと並んでいたからだ。一九六六年製の初代シボレー・カマロ、ドラッグレース用の百馬力エンジンを搭載したビンテージもののオーストラリア製バリアントカー二台、改造したクーペユーティリティ、それに映画『マッドマックス』に出ていたフォードクーペまであった。

家は修理するつもりで購入し、一一エーカー（東京ドーム約一個分）の広大な土地つきで、一四〇万ドル（約一億四千万円）だった。ピーターは翌年、この顧客の事業を再構築し、税務申告のやり方を改善し、家の改修に手を貸した。「これはすべて、人に親切にしたことがきっかけです」とピーターは書いている。「翌日、出社したとき、顧客に会いにいく手間を惜しんだ同僚を見て、思わず笑ってしまいました」

ピーターはこの顧客と揺るぎない関係を築き上げ、翌年には契約の報酬が百倍になった。つ

き合いは今後も数十年にわたり続くだろうと思っている。

キャリア全体を通して、ピーターはギバーであるおかげで、テイカーやマッチャーが常に逃しているチャンスを多くものにした。だが同時にテイカーに利用され、ひどい目にもあっている。しかし、何とかドン底からはい上がって成功を果たし、いまやオーストラリアで業績トップのファイナンシャルアドバイザーの一人になった。その成功の秘訣は、犠牲を最小限に抑えつつ、与えることの恩恵をできるだけ活かすようにすることだという。

「事業で成功できたのは、いつも人の役に立ちたいとしているおかげでしょうか。これこそ私のお気に入りの武器なのです」とピーターはいう。「取引を勝ちとろうと別のアドバイザーと競り合うとき、勝てるのはこのためなのかもしれませんね」

お金と幸せ、どちらを優先するか

テクノロジーと組織における変化が、与えることをより有利なものにする一方で、実は、与えることにはいつの時代も変わることのない特徴が一つある。それは、生きるうえでの基本方針を考えてみれば、人はたいてい「与えたい」と思うものだということだ。

心理学者のシャローム・シュワルツは過去三十年にわたり、世界中の文化の異なる人びとがそれぞれに大切だと考える価値と人生の指針について研究してきた。研究の一環として彼は、

オーストラリア、チリ、フィンランド、フランス、ドイツ、イスラエル、マレーシア、オランダ、スペイン、南アフリカ、スウェーデン、アメリカに住む成人数千人を対象に調査を行なった。

調査表を十二カ国語に翻訳し、回答者にさまざまな価値についてその重要度を評価してもらった。53ページの表がその一部である。テイカーはリスト1にある価値を好むのに対し、ギバーはリスト2の価値を優先する。シュワルツが知りたかったのは、ギバーの価値を支持する人がもっとも多い国はどこかということだった。先述の十二カ国のうち、大部分の人がテイカーの価値よりギバーの価値を支持したのはどの国だっただろうか。

何と、すべての国がそうだったのである。十二カ国すべてで、ほとんどの人が「与えること」こそもっとも大切な価値だと答えたのだ。つまり、権力、達成、興奮、自由、伝統、調和、安全、快楽よりも、「与えること」を気にかけているというのである。実際、これは世界の七十カ国以上で当てはまった。ギバーの価値はアルゼンチンからアメリカ、ベルギー、ブラジル、スロバキア、シンガポールにいたるまで、ほとんどの国のほとんどの人びとにとってもっとも大切な人生の指針なのである。アメリカを含め、世界中の文化の大半で、大多数の人びとが、与えることこそ一番大切な人生の指針だと認めているのだ。

これは別に意外なことではない。親なら、我が子に絵本『おおきな木』（あすなろ書房）を読んでやり、分かち合うことや人を思いやることの大切さを教えるのだから。だが、仕事の場で

リスト1

- ★富
（金銭、物質的な財産）
- ★権力
（支配的な地位、他人の支配）
- ★快楽
（人生を楽しむ）
- ★勝利
（他人より勝る）

リスト2

- ★援助
（他人の幸福のために働く）
- ★責任
（信頼性）
- ★社会主義
（恵まれない人びとを気づかう）
- ★同情
（他人の必要性に応える）

は、与えることに別の価値をもたせ、別物として考えてしまう。

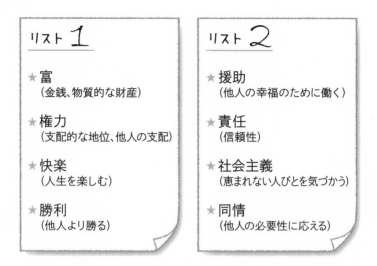

子どもには分かち合いの大切さを教えながら、権力をテーマにしたビジネス書『権力（パワー）に翻弄されないための48の法則』（角川書店）がベストセラーになり、『孫氏の兵法』がビジネス界の実力者に大人気なのは、仕事においては、ギバーの価値を実践する余裕などほとんどないということなのだ。その結果、仕事でギバーとして振る舞っている人びとさえ、その価値を認めるのをためらいがちだ。

名の通ったファイナンシャルサービス会社の上級管理職をしている、シェリアンという女性がいる。シェリアンは正真正銘のギバーである。後進の指導に数えきれない時間を費やし、みずから進んで、社内における女性のリーダーシップの向上と慈善事業を主導している。「私にとって、与えることは当たりまえのことなので

す」と彼女はいう。「報酬を期待しているわけではありません。人と違うことをし、影響をおよぼしたい。助けることで、人の役に立ちたいのです」

ビジネス・センスを養うため、シェリアンは六週間休暇をとって、世界各国の企業の上級管理職六十名とともにリーダーシップ・プログラムに参加した。そして自分の強みを知るために、総合的な心理テストを受けた。すると、自分の仕事上の最大の強みはやさしさと思いやりであることがわかり、シェリアンは愕然《がくぜん》とした。この結果が、タフで成功したリーダーという自分の評判を危うくするのではないかと心配になった彼女は、このことを誰にもいわないことにした。

「頼りにならない人間のように思われたくなかった。上級管理職として大丈夫なのだろうかと、周囲の私を見る目が変わるのが怖かったのです」とシェリアンはいう。「仕事に人間的な感情は必要ないと思い込んでいました。自分の強みが、勤勉さや即戦力だと信じたかった。ビジネスでは、本当の自分とは違う仮面をつけなければならないこともありますから」

軟弱だとか世間知らずだとか思われることを心配して、職場でギバーとして振る舞えない人も多い。ギバーの価値観をもつ人はたいてい、仕事ではマッチャーとして振る舞い、ギブとテイクのバランスをとろうとする。

ある調査で、人びとに、仕事上の人間関係において自分はギバーか、テイカーか、マッチャーかを尋ねたことがあった。ギバーと答えたのはわずか八パーセントで、残りの九二パーセントは、仕事では受けとる以上に与える気にはならないと答えた。別の調査では、仕事中は

ギバーよりもマッチャーになる人が三倍以上多かった。

職場は食うか食われるかの場所だと考える人は、テイカーになる傾向が強い。順位づけを義務づけている企業や、同じ顧客を奪い合っている同業者たち、あるいは相対評価で成績を決め、必要以上の成果を求める学校かどうかで、ギバーよりもテイカーになる人が多いかどうかがすぐにわかる。

「相手が自己中心的に振る舞いそうだと感じると――」と、スタンフォード大学の心理学者デール・ミラーは説明する。こちらがギバーでいると利用されるのではないかと恐れるので、「ギブ・アンド・テイクを五分五分にするのが妥当だ」という結論を出すという。

あるハーバード・ビジネススクールの学生を調査したところ、**ビジネススーツを着せただけで、人間関係や他人の利益に払う注意が大幅に減った**ことがわかっている。コーネル大学の経済学者ロバート・フランクはこう書いている。テイカーに食い物にされるのでないかという恐れが蔓延《まんえん》しているので、「相手のなかに〝最悪〟を予想すると、自分のなかからも〝最悪の自分〟を引き出してしまう。お人好しになってしまうことを恐れて、より品格のある自分を出したがらない」

与えることは、テイカーを相手にしているときにはとりわけ危険だ。前述の投資家のホーニックは、世界でもっとも成功したベンチャーキャピタリストの多くがテイカーとして行動していると考えている。スタートアップのオーナーシップを不当に多く要求し、出資がうまくいくと手柄を独り占めにする。ホーニックは、こうしたやり方がまかり通っている現状を変えた

いと思っている。人生でどんなことを達成したいかと尋ねられたとき、彼はこう答えた。

「何よりまず、成功するのに、ほかの誰かを犠牲にする必要はないことを実証したいね」

　これを証明しようと、ホーニックはベンチャービジネス業界の二つの不文律を破った。二〇〇四年、ベンチャーキャピタリストとしてはじめて、ブログをはじめたのだ。

　ベンチャーキャピタルはそれまで、中身の見えないブラックボックスだった。そこでホーニックは、起業家たちをなかに招き入れることにしたのだ。情報をウェブ上に公開して共有し、ベンチャーキャピタリストの考えをより深く理解してもらうことで、起業家がもっとうまく売り込めるよう手助けをはじめた。ホーニックのパートナーや会社の法律顧問は、あわてて引き留めた。いったいぜんたいどうして企業秘密をバラす必要があるんだ？　ほかの投資家がブログを見たら、タダでアイデアを盗まれてしまうじゃないか――。

「ベンチャーキャピタリストが手の内を見せるのは、正気の沙汰じゃないってね」とホーニックは振り返る。

「けれどどうしても、できるだけ多くの起業家と話をして、彼らの力になりたかったんですよ」

　反対した人たちは正しかった。「ライバルのベンチャーキャピタリストが大勢ブログを読むようになりました。ブログで、いま興味をもっている会社について書くと、実際に取引をするときにずっと競争が激しくなりましたね」

　それでもこれは、ホーニックが喜んで支払う代償だった。「僕が目指していたのは、ひたす

ら起業家のための価値をつくり出すことでしたから」

　そうして、もう十年もブログを続けている。

　ホーニックがまたも型破りな行動に出るきっかけとなったのは、会議での退屈なプレゼンテーションにうんざりしたときだった。大学時代は、教授と協力して講演会事務局を運営していたので、おもしろい人たちをキャンパスに招くことができた。大人気テレビゲームの創案者、ヨーヨーの世界チャンピオン、ワーナーブラザーズ社のアニメキャラクターをデザインしたアニメーターなど、そうそうたる顔ぶれだった。

　ベンチャーキャピタルの会議の発表者は、それに遠くおよばなかった。「気づけば、講演は聞かずに、ロビーにいる人たちとずっと近況について雑談していました。実際のところ、人と人とのあいだに生み出される会話と人間関係のほうが大事だって思うからでしょう？　じゃあ、会議を会話と人間関係を中心にしたものにしたらどうかと思ったのです」

　二〇〇七年、ホーニックは第一回目の年次会議を計画した。会議名は「ザ・ロビー」。目的は起業家を引き合わせ、新しいタイプの情報媒体についてアイデアを共有してもらうことだ。ホーニックはいいアイデアがあれば、四〇万ドル（約四千万円）を即金で払うつもりだったが、まわりはやめるよう説得した。「会社の評判を台なしにしかねない」と警告し、もし会議が失敗したら、ホーニック自身の前途も葬られるかもしれないと暗に匂わせた。しかし彼は計画を推し進め、招待状を送る段階になって、とんでもないことをやってのけた。ライバル会社のべ

ンチャーキャピタリストまで会議に招待したのである。

これにはさすがに、ホーニックが正気を失ったと考える同僚もいた——どこの世界に他社のベンチャーキャピタリストを会議に出席させるバカがいるんだ？ 「ザ・ロビー」で斬新なアイデアをもった起業家に出会えば、おまえを出し抜いて契約を進めてしまうかもしれない。いったいどうして、自分の有利な立場をみすみす捨てて、商売敵《がたき》がチャンスをつかむ手助けをするヤツがいるんだよ！

しかし、またしてもホーニックは反対する人たちを無視した。

「僕だけじゃなく、全員が出席してよかったなと思える会議にしたくて」

実際、会議に参加したライバルのベンチャーキャピタリストの一人は、この方式をいたく気に入り、自分でもロビー形式の会議を開催したが、ホーニックも、ほかのどのベンチャーキャピタリストも招待しなかった。普通はそうだろう。パートナーたちがそうさせなかったのだ。それでも、ホーニックは「ザ・ロビー」にライバルたちを招待し続けた。

ホーニックは、ギバーでいることの不利益がよくわかっている。「僕の頭がおかしいという人もいます。成功するには、自分たちの利益を優先させなければいけないと思い込んでいるからでしょうね」

ホーニックがもっとテイカー寄りだったら、おそらく飛び込みの売込みを相手にすることも、Eメールにいちいち返事を出すことも、ブログで商売敵と情報を共有することも、会議にライバルを招待することもしなかっただろう。自分の時間と知識を守り、人脈ももっと慎重に活用

しただろう。あるいはもっとマッチャー寄りだったなら、「ザ・ロビー」に参加してアイデアを盗んでおきながら、自分の会議には招待してくれなかったライバルにしっぺ返しをしただろう。

しかしホーニックは、人から受けとることより、人が何を必要としているかを気づかう。みずからの価値観に従って生きながら、ベンチャーキャピタリストとして大きな成功を収め、その寛大さには誰もが敬意を払っている。

「関係者全員が得をすべきだ」とホーニックは考える。「誰もが取引したり、人間関係を築けたりする環境が欲しいのです。僕は自分が住みたいと思う世界をつくっているんです」

彼の経験は、仕事においてギバーであることはリスクもあるが、その代わり大きな利益ももたらしてくれるのだとはっきりと教えてくれている。

＊＊＊

何が与えることを素晴らしいものにし、また何が危険なものにするのか、それを理解するには、ギブ・アンド・テイクの関係に目を向けてみることだ。

成功しているギバーは、四つの重要な分野――人脈づくり、協力、人に対する評価、影響力――で、独自のコミュニケーション法を用いる。

「人脈づくり」……新しく知り合った人びとと関係をつちかい、以前からつき合いのある人び

との結びつきを強めるための画期的なアプローチ。

「協力」……同僚と協力して業績をあげ、彼らの尊敬を得られるような働き方。

「人に対する評価」……才能を見極めてそれを伸ばし、最高の結果を引き出すための実用的なテクニック。

「影響力」……相手に自分のアイデアや関心事を支持してもらえるようなプレゼンテーション、販売、説得、交渉をするための斬新な手法。

次のパート以降では、これら四つの分野すべてにわたって、成功しているギバーの行動のどこがほかの人と違っているのか、ギバーのコミュニケーション法から学べることを紹介する。「シリコンバレーの重要人物」はどのように人脈をつくるのか、史上もっとも成功したテレビ番組を製作した天才がなぜ何年も無名のままコツコツ働いたのか、ドラフトで最悪の失敗をしでかしたプロバスケットボールチームのスカウトがいかにして事態を好転させたか、また、言語障害のある弁護士がなぜ勝てたのか、といったエピソードについて紹介していこうと思う。

本書の後半では、与えることのデメリットも考え、その対処法について考えていく。ギバーがバカなお人好しで終わらないようにする方法——その具体例として、燃え尽き症候群をはねのけた教師のエピソードや、ある経営者が大富豪になれた秘密、また、より幸せに長生きするための「時間の使い方」についてもとり上げる。

PART 2

「名刺ファイル」と「フェイスブック」を見直せ

——「与える人《ギバー》」の才能①　「ゆるいつながり」という人脈づくり

「誰でも、創造的な利他主義の明るみを歩くか、破壊的な利己主義の暗闇を歩くかを決めなければならない」

マーティン・ルーサー・キングJr.
（公民権運動の指導者、ノーベル平和賞受賞者）

一人の男が大企業を破綻に追い込む

数十年前、貧しい生まれの男がアメリカンドリームを生きた。

低階層の生まれで、十歳までミズーリ州の水道のない農業の町で育った。家計を助けるため、若者は農場や新聞配達で長時間働いた。ミズーリ大学に入学し、「優等学生友愛会」の会員に選抜されるとともに修士号を取得し、続いて、経済学の博士号をとった。

公務員になろうと海軍に入隊し、重要な任務をいくつか務め、海軍褒章勲章と国防従軍記章をもらった。その後、会社を設立し、会長とCEOを十五年間務めた。役職を降りたときには、会社の評価額は一一〇億ドル（約一兆一千億円）にのぼり、世界四十カ国に二万人以上の従業員を抱えていた。五年連続で、『フォーチュン』誌（世界最大の英文ビジネス雑誌）の「アメリカでもっとも革新的な企業」と、「もっとも働きたい企業二五」の一つに選ばれた。

成功の秘《ひ》訣《けつ》について尋ねられると、「敬意、行動規範、清廉潔白」が大切だと答え、「私が厳格な行動規範に従って生きていることは、みんなが知っている」といった。

慈善活動を目的とする家族財団を設立し、二五〇以上の団体に二五〇〇万ドル（約二十五億円）以上、さらに、会社の年間利益の一パーセントを慈善事業に寄付している。そのギバーぶりはジョージ・W・ブッシュ元大統領の知るところとなり、ブッシュは彼のことを「善良で気前のよい人物」と絶賛した。

それからまもなく、この人物は起訴された。

彼の名はケネス・レイ。エンロン・スキャンダルを引き起こした張本人として、もっとも記憶されている人物だ。エンロンはテキサス州ヒューストンに本社を置くエネルギー総合企業で、エネルギー取引業務も行なっていた。

二〇〇一年十二月、エンロンは経営破綻し、二万人の従業員は職を失った。第三・四半期に六億一八〇〇万ドル（約六百十八億円）の損失を公表したあと、エンロンは株主資本を一二億ドル（約一千二百億円）以上失っており、これはアメリカ史上最大の収益修正額だった。

捜査によって、エンロンが収益を水増しし、一〇億ドル（約一千億円）を超える損失を隠して投資家をだましていたことが発覚。加えて、カリフォルニア州とテキサス州のエネルギー・電力市場を操作し、さらには、外国政府に違法な賄賂《わいろ》を贈って契約を勝ちとっていたことも明らかになった。レイは六件にのぼる共同謀議と詐欺で有罪を宣告された。

実際のところ、レイがどの程度エンロンの違法行為について知っていたかは議論の余地がある。それでも、彼がテイカーだったことは否定しがたいだろう。レイが周囲にギバーのように見えていたとしても、彼はペテン師だった。つまり、ギバーを装ったテイカーだったのである。彼は、自分には、エンロンの資産を私的な利益のために使う権利があると思っていた。会社から法外な融資を受け、サンドイッチを銀の皿や高級磁器に盛りつけて運ばせた。

あるとき、秘書がエンロンの社有飛行機を重役の出張のために予約しようとしたところ、レ

イの家族が私的な旅行で三機を使用中だったこともあった。一九九七年から一九九八年にかけて、エンロンはレイの姉妹が所有する旅行代理店に四五〇〇万ドル（約四億五千万円）の手数料を支払っている。告発によれば、レイはエンロンが破綻する直前に七〇〇〇万ドル（約七十億円）以上の株式を売却し、沈みかけた船から財宝を盗みとったという。

このような振る舞いは、一九七〇年代にエクソン社で働いていたときにすでに徴候があった。上司は紹介状でレイを強く推薦したが、一方で「野心が強すぎるかもしれない」と警告もしている。専門家は、早くも一九八七年にエンロングループ内のエンロンオイル社で、エンロンの巨額の損失を穴埋めするため、レイは二人のトレーダーがペーパーカンパニーを設立して三八〇〇万ドル（約三億八千万円）を盗むのを了承し、その違法行為を隠蔽《いんぺい》する手助けをしたと考えている。

損失が発覚すると、エンロンオイルは八五〇〇万ドル（約八十五億円）の損害を報告しなければならなくなったが、レイは何も知らないとうそぶき、責任を認めなかった。

「私が知っていたという人がいるなら、起立してくれたまえ」

一人のトレーダーが起立しかけたが、二人の同僚に制止された。

テイカーがなぜこれほど成功できたのだろうか。それは、彼が大物と知り合いだったからだ。実際、たくさんの大物とつき合いがあった。レイは会社の財源を私物化することでかなりの利益を得ていたが、主に古いやり方で会社を巨大に成長させたのである。つまり、非常に幅広い

人脈をつくり、それを自分の利益のために利用したのだ。

レイははじめから人脈づくりの達人だった。大学では、ピンクニー・ウォーカーという経済学の教授に気に入られ、じきに、ウォーカーのコネクションを利用して出世しはじめた。ウォーカーはレイがペンタゴン（アメリカ国防総省）で経済の専門家としての職につけるよう協力しただけでなく、さらにその後、ニクソン政権下のホワイトハウスでチーフアシスタントの職まで世話してやっている。

一九八〇年代半ばには、合併を経てエンロンをヒューストンに移転し、そのトップに収まっていた。権力を固めるにつれ、エンロンを儲けさせてくれる政界の有力者と親しくつき合いはじめた。ピンクニー・ウォーカーの兄弟のチャールズをエンロンの重役にし、大統領に立候補していたジョージ・Ｈ・Ｗ・ブッシュとの関係を進展させていった。

一九九〇年、ブッシュ大統領がヒューストンサミット（主要国首脳会議）を開催した際には、共同議長を務め、華やかなショーをくり広げて参加者を魅了。そのなかには、マーガレット・サッチャー英首相、ヘルムート・コール独首相、フランソワ・ミッテラン仏大統領もいた。

ブッシュが再選を目指した大統領選挙でビル・クリントンに敗れると、レイはすかさずクリントンの側近である友人に連絡をとった。その友人は、クリントンと幼稚園に通った仲だった。まもなく、レイは新大統領とゴルフをする仲になった。

数年後、ブッシュ・ファミリーのコネを使って、エネルギー分野の規制緩和を陳情し、テキサス州政府やホワイトハウスの要職者のなかに支持者をつくり、エンロンの有利になるよう政

策に働きかけた。ほぼどんなときも、大物とのコネを利用して、会社の——あるいは自分自身の——未来を飛躍的に向上させることができたのである。

　何世紀にもわたって、人脈づくりの重要性は認められてきた。ノースウェスタン大学のマネジメントの教授ブライアン・アザイによれば、人脈には主に三つのメリットがあるという。それは「個人的な情報」「多種多様なスキル」、そして「権力」である。強力なネットワークをつくることによって、知識、専門的技術、影響力を利用できるようになるのだ。

　さらに突っ込んだ調査からは、豊かな人脈をもつ人はより高い業績を達成し、昇進も早く、収入も多いことがわかっている。人脈は人間関係がもつパワーをもとに機能しているので、ギブ・アンド・テイクのやり方が成功におよぼす影響を理解するうえで強力な柱となる。

　人はネットワークのなかで、どのようにほかの人びととかかわっているのだろうか。また、人脈づくりの目的をどのように考えているのだろうか。

　人脈づくりとは新しい人やアイデアとつながるための魅力的な方法だ。人は仕事やプライベートで多くの人びとと出会う。みんながそれぞれ異なる知識や情報源をもっているので、当然、協力やアドバイスを求めたり、誰かへの紹介を頼んだりすることになる。

　しかし他方では、人脈づくりという考えそのものがネガティブな意味合いをもつことも多い。初対面にもかかわらず、やけに馴れ馴れしい人に会うと、心からいい関係を築きたいと思っているのか、それとも、親しくなってこの関係から何かを得たいだけなのではないかと疑心暗鬼

になってしまうものだ。

おそらくこれまでに、頼み事があるときだけは愛想がいいくせに、別のところでは悪口をいい、あるいは自分の欲しいものを手に入れたあとは知らん顔をする、そんな調子のいいおべっか使いにイライラしたことがあるだろう。こんなペテン師の人脈づくりは、まさにずるがしこい策略そのもので、自己の利益を増やすためだけに人と知り合いになろうという利己的な行為だ。

ここで、根本的な疑問が頭をもたげてくる――つまり、ギバーでも、テイカーでも、マッチャーでも、豊かなネットワークを築き上げることは可能なのだろうか。それとも、どれか一つのタイプしか、豊かなネットワークはつくれないのだろうか。


結論としていえるのは、ギバーもテイカーも幅広い人脈をつくれるかもしれないが、ギバーは、そのネットワークを通じてはるかに長続きする価値をつくるということだ。

二〇一一年、『フォーチュン』誌が大規模な調査をして、アメリカでもっとも人脈づくりがうまい人物を選んだ。ソーシャル・ネットワーキング・サービス（ＳＮＳ）上で、「アメリカで非常に有力な人びとと一番多くコネクションをもつ人物」を見つけだしたのである。

スタッフが「フォーチュン五〇〇」（『フォーチュン』誌が総収入にもとづきランキングした全米上位五百社）のＣＥＯはもとより、『フォーチュン』誌が選んだテクノロジー分野でもっとも頭脳の優れている五十人、もっとも有力な女性五十人、それにビジネス界の四十歳以下の期待

の新星四十人をリストにまとめた。それから、この有力者六百四十人のリストを、九千万人以上のユーザーが登録するビジネス特化型のSNS「リンクトイン（LinkedIn）」のデータベースで相互に参照した。

この調査でトップに躍り出た人物は、地球上でほかの誰よりも多く、『フォーチュン』誌が選んだ有力者六百四十人とリンクトイン上でコネクションをもっていた。その人物はリンクトインで三〇〇〇を超える人とつながりをもち、そのなかには、ネットスケープの共同設立者マーク・アンドリーセン、ツイッターの共同設立者エバン・ウィリアムズ、フリッカーの共同設立者カテリーナ・フェイク、フェイスブックの共同設立者ダスティン・モスコビッツ、ナップスターの共同設立者ショーン・パーカー、ハーフ・ドット・コムの設立者ジョッシュ・コペルマン、おまけに、アメリカのロックバンド、グレートフル・デッドの元シェフまで入っていた。本章の後半で紹介するが、この並はずれたネットワーキングの達人は、ギバーである。

「ちょっと信じられないかもしれないが、利他的に振る舞えば振る舞うほど、人間関係からさらに多くの恩恵が得られるのだ」と、リンクトインの設立者リード・ホフマンは書いている。そしてその理由をこう説明する。

「人を助けはじめると、評判がどんどん高まり、自分の可能性の世界が広がるからだ」

これには、人脈ネットワークそのものが変化し、現在も進化し続けていることも関係しているだろう。しかし私が解き明かしたいのは、人脈をつくる際の動機がどのような効果をもたらし、ネットワーク全体に影響をおよぼすのか、ということなのだ。

仮面をかぶった「泥棒」は誰だ

これまでに初対面の人と会ったときに身構えたことがあるなら、それはおそらく、相手が利己的な下心を抱いていることに感づいたからだろう。テイカーが近づいてくるのがわかると、人は心のドアを閉ざして交流を拒み、協力も信頼もしないことで自己防衛する。

こうされないように、テイカーは化けの皮をかぶって寛大に振る舞い、ギバーやマッチャーを装って相手のネットワークのなかにまんまと入り込もうとする。ほぼ二十年間、レイはこの手でうまくやり、親切にしたり慈善事業に寄付したりして人の心証をよくし、新たな人脈と協力者を手に入れた。

とはいえ、テイカーが誰に対しても、この見せかけの顔を保つのは難しい。レイは有力な政治家と一緒にいるときは感じがよかったが、同僚や部下の多くは本性を見抜いていた。当時を振り返って、エンロンの元従業員はこう語っている。「レイを会議に出席させたければ、重要人物を招かなければなりませんでした」こうした二面性を見事に表現しているオランダの言葉がある――「一方でこびへつらい、一方でひどい仕打ちをする」。

テイカーは部下に対しては支配的になるが、上司に対しては驚くほど従順で、うやうやしい態度をとる。有力者と接するとき、テイカーはまさにペテン師になる。相手に気に入られよう

とせっせとおべっかを使うため、有力者はテイカーに好印象を抱く。ドイツの心理学者トリオによれば、**初対面で一番好感をもたれるのは、「権利意識が強く、人を操作したり利用したりする傾向のある人びと」**だという。

　こびへつらうことにかけては、テイカーは一流のペテン師だ。一九九八年にウォール街のアナリスト（社会情勢を分析して、投資家に情報を提供する専門家）がエンロンを訪れた際、レイは従業員を七十人雇って多忙なトレーダー（証券の売買を行なう人）のふりをさせ、アナリストに会社の経営がうまくいっているように見せかけたのだ。従業員はそこで働いているように見せるため、机の上にプライベートな写真を飾り、架空の電話をかけ、あわただしくエネルギーやガスの売買をしているような「大芝居」を打ったのである。これもまた、レイがテイカーである証拠だった。

　目上の者にはよい印象を与えようと一生懸命だが、目下の人間にはどう思われようと気にしなかった。イギリスの辞書編集者のサミュエル・ジョンソンはかつてこう書いたといわれる。

「自分にまったく利益をもたらさない人間をどうあつかうかで、その人がどんな人間かがはっきりわかる」

　テイカーはこびへつらって出世するかもしれないが、ひどい仕打ちをすることで転落する。ウォール街のアナリストをだまそうとしたとき、レイは自分の従業員を利用し、彼らの誠実さにドロを塗って、自分のメンツを保った。調査では、人は権力を手にすると、寛大になって責

任感が強くなる一方で、生来の傾向が表に出やすくなることがわかっている。

テイカーが権力を手にすると、部下や同僚にどう思われるかを気にしなくなり、利己的な目的を追求し、できるだけ多くの価値を手に入れる権利があると感じるようになる。やがて、同僚や部下を冷遇したせいで、彼らとの関係は壊れ、自分に対する評価もガタ落ちになる。

実際、ほとんどの人はマッチャーなのだ。マッチャーの中心的価値観とは、公平性、平等、ギブ・アンド・テイクの関係なのである。テイカーがこの原則を破ると、そのネットワークにいるマッチャーは、正義にもとる行動を見逃さない。マッチャーは「目には目を」の信奉者なのだ。

例をあげて説明しよう。ノーベル賞を受賞したプリストン大学の心理学者、ダニエル・カーネマンによる有名な実験に参加していると想像してみてほしい。これは、「最後通牒《つうちょう》ゲーム」と呼ばれるものだ。

まず、あなたがテーブルにつく。テーブルの向こう側には初対面の男性が一人座っており、すでに一〇ドルが与えられている。この男性はそのお金を二人でどのように分けるか、あなたに提案するよう指示される。これは最後通牒で、あなたはそのまま提案を受け入れてお金を分けるか、それとも提案を拒絶し、二人とも一銭ももらわないか、どちらか決めることができる。実験が終わったら互いに二度と会うことがないので、男性はテイカーとして振る舞い、八ドルを自分でとり、二ドルだけあなたに渡そうとしている。さあ、あなたはどうするか？

あくまで利益のことだけ考えれば、提案を受け入れるのが合理的だろう。二ドルでも、ゼロよりはましだからだ。しかしたいていの人は、この提案を拒絶するのである。強欲なテイカーを罰するため、進んで自分の取り分を犠牲にし、男性が八ドルを手に入れられないように利得ゼロを選ぶのだ。分割する人が八〇パーセントかそれ以上多く得るような提案は、受け手のほとんどが拒否することがわかっている。

だが興味深いことに、最後通牒ゲームでは、分割する側が自分に極端に有利な提案をすることはめったにない。分割する人の四分の三以上は、マッチャーとして振る舞って、まったく均等に分割した金額を提案するのである。

なぜテイカーの不公正な行為を懲らしめようとするのだろう？　それは悪意からではない。自分を利用しようとしたから、テイカーに仕返しをするのではない。これは**「正義」の問題**なのだ。

マッチャーなら、仮に「ほかの」人に対して不公正な振る舞いをしても、テイカーを罰しようとする。

最近の調査によれば、人脈ネットワークにおいては、テイカーに痛い目にあわされると、「評判情報」を共有することでテイカーを懲らしめるという。「うわさ話は広く行きわたる、効果的で、安上がりな処罰の形態である」と、社会科学者のマシュー・ファインバーグらは書いている。テイカーを罰するだけでなく、評判情報を共有すれば、ほかの人がテイカーに利用されるのを防ぐことにもなる。情報が広まるにつれて、テイカーはいまある関係を断たれるだけ

でなく、新たな関係も築けなくなる。情報を手に入れた人びとはたいてい、テイカーを信頼しなくなる。

レイの逮捕が明らかになると、かつての支持者――ブッシュ・ファミリーも含め――は彼から距離を置いた。ミシガン州立大学の社会学者で、人脈づくりの専門家でもあるウェイン・ベイカーはこう説明する。「『何かを手に入れたい』という目的だけでネットワークをつくろうとすれば、うまくはいかないだろう。ネットワーク自体に利益を『追求する』ことはできない。利益は、有意義な行為や人間関係に投資した結果として得られるものだからだ」

だがこうなるまえに、最後通牒ゲーム以外で、テイカーを見分けられるようになる必要がある。多くの人にとって、人脈づくりで難しいところは、新しく知り合う相手の動機や目的を探ることだろう。とくに、利益が見込まれると見るや、テイカーが実に巧みにギバーのふりをすることを聞いたあとではなおさらだろう。これから会う人物は、純粋に自分と知り合いになりたいと思っているのだろうか。それとも、単に自分を利用しようとしているだけなのだろうか。それを見分けるよい方法はあるのだろうか。

幸いなことに調査では、テイカーが手がかりを漏らすことがわかっている。正確には、手がかりを自分から「レック」するといったほうがいいだろう。

写真を見ただけでわかること

動物界では、「レック」とは雄が雌に自分をアピールする行動を指す。繁殖期になると、雄は同じ場所に集まり、縄張りを決める。さらに今度は、派手なパフォーマンスで雌を誘いはじめる。求愛ダンスを踊るものもいれば、うっとりと歌を歌うもの、なかには、曲芸をやってのけるものまでいる。ひときわ印象的なのは、雄のクジャクの求愛行動だ。繁殖期が訪れるたび、雄のクジャクは縄張りを決め、美しい羽をひけらかしはじめる。羽を大きく広げ、これ見よがしに気どった足どりで歩き、クルッと回って羽をヒラヒラとひるがえす。

ＣＥＯ界でも、テイカーはこれにとてもよく似た求愛ダンスをするのだ。

戦略学のアリジット・チャタジー教授とドナルド・ハンブリック教授は、コンピュータ・ハードウエアおよびソフトウエア企業の百名を超えるＣＥＯを調査した。各社の年次報告書を十年分以上分析し、「レック」の痕跡を探したのだ。そこでの発見は、リーダーシップの様相を一変させることになった。

この発見により、レイに会わずとも、また帳簿の数字をいっさい見なくとも、早くも一九九七年には、エンロンの経営破綻が予測できたことがわかったのである。エンロン終焉を警告する予兆は、会社が崩壊する四年前に撮られた一枚の写真にはっきりと表れていた。

75ページの二人のＣＥＯの写真を見てほしい。これは、それぞれの会社の年次報告書から転

載したものである。どちらも、貧しい生まれで、ニクソン政権下で役職に就《つ》き、自分の会社を興《おこ》し、裕福なCEOになり、かなりの金額を慈善事業に寄付している。さて、どちらがテイカーかわかるだろうか。

　左の男性はジョン・ハンツマン・シニア。パート6で詳しく紹介するが、正真正銘のギバーである。この写真は、彼の会社の二〇〇六年度年次報告書に掲載されたものだ。そして右の写真が、レイである。何千人もの専門家がエンロンの財務諸表を分析したが、ある重要な事実を見逃していた。だが一枚の写真は千語に値する。エンロンの年次報告書をもっと注意深く見ていれば、テイカーが手にした権力を「レック」している明らかな徴候に気づいたかもしれない。ただしこの徴候は、CEOの顔や服装を見ただけではわからない。

　コンピュータ業界のCEOを調査した結果、

チャタジー教授らは、テイカーは会社の「太陽系」の太陽になろうとするのではないかと感じた。そして、テイカーがトップの地位を「レック」している徴候をいくつか発見した。

　一つはインタビューのなかに表われていた。**テイカーは自分のことで頭がいっぱいなので、三人称の代名詞（私たち）より、一人称の代名詞（私）を使う**ことが多い。コンピュータ業界では、ＣＥＯが会社について話すとき、平均して言葉の二一パーセントが一人称の代名詞だ。

　一方、極端なテイカーの場合、三九パーセントが一人称の代名詞である。つまり、テイカーであるＣＥＯが発する十語のうち四語が、「自分自身についてのこと」なのだ。

　もう一つの徴候は報酬である。テイカーのＣＥＯは、社内のほかの上級経営幹部よりはるかに高い報酬を得ていた。**テイカーは自分のことを優れた人間とみなしているので、給料が大幅に違うのは当たりまえだと思っている。**コンピュータ業界においてテイカーのＣＥＯは、社内のほかの上級経営幹部の年俸とボーナスの三倍以上をもらっていた。それに対し業界全体では、ＣＥＯは平均して、二番目に高い報酬を受けとっている人の一・五倍ちょっとの収入を得ていた。また、テイカーのＣＥＯは、ストックオプション（会社の経営者や従業員が、一定期間内にあらかじめ決められた価格で自社株を買う権利）とほかの現金以外の報酬を、次に高い報酬を受けとっている人の七倍も要求していた。ちなみに、業界の平均は二・五倍だった。

　しかしもっとも興味深い手がかりは、会社が株主のために毎年作成する年次報告書のなかにあった。先ほどお見せしたレイとハンツマンの写真を、今度は報告書の文脈のなかで見ていこう。

FROM THE CHAIRMAN

Special Note to Stockholders

It has now been 46 years since I first entered the plastics and petrochemical business. Clearly, it was during the early days of our industry. Throughout almost a half-century, it has been a great honor to be associated with many talented and capable people. However, our Board of Directors and our management team in place today are the most professional and dedicated people I have ever known. Their combined interests are totally focused on enhancing stockholder value while maintaining quality and integrity with our associates and customers.

The well-planned transformation that Huntsman Corporation has undergone recently with the divestiture of its Butadiene and MTBE business, the sale of the European petrochemical business and the announcement of an agreement to sell the U.S. Base Chemicals and Polymers business, coupled with the acquisition of Ciba's Textile Effects business, is truly remarkable. This transition completed a commitment made to stockholders nearly one year ago.

Upon the sale of the U.S. Base Chemicals and Polymers business, Huntsman will emerge with over 50% less debt than two years ago. This, together with a portfolio of truly global businesses and much less dependence on energy costs, will result in more stable growth in earnings and a substantially increased positive cash flow profile. This move better positions stockholders to receive a favorable return on their investment, together with expanding our base of potential investors. The strategic focus going forward is to enhance stockholder value through growth and innovation.

The Board was pleased to recently approve the company's first quarterly common stock cash dividend, return some value to the stockholders and expand our base of investors.

On behalf of our very experienced Board and our talented management team, may I express our grateful appreciation to each stockholder.

Jon M. Huntsman
Chairman and Founder

左上の写真は、ハンツマンの二〇〇六年度年次報告書に掲載されたものだ。写真は小さく、ページの一〇パーセントも占めていない。かたや右上の写真は、エンロンの一九九七年度年次報告書に掲載されたものである。まるまる一ページがレイの顔に使われている。

チャタジー教授らはさまざまなコンピュータ会社の年次報告書を見ていて、CEOの写真の使われ方に大きな違いがあることに気づいた。CEOの写真がまったく載っていない年次報告書がある一方で、一ページすべてがCEOの写真に使われている年次報告書もあった。さあ、どちらがテイカーだろうか。

テイカーCEOにとって、年次報告書はまさに「自分」のために作成されたものなのである。大判の写真は自己賛美の表れで、それはこんなメッセージをはっきりと伝えている――「私はこの会社の中心的人物だ」。

だが、これは本当にテイカーである証拠なのだろうか。それを突き止めるため、チャタジー教授らは、情報テクノロジー分野を専門とする証券アナリストにCEOを評価してもらった。アナリストは各CEOについて、「思い上がり、優越感や特権意識をもち、常に人の関心と賞賛を求め、注目の的になりたがり、尊敬を強要し、自己顕示欲が強く、尊大」かどうかを評価した。アナリストの評価はCEOの写真のサイズとほぼ完全に相関関係を示していたのである。

ここまで、テイカーを見分ける二種類の方法を見てきた。一つは、評判情報を利用することで、そうすればネットワークでの人との接し方から誰がテイカーかがすぐわかる。そしてもう一つは、テイカーの行動や痕跡に気をつけていれば、テイカーの「レック」が見つかることである。二〇〇一年以降、世界が劇的に変化したおかげで、こうした徴候は以前よりもずっと見つけやすくなっている。ネットワークはより透明性が高くなり、テイカーの評判や「レック」を確認できる新たな手段をもたらしている。

SNSの情報はこう活用する

二〇〇二年、エンロンが経営破綻したわずか数カ月後、ジョナサン・エイブラムというコンピュータ科学者が「フレンドスター」を設立し、世界初のソーシャル・ネットワーキング・サービス（SNS）をつくった。フレンドスターは、誰もがウェブ上にプロフィールを公開して自分の人脈ネットワークを世界に発信することを可能にし、その後二年のあいだに、起業家

たちは続々と「リンクトイン」「マイスペース」「フェイスブック」といったSNSを立ち上げた。いまや見知らぬ者同士が、互いの人間関係や評判を利用できるようになったのである。

二〇一二年、世界の人口は七十億人に達し、それと時を同じくして、フェイスブックのアクティブユーザー数が十億人に迫った。世界の人口の一〇パーセント以上がフェイスブックでつながっていることになる。

技術革命によって電話やEメールで意思を伝達し、車や飛行機で移動できるようになる以前、人びとは、自分で把握できる数の知り合いだけで、緊密に結びついた透明性の高いグループをつくっていた。このような隔離されたネットワークのなかでは、人となりの情報を集めたり、テイカーの「レック」に気づきやすい。

やがて、コミュニケーションと乗り物による移動が容易になり、人口が増加するにつれ、人と人との交流は分散し、匿名性も高くなっていった。その結果、評判やテイカーの「レック」も見えにくくなってしまった。だからレイは、テイカーであることを隠し続けることができたのだ。

レイがある地位や組織から別の地位や組織に移動すると、彼の交友関係は互いにつながりにくくなったため、ネットワークに新たに入ってきた人びとは、彼の情報をあまり手に入れることができなかった。

エンロン内部でも、インターネットがそれほど発達していないころだったので、彼の場当た

り的な行動が、ユーチューブに投稿されることも、ツイッターで広まることも、グーグルサーチにすぐにインデックスされることも、ましてや内部ブログや社内イントラネットに匿名でアップされることもありえなかったのだ。

ところが、インターネットがSNSの場を提供するようになると、〝ネットワーク〟ユーザーが急増し、人びとが親密に結びつくようになった。するとテイカーが他人をだまして、ギバーのふりをし続けるのはずっと難しくなっている。いまやインターネットを使えば、公開情報にアクセスしたり、知らずに共有しているコネクションを追跡したりすることで、お目当ての評判情報を手に入れることができる。もはやテイカーを捕まえるために会社の年次報告書を見る必要もない。SNSのプロフィールに、テイカーの「レック」がわんさとあふれているからだ。

言葉や写真などちょっとしたことがきっかけとなって、重大な手がかりが明らかになることもある。調査によれば、たいていの人は、**フェイスブックのプロフィールを見ただけでテイカーかどうかを見分けることができる**という。

ある実験で心理学者は、被験者にアンケートに記入してもらってテイカーかどうかを判定したあと、面識のない人びとに彼らのフェイスブックのページを訪れてもらった。すると、驚くほどの正確さでテイカーかどうかを見抜いたのである。

テイカーは、ナルシスティックな、実物以上によく見える自分の写真を投稿していた。フェ

イスブックのプロフィール写真は「ややきわどい」と評価された。露出度が高く、慎み深さに欠けていたからだ。投稿している情報は、押しつけがましく、自己中心的で、もったいぶっていると見なされ、使っている引用も、傲慢《ごうまん》な印象を受けると評価された。テイカーはまた、フェイスブックの「友だち」がやたらと多かった。自分をよく見せるために、上辺《うわべ》だけのコネクションをせっせとつくり、頼み事ができるように連絡を保っているのである。

　最近、テイカーを見つけるのにＳＮＳを利用する人が増えている。共同購入型クーポンサービス「グルーポン」の元南中国支社長ハワード・リーもその一人だ。営業マンを雇うとなると、有力候補は積極的な人物が多いので、果たしてテイカーなのか、単に社交的でやる気にあふれているだけなのか、見分けるのが難しい。リーは以前、ある志望者がとりわけ気に入ったことがあった。履歴書の内容は素晴らしく、面接も完璧で、照会先からも絶賛されていた。だが、食わせ者の可能性もあった。

「一時間話しただけじゃ、わかることはほんのわずかだ。それに照会先だって、本人が選んだわけだし」テイカーは、褒《ほ》めちぎってくれる上役を簡単に見つけることができるのだ。

　そこでリーは、リンクトインとフェイスブックを検索し、共有しているコネクションを突き止め、そこから、志望者に関するちょっとびっくりするような情報を手に入れた。「テイカーじゃないかと疑っていましたが、やっぱりそうでした。どこかの会社であこぎなことをしていた人間と、一緒に働きたいと思いますか？」

ＳＮＳの登場はグルーポンの採用プロセスを変えた、とリーは感じている。「近ごろは、誰かの評判を聞くためにまえの会社に問い合わせる必要がなくなりました。誰もが、信じられないほど互いにつながっていますからね。ひととおりの審査が終わったら、志望者のリンクトインやフェイスブックをチェックします。共通の友人がいるときもあれば、同じ学校出身だったり、私のチームのスタッフがつながりをもっていたりすることもあります」と、リーは説明する。

「仲間内での評判が、すぐにわかりますね」

自分の人間関係と評判が世界にまる見えなら、テイカーとして継続的な成功を達成するのは難しくなるだろう。

シリコンバレーでは、見た目がパンダに似た物静かな男が、透明性の高いネットワークを次のレベルに引き上げようとしていた。彼の名はアダム・リフキン。自称「シャイで内気なコンピュータ・オタク」はコンピュータサイエンスの修士号を二つ取得しており、特許を一つもち、ＮＡＳＡのためにスーパーコンピュータのアプリケーションを、マイクロソフトのためにインターネットシステムをそれぞれ開発している。

私がリフキンに出会ったのは、リンクトインをのぞいていたときのことだ。リフキンのプロフィールをクリックすると、「パンダホエール」というベンチャー企業を立ち上げようとしているところだった。パンダホエールが目指すのは、人びとがやりとりする情報を、誰でも自由

に閲覧できる形で恒久的に記録することだ。

リフキンはネットワークの透明性を強く支持しているので、私は彼自身のネットワークがどんなものなのか、見てみたいと思った。そこで、グーグルで「アダム・リフキン」を検索してみたのである。検索結果を見ていると、十六番目のリンクが目に留った。そこには、リフキンが『フォーチュン』誌のベスト・ネットワーカーに選ばれたと書かれていたのだ。

「コンピュータ・オタク」が世界一の〝人間関係〟を築く時代

二〇一一年、リフキンは地球上のどの人間より、『フォーチュン』誌が選んだ有力者六百四十人とリンクトインでつながっていた。「デル・コンピュータ」の億万長者創業者マイケル・デルや、リンクトインのCEOジェフ・ウェイナーといった、並みいる有名人を抑えての第一位だ。

シャイなソフトウエア・オタクが、フェイスブック、ネットスケープ、ナップスター、ツイッター、フリッカー、ハーフ・ドット・コムの創設者を含む人脈を見事に構築していることに、私はびっくり仰天した。

リフキンは誠実なギバーとして振る舞うことで、このネットワークを築き上げたのである。「僕のネットワークは少しずつ広がっていったものなんです。実際、毎日コツコツと『小さな親切』を積み重ねて、何年もかかりました」とリフキンは説明する。「自分とつながっている

人たちの生活をちょっとでもよくしたいという思いからです」

一九九四年からは、広範囲にわたるオンライン・コミュニティのリーダー兼お目つけ役として、コミュニティ間の結びつきの強化、またオンライン上の紛争解決の手助けにも熱心にとり組んでいる。ベンチャー企業「レンコー」の共同設立者として、ジョイス・パークとともにアプリケーションも作成しており、それらはフェイスブックやマイスペースで三千六百万人を超えるユーザーに五億回以上利用された。

しかし、リフキンは満足していなかった。「数千万という人たちに自分のソフトウェアを使ってもらおうと思うなら、何か意味のある、世界を変えるようなことをしなければいけませんよ」と彼はいう。

「正直にいって、みんなもっと人助けをするようになってほしいですね」

リフキンはレンコーをたたんでフルタイムのギバーに専念することに決め、ベンチャー企業に経験豊富なアドバイスをしたり、エンジニアや起業家を大手企業の幹部たちに結びつけたりすることにした。

二〇〇五年には、この目的のために、再びジョイス・パークと組んで「一〇六マイルズ」というサークルを立ち上げた。これはビジネスに特化した交流ネットワークで、意見交換を通じて、起業するエンジニアを教育することを目的としている。リフキンは五千名以上の起業家を毎月二回引き合わせ、お互いが協力し合って学び、そして成功できるようお膳立てをしている。

「起業家たちには無料でアドバイスをしていますが、たいていはお金を払ってもらうほどのものじゃないんです」と彼はいう。それでも「人助けが大好きなもので……」。

こうしたやり方はリフキンにとってだけでなく、それまで彼がサポートしてきた人びとにとっても、大きな成果に結びつくことになった。リフキンは、ブログ機能を提供するサイトの先駆けである「ブロガー」の大ファンだったが、ブロガーは資金不足に陥っていた。そこで二〇〇一年、リフキンはブロガーの創設者に、自分が最初にはじめた企業「ノウナウ」で、ブロガーと同じ仕事をしてくれないかと契約をもちかけた。

「ブロガーに生き残ってもらいたかったので、彼を雇うことにしました」とリフキンはいう。「試用版として使えるものを当社のために作成してもらって、それで彼はブロガーを継続することができました」

創設者はリフキンのために仕事をし、契約の報酬のおかげでブロガーを続けることができた。この人物こそ、のちにツイッターを共同設立したエバン・ウィリアムズだ。

「会社を続けられるようにと、エバンに仕事の話をもちかけた人はほかに何人もいました」とリフキンは振り返る。「いつ何時、誰が苦境に陥るかわからない。自分の評判を築くことだけでなく、ほかの人の役に立つ存在であることが大切なんですよ」

シリコンバレーにはじめて進出したとき、リフキンは、「与えること」は自分の殻を破るための自然な方法だと感じた。「シャイで、引きこもりがちのコンピュータ・オタクには、人の

ネットワークという概念は北極星のようなものだったんです」と彼はいう。「自分が何ももっていないとき、まず最初にどんなことをしますか？　人と関係を築き、ほかの誰かのために何かしてあげようとするでしょう？」

　リフキンのリンクトインのページには、彼のモットーが公開されている。「私は世界をよりよいものにしたい。そしてそれを〝うさんくさくなく〟やりたい」

　二〇一二年の時点で、四十八人がリンクトインにリフキンの推薦文を書いており、その誰もが、ギバーであることが彼の一番の特性だといっている。マッチャーなら、お返しにこの四十八人に推薦文を書くほか、おそらくそのほかの重要人物にも、返礼を期待して、頼まれもしない推薦文を書くだろう。ところが何とリフキンは、自分が受けとった五倍以上の推薦文を書いているのだ。リンクトインで、彼は丹念な推薦文を二百六十五人に書いていた。「アダムは人助けとなると、桁外れなんです」と、起業家のレイモンド・ルーフはいう。「彼は受けとるよりずっと多くを与えます。人の役に立つことが、彼のモットーなんですよ」

　リフキンのネットワーク構築法は、ギバーがネットワークをつくる際の典型だが、テイカーとマッチャーがコネクションを築き、そこから価値を得ようとするのとはまったく対照的だ。ここでの重要なポイントは、リフキンが「受けとるよりはるかに多くを与える」ということである。

　テイカーとマッチャーも状況によって与えることはあるが、あくまで戦略的なもので、自分

がした貢献に匹敵するか、あるいはそれを上回る見返りを相手に期待する。テイカーとマッチャーがつながりをつくるときは、近い将来、自分を助けてくれそうな人に的を絞る。

この時点で、彼らが人に何をどのように与えるか、容易にわかるだろう。テイカーとマッチャーの振る舞いは、「私の背中をかいてくれるなら、あなたの背中もかいてあげますよ」というギブ・アンド・テイクの関係を土台にしているのだ。

人は助けてもらうと恩を感じ、お返しする義務があると思うものなのである。心理学者のロバート・チャルディーニによれば、人は自分が受けとりたいものを先に相手に与えることで、このギブ・アンド・テイクの関係を利用できるという。**助けてくれた人にお返しをするどころか、テイカーとマッチャーはしばしば先を見越して、近々助けてもらいたいと思っている人に親切にする。**ネットワーキングの大家、キース・フェラッジは『一生モノの人脈力』（ランダムハウス講談社）のなかでこう要約している。「受けとるまえに、与えるほうがよい」

人と会うまえに考えておきたいこと

前述のレイはこの原則に従って世渡りしていた。助けを求められていない人でもあえて親切にしておくと、重要な地位にある相手は同じようにお返しせざるをえなくなることを、よく心得ていたのだ。こびへつらうときは、あえて、あとで頼み事ができそうな有力者に恩を着せた。

一九九四年、ジョージ・W・ブッシュはテキサス州知事に立候補した。ブッシュは形勢不利

だったが、万一に備えて、レイは妻と一万二五〇〇ドル（約百二十五万円）ずつ献金をした。ブッシュが知事に当選すると、レイはブッシュの「リテラシー・イニシアチブ」（教育支援の組織）を手助けしてやり、そしてついには、知事に二十四通の陳情の手紙を書くにいたった。ある市民監視団体のリーダーによると、レイが助けてやった「お返し」をブッシュに要求したため、ブッシュは公益事業の規制緩和を支持することになったという。

　ある手紙のなかでレイは、ブッシュが目標の前進に協力してくれるなら、喜んでお返しをしましょうとほのめかしていた。「電力再編法案の承認だけでなく、知事のほかの立法上の方針を遂行するうえでも、エンロンに協力できることがあればお知らせください」

　ギブ・アンド・テイクの関係は効果的な基準ではあるが、マイナス面が二つあり、どちらも多くの人を慎重にさせる。第一の欠点は、受けとる側が、自分が操作されているように感じることだ。スピードスケートの元オリンピック選手で、現在「リソース・システム・グループ」社でマーケティング・コンサルタントをしているダン・ワインスタインは、こう指摘する。

「大手コンサルティング会社のなかには、主要なスポーツイベントでボックスシートを確保しているところもある。こうした会社がクライアントに野球のプレミア・チケットを進呈すれば、クライアントのほうも、見返りに何か欲しがっていることに気づくだろう」

　恩着せがましい親切は、後味の悪さが残りかねず、豊かな人間関係の一環というより取引のように感じるものだ――本当に私のことを助けたいと思っているのだろうか。それとも、あとで頼み事ができるように恩を着せようとしているだけなのだろうか。

ギブ・アンド・テイクの関係の第二の欠点は、とりわけマッチャーが被害を受けやすいものである。マッチャーは、積極的に人を助けようとするギバーや、保険として余分に人脈をつくろうとするテイカーに比べ、小さなネットワークを築く傾向がある。マッチャーはたいてい、「あなたが何かしてくれるのなら、私も何かしてあげますよ」という態度にもとづいて行動している。だからマッチャーは、「自分が得た利益が、人に与えた利益と少なくとも同じくらいになるような関係だけに留める。人を助けるたびにお返しを求めるのなら、ネットワークは非常に狭いものになるだろう」

マッチャーが、受けとることを期待して与える場合、助けてくれそうな人にだけ与える。マッチャーとしては、親切が報われないのなら意味がないからだ。

こうしたギブ・アンド・テイクの関係のデメリットが生じてくるにつれて、テイカーとマッチャーが構築するネットワークは質・量ともに制限されていく。どちらのデメリットにしても、ネットワークを目先の利益だけで見ていることが原因で、そうなると誰が一番得をさせてくれるかということが大前提になる。

基本的に、ギバーのアプローチは広範囲におよぶので、たとえ利益を求めていなくても、利益がもたらされる可能性は高くなる。

「人と会うときは」と、シリコンバレーの伝説的人物で、アップルのガイ・カワサキはいう。「相手が誰であろうと、自分にこう問いかけるべきでしょう。**『この人にどんなことをしてあげ**

られるだろうか？』ってね」

これだと人に尽くしすぎてしまうと思う人もいるだろうが、リフキンがかつて身をもって学んだように、将来助けてくれそうな人が誰かなんて、必ずしもわかるわけがないのだ。

こんな「ちょっとしたお節介」の効果

一九九三年、グレアム・スペンサーという大学生が、五人の友人と組んでインターネットの会社を立ち上げた。スペンサーは大きなメガネをかけ、髪の生え際の後退したシャイで内気なコンピュータ・エンジニアだった。

スペンサーと友人は「エキサイト」を共同で設立した。エキサイトはポータルサイトとサーチエンジンの先駆けで、たちまちインターネットでもっとも人気のあるサイトの一つになった。

一九九八年、エキサイトは六七億ドル（約六千七百億円）で買収され、スペンサーは一夜にして、最大の株主兼最高技術責任者になった。

エキサイトを売却した直後、スペンサーはリフキンから突然Eメールをもらい、ビジネスについてアドバイスを求められた。二人は面識がなかったにもかかわらず、スペンサーは喜んでリフキンに協力することにした。

実際に会ったあと、スペンサーはリフキンをベンチャーキャピタリストに紹介した。リフキンは結局、このベンチャーキャピタリストから出資を受けることになった。ところで、リフキ

ンはどうやってスペンサーにわたりをつけたのだろうか。また、なぜスペンサーはわざわざリフキンを助けたのだろうか。

一九九四年のはじめ、スペンサーに助けを求める五年前、リフキンはある駆け出しのバンドに惚れ込んだ。バンドの人気を盛り上げる手助けをしてやりたくなり、コンピュータの腕前を活かしてファンサイトをつくった。「これはあくまで一ファンとしてやったことでした。彼らの音楽が大好きだったものですから」

ファンサイトはにぎわい、無名のバンドが一気にスターダムを駆け上がるにつれ、数十万人がアクセスするようになった。

そのバンドとは、いまや世界的な人気を誇るパンクロックバンド「グリーンデイ」だ。

時代はまさに商用インターネットの成長期にあり、一九九五年、グリーンデイのマネジャーが、運営を引き継いでバンドの公式サイトにしたいと打診してきた。「僕は『もちろんかまわないですよ。あれはあなたたちのものですから』といって、サイトをあげちゃったんですよ」

その前年の一九九四年の夏、数百万人がリフキンのサイトを訪れていた。ビジターの一人で、ある筋金入りのパンクロック・ファンは、グリーンデイは正直いって軟弱なポップスだと感じた。そこで彼はリフキンにEメールを送り、「本物のパンクロックとは何たるか」を指南した。

そのファンこそ何を隠そう、あの「エキサイト」のスペンサーだったのである。スペンサーは、人びとがインターネットで「パンクロック」を検索した際、グリーンデイではなく、もっ

とほかのバンドを見つけられるようにしなければならないと提案した。

　リフキンはこのＥメールを読んで、髪を緑色に染めたモヒカン刈りの、典型的なパンクスを想像し、将来スペンサーが自分を助けてくれることになるとは思いもしなかった。まあ、実際に助けてもらうのは、スペンサーがエキサイトを立ち上げたあと、しばらく経ってからのことだったが――。テイカーやマッチャーなら、このＥメールを完全に無視していただろう。

　しかしギバーであるリフキンにとっては、スペンサーがパンクロックに関するキーワードを広めるのを手伝ったり、売れないバンドがファンの基盤を築くのを助けてやったりするのは、ごく自然なことだったのである。そこでリフキンは、グリーンデイのファンサイトに別のページをつくり、スペンサーが推薦するパンク・バンドへのリンクを張った。

　リフキンのスペンサーとのかかわりの経緯はわかりやすく、要は、人助けにもとづいた、いい関係をつくってきたのだろうなと納得できる。しかしよくよく見てみると、ギバーのネットワークをとても効果的なものにしている要因がここにも見つかる。

　それは、リフキンが、スペンサーに助けられたのが「五年後」というところだ。

　リフキンの経験から見えてくるのは、ギバーには、自分のネットワークを徹底的に活用できるという強みがあることなのだ。

　リフキンの座右の銘の一つは、「私は弱いつながりの強さを信じる」だ。これは、スタンフォード大学の社会学者マーク・グラノヴェッターによる名高い研究「弱い紐帯《ちゅうたい》の強さ」に敬意

を表した言葉である。

「強いつながり」とは、親友や同僚といった、周囲の心から信頼する人たちのことをいう。一方「弱いつながり」とは、ちょっとした知り合いのことを指す。

強いつながりがもっとも役に立つという一般的な思い込みをテストするため、グラノヴェッターは、転職したばかりの専門職、技術職、管理職の人びとを調査した。その結果、ほぼ一七パーセントが強いつながりから仕事の情報を得ていて、友人や信頼できる同僚が多くの問題解決のきっかけを与えていた。

ところが驚いたことに、多くの人は弱いつながりのほうからずっと多く利益を得ていたのである。ほぼ二八パーセントが、弱いつながりから仕事の情報を得ていた。**強いつながりは「絆《きずな》」を生み出すが、弱いつながりは「橋渡し」として役に立つ。**新しい情報により効率的にアクセスさせてくれるからだ。強いつながりは同じネットワークのなかだけで交流するので、同じ機会を共有することが多くなる。それに対し、弱いつながりは、異なるネットワークのほうに、より開かれているので、新しいきっかけを発見しやすくなるのである。

だが、ちょっとした難点もある。それは、弱いつながりに助けを求めるのは難しいということだ。新しいきっかけをつかむ最短ルートではあるが、必ずしも気楽に連絡ができるわけではない。信頼感も薄いため、心理的なバリアがある。

しかし、リフキンのようなギバーは抜け穴を見つけた。それは、強いつながりの信頼関係と弱いつながりの新しい情報とを、セットで利用できる方法である。

カギは**「リコネクト（再びつながること）」**だ。これこそ、ギバーが最終的に成功することになる大きな理由なのである。

一九九四年に、リフキンがスペンサーのためにグリーンデイのサイトにパンクロックのリンクを張ってやったあと、エキサイトは軌道に乗り、リフキンは大学院に戻った。二人は五年間、音信不通となった。シリコンバレーに引っ越すとき、リフキンは古いEメールを調べて、スペンサーに連絡をとった。

「五年も経っていますから、覚えていらっしゃらないかもしれません。僕はあなたからメールをいただいて、グリーンデイのウェブサイトをちょっと変えておいた者です」とリフキンは書いた。「会社をはじめようと思い、シリコンバレーに引っ越すのですが、知り合いがあまりいないのです。お目にかかって、アドバイスをいただけるとうれしいのですが」

リフキンは最初にスペンサーを助けたときも損得抜きだったので、もともと頼み事をするつもりなど毛頭なかったが、五年後、本当に必要なときに、はじめて助けを求めたのだ。スペンサーは快く応じ、待ち合わせて一緒にコーヒーを飲んだ。「モヒカン刈りの大男というイメージがまだあったんですが」とリフキンはいう。「会ってみたら、すごく無口で、僕をはるかに上回る内気な男でしたね」

二度目に会うときまでに、スペンサーはリフキンをあるベンチャーキャピタリストに紹介していた。「一九九四年のまったく偶然の出来事からはじまって、五年後にスペンサーに再び連

絡をとって、二〇〇〇年には自分の会社を設立することになったというわけです」と、リフキンは振り返る。「ギバーはなぜか運に恵まれるものなんです」

もしかするとまわりの人たちが、リフキンのような「人のいいギバー」を成功させようと仕向けているのではないだろうか。

二〇〇五年にリフキンがレンコーを立ち上げたとき、まだオフィスがなかったため、自宅のキッチンで仕事をしていた。あるとき、同僚がわざわざリフキンをリード・ホフマンに紹介してくれた。ホフマンは当時リンクトインを設立したばかりで、従業員はまだ五十人もいなかった。ホフマンはリンクトインの空いている机を使うようすすめ、こうしてリフキンはシリコンバレーの中心に身を置くことになったのである。

「二〇〇五年の夏、僕たちのすぐ隣の会社の一つはユーチューブでした。急成長を遂げるまえの、できてまだ間もないころに知り合ったのです」

リフキンの経験は、古いことわざ「情けは人のためならず」を改めて思い出させる。こうした「因果応報」を想起させる出来事が実際に起こりうることは、マッチャーがそれらを引き起こしているという事実を見れば明らかだろう。

マッチャーは、自分の利益を犠牲にしてでも、利己的に振る舞うテイカーに仕返しをしようとするが、寛大に振る舞うギバーにはきちんと報いようとする。リフキンが自分とつながっている人びとを助けたとき、彼らにはリフキンを幸せにしてあげることはしごく当然のことのように思えた。案の定、リフキンはリンクトインとの新たなつながりを使って、自分のまわりに

いる人びとを幸せにしてあげようと考え、あるエンジニアにリンクトインの職を紹介している。

ある晩、著者の私はついに「パンダ似のオタク」に会うことができた。カリフォルニア州レッドウッドシティにある、「一〇六マイルズ」の会合が行なわれるバーに、ジャージ姿のリフキンがにっこり笑って入ってきた。すると、たちまちIT起業家の一群にとり囲まれてしまった。そのなかには、口先のうまい者もいれば、不器用だが人好きのする者もいた。リフキンは、バーに押し寄せた何十人もの起業家一人ひとりの経歴を教えてくれたのだが、一日平均八百通を超えるEメールを受けとっていることを考えれば、それは度肝を抜くような芸当だった。

リフキンの成功の秘訣は嘘みたいにシンプルだ。それは、**思いやりをもって相手に質問をし、辛抱強く話を聞くこと**である。その晩の早い時間に、リフキンはある駆け出しの起業家に、会社はうまくいっているかと尋ねた。すると起業家は、十四分間ひたすら話し続けた。これには、我慢強い人でもうんざりしただろうに、リフキンは最後まで関心を失うことはなかった。「どの部分に助けが必要なの？」と彼が聞くと、起業家は、ある言語を専門とするプログラマーが欲しいといった。リフキンは頭のなかの名刺ファイルをめくりはじめ、候補者を何名か推薦した。その晩遅くなって、候補者の一人がやってきたので、リフキンは二人を引き合わせた。

その場にいた人は増えていったが、それでも彼は一人ひとりと話をし、何十人もの相手に「五分間の親切」をしてやった。

新顔が近づいてくると、リフキンは決まって十五〜二十分かけて相手と知り合いになり、い

まやっていることを聞いたり、何か力になれることはあるかと尋ねたりする。ほとんどが初対面だが、十八年前に一瞬のためらいもなくパンクロック・ファンだったスペンサーを助けたように、仕事を見つけてやったり、各社の共同創設者に紹介してやったり、問題解決のアドバイスをしたりするのは自分の役目だと考えていた。

与えるたびに、リフキンは新しいつながりを生み出していた。だが、彼らすべてと関係を維持することは果たして可能なのだろうか。

「休眠状態のつながり」とは

リフキンはこれだけのネットワークを維持しているので、当然、休眠状態のつながりも増える一方である。つまり、以前はしょっちゅう会っていたけれど、いまは連絡をとっていない人たちのことだ。

経営学を研究しているダニエル・レビン、ジョージ・ウォルター、キース・マーニガムによれば、「成人は一生のうちに何千という人間関係を築くが、インターネットが登場する以前は、ある一定の期間に実際に維持できるのはわずか一〇〇か二〇〇だった」という。過去数年にわたりこの三人の教授は、企業の上級管理職らに、彼らの気の進まないこと——すなわち、休眠状態のつながりを復活させる——という実験をやらせてきた。ある被験者はこの課題を知ったとき、こう思った。「え、嫌だなあ。休眠状態なのには、それなりの理由があるってことで

しょ？　どうしてまた連絡をとる必要が？」

しかし実際は、それとは話がまるで違うことがわかっている。ある研究でレビンらは、企業の管理職二百人以上に、少なくとも三年間、休眠状態にあるつながりを復活させるよう指示した。そこで彼らはそれぞれ、元同僚やかつての知り合いに連絡をとり、目下進行中の仕事についてアドバイスを求めた。アドバイスをもらったら、今度はそれに評価をつけてもらった。たとえば、「アドバイスは、問題解決にどれくらい役立ったか」また、「有益な人材を紹介してもらえたか」。さらに、同じプロジェクトについて、現在進行形の親しい人たち二名からもらったアドバイスについても評価をしてもらった。

驚いたことに、被験者たちは、休眠状態のつながりからもらったアドバイスのほうが、現在進行形のつながりからもらったものよりも価値があったというのである。これはなぜだろうか。

それは、過去三年にわたり音信不通だったあいだに、それぞれが新しいアイデアやものの見方にさらされていたために、**休眠状態のつながりのほうが、より多くの新しい情報をもたらす**からである。よく知っている現在進行形のつながりはそれよりも、すでに知っている環境やものの考え方を共有する傾向が強い。ある被験者はこうコメントしている。「連絡をとってみるまえは、自分がすでに考えている以上のことを教えてもらえるとは思っていませんでしたが、それは間違っていました。新鮮なアイデアにとても驚かされた」

それに、レビンらはこう解説する。

「休眠状態の人間関係を復活させることは、一から関係をはじめるのと同じではない。再びつ

ながるとき、まだ互いのなかに『信頼感』が残っているからだ」

レビンらは、別の幹部グループ百人以上に、休眠状態のつながりを十個見つけ、それらがもたらしてくれそうな価値をランクづけしてもらった。そして、休眠状態のつながり十個すべてに連絡をとり、その会話の価値を採点してもらった。

すると、休眠状態のつながり十個すべてが価値の高い発見をもたらし、順位にはまったく違いがなかったのである。被験者は十番目のつながりからも、一番目のつながりと同じくらい価値を得ていたのだ。弱いつながりはすぐになくなってしまうかもしれないが、大量に蓄積された休眠状態のつながりが、新しい情報が必要になったとき、きっとまた役に立つ。**年をとればとるほど、休眠状態のつながりはますます増えていき、また、さらに貴重なものになっていく。**

レビンらは、四十代と五十代の人びとは三十代の人びとよりも、休眠状態のつながりに連絡をとることでより多くのメリットを受けとることができるという。そして三十代の人びともまた、二十代の人よりも利益は大きい。

古い知り合いに連絡をとることについて不満たらたらだった被験者はこう認めている。「まさに目からウロコが落ちる思いでした。自分の名刺ファイルにすごい可能性が眠っていることを教えてくれたのですから」

休眠状態にあるつながりの価値は、ネットワークのなかではなおざりにされている。このメリットを活かしている点で、ギバーはテイカーやマッチャーよりはるかに優位に立っている。

テイカーにとっては、休眠状態のつながりに再接続することは難しい。同じテイカーなら、お互い気を許さず、自己防衛的になり、新しい情報を教えないようにするだろうし、マッチャーなら、最後通牒ゲームで見たように「やられたらやり返せ」とばかりに、そのことでテイカーを懲らしめようとするだろう。

しかし、かしこいギバーなら、あとのパートで説明するように、そう簡単にテイカーを助けたりはしないだろう。それに当然、テイカーの自分勝手な振る舞いが原因でそもそもつながりが休眠したのなら、関係を復活させるのはどだい無理な話だろう。

マッチャーはテイカーよりずっと簡単にまた連絡をとることができるが、ギブ・アンド・テイクの関係が前提なので、助けを求めることに居心地の悪さを覚える。頼み事をすれば、これで一つ借りができたと感じるからだ。休眠状態のつながりにすでに借りがあって、まだ返していなければ、いっそう頼むのは難しくなる。だから多くのマッチャーにとって、休眠状態にあるつながりは信頼関係にもとづいた豊かな財産というより、取引に似たドライな関係なのだ。

ネットワーキングの専門家によれば、「再び連絡をとること」は、ギバーにとってはまったく異なる経験になるという。とくにインターネットの世界ではその傾向が強まる。ギバーには、損得抜きで気前よく、知識を共有したり、スキルを教えたり、仕事を見つける手助けをしたりした実績があるので、もう一度連絡をとったときに二つ返事で助けてもらえる。

最近、リフキンは以前よりも新しい人脈づくりに時間を割かなくなった。「いまはしばらく

話していなかった人たちにもう一度連絡をとることに時間を使っているんです」

リフキンが休眠状態のつながりに連絡すると、相手は大喜びする。彼らはいつでも快く自分の知識を分け与え、アドバイスをし、人を紹介してやる人だとわかっているからだ。

ギバーが行なう親切は、興味深い研究のテーマになっている。以前から、人脈づくりを研究している学者たちは情報交換――知識が人から人へと流れていく様子――のマッピングを行なっている。

ミシガン大学の社会学教授ウェイン・ベイカーが、バージニア大学のロブ・クロス教授、ＩＢＭのアンドルー・パーカーと共同で調査を実施した結果、人脈ネットワークを行き交うエネルギーの流れも追跡できることがわかった。研究チームはさまざまな組織で、従業員に互いの交流を、「非常にエネルギーを奪われる」から「非常にエネルギーを与えられる」までの各段階に分けて評価してもらった。そうしてできあがったエネルギー・ネットワーク・マップは、何と銀河系のモデルにそっくりだったのである。

テイカーは、まるでブラックホールのように、周囲の人びとからエネルギーを吸いとっていた。ギバーは太陽のように組織中にエネルギーを注入していた。ギバーは自分の考えを押しつけたり、手柄を独り占めしたりすることなく、仲間が活躍できる機会をつくっていた。また、提案に異議があるときでも提案者をけなすことはせず、敬意をもって接する。

リフキンのネットワークのエネルギーを図にすると、彼はさまざまな太陽系の太陽のように見えるだろう。

リフキンはハリウッドのディレクターと作家のために、プロジェクトを立ち上げることまでしている。出会いのきっかけは、リフキンがインターネット上で共有している情報だった。ふとした会話のなかで、あるハリウッドの広報担当は、テレビ局「ショータイム・チャンネル」のシリーズで、ツイッターとユーチューブのトップクラスの管理職たちを出演させた番組が終わってしまうことに触れ、リフキンに助けを求めた。

「正直、リフキンがハリウッドのショービジネス界のことで、そこまでうまくやれるとは思ってもいませんでしたが……」とディレクターはいう。「しかし、それは大間違いでしたね！」

二十四時間も経たないうちに、リフキンはミーティングを設定し、内覧試写会の日程もとりつけた。「リフキンは私の番組の成功に、利害関係はいっさいありませんでした」

ハリウッドの広報担当はこう強調する。

成功しようが失敗しようが、どっちに転んでも、リフキンが得することも損することもなかっただろう。だが人の役に立つことに心から喜びを覚えるその性格から、番組を数えきれないメディアに紹介してくれた。それが一段落すると、今度はありとあらゆる国内メディアに加え、ソーシャルメディアの広報にも、本人じきじきに非常に好意的な記事を書いてくれた。

その結果、番組はその時間帯において、ショータイム・チャンネル史上最高の視聴率を記録したのだ。

テレビ局は、地味な番組がとった数字にすっかり気をよくして、現行のシリーズの継続を決

定した。

周囲にこのようなオーラを発散し、こんな親切をする人にとって、「再び連絡をとってつながること」はエネルギーに満ちあふれた経験になる。リフキンがリンクトインで推薦文を書いた二百六十五人や、一〇六マイルズで助けた何百人もの起業家のことを思い出してほしい。その全員が、たとえリフキンとしばらく音信不通になっても、大喜びでまたつながり、彼を助けるに違いない。

しかし、リフキンは彼らに助けを求めてはいない――少なくとも自分自身のためには。**リフキンの真の目的は、「どのようにネットワークをつくり、そしてネットワークから得をするのは誰か」ということに関して、人びとが抱いている考えを根っこから変えること**なのだ。

ネットワークとは自分のためだけにつくるものではなく、すべての人のために価値を生み出す道具であるべきだと、リフキンは考えている。ギバーのように人脈ネットワークを構築すれば、ギブ・アンド・テイクの関係が当たりまえという思い込みがなくなり、かかわる人すべてが利益を得られるようになると、彼は確信しているのだ。

「五分間の親切」からすべてがはじまった

リンクトインの採用担当者ステファニー・スワンベックは、自分のキャリアにもっとも影響

を与えた人物を三人選んでくださいといわれ、そのうちの一人に、リフキンの名をあげた。これを知ってリフキンは驚いた。彼女とは数カ月前に、たった一度会っただけだ。

そのころステファニーは仕事を探していて、友人の友人を通じてリフキンと知り合った。リフキンは最初、書面でアドバイスをし、リンクトインで問題解決のきっかけを見つけられるよう手助けしたのだが、ステファニーは結局、そこで職を見つけることができたのである。彼女はリフキンに感謝のEメールを送り、何かお礼がしたいと申し出た。

「直接お会いしたのは一度きりですし、たまにしかお話しできませんが、あなたが思っている以上に、私は助けてもらいました。お礼に何かさせていただきたいと思っています」

ただしステファニーは、リフキン本人を助けたいと申し出たわけではなかった。代わりに、リフキンの一〇六マイルズが主催する起業家のための会合に進んで参加し、彼らに協力したのである。

会合でステファニーは、起業家のアイデアにアドバイスをしたり、試作品のテストを買って出たり、見込みのありそうな協力者や投資家との橋わたし役を務めたりした。これと同じことが、リフキンが助けたほかの多くの人びとにも起こったのである。

ボブというエンジニアも同様で、リフキンとは二〇〇九年にバーで会っていた。リフキンはボブが失業していることを知ると、働き口をいくつか紹介してやり、おかげでボブは職にありつけた。しかしその会社が廃業に追い込まれると、リフキンはさらにあちこちに連絡し、あるベンチャー企業で職を見つけてやった。その企業は六カ月後、グーグルに買収された。現在、

ボブはグーグルのエンジニアとして成功を収め、助けてもらった恩を一〇六マイルズの起業家のネットワーク全体に還元している。

これは、人間関係の新しい解釈といえるだろう。これまでのギブ・アンド・テイクの関係では、お互いマッチャーとして価値を交換していた。助けてくれた人を助け、見返りを期待する相手に親切にするのだ。しかし密接に結びついた社会では、リフキンのようなギバーが、ギブ・アンド・テイクの関係をもっと効果的なものにすることができる。

価値を交換するのではなく、リフキンはひたすら価値を「増やす」ことを目指している。 彼はあるシンプルなルールにもとづいて、人の役に立とうとする。それが「五分間の親切」だ。

「五分間もあればできる親切を、〝誰にでも〟喜んでしてあげるべきなんです」

初対面の人に会うたびに、リフキンは相手にいくつか質問して、「五分間の親切」を実行するチャンスを探す。いまどんな仕事にとり組んでいるのか。何か困っていることはないか。意見やアドバイス、誰か紹介してほしい人はないか。

リフキンは、助けた人たちのうち何人が自分にお返しをしてくれるだろうか、とは考えない。テイカーは、自分を偉く見せて、有力者にとり入るためにネットワークを広げ、一方マッチャーは、人に親切にしてもらうためにネットワークを広げる。 それに対しリフキンは、「与えるチャンス」を生み出すためにネットワークを広げているのだ。

前述のリンクトインの採用担当者ステファニーのように、リフキンに助けてもらったことに

恩を感じると、人はその恩をほかの誰かに「送る」ようになる。これはつまり、**気前よく自分の時間や専門知識を分け与えるたびに、リフキンは自分のネットワークの人びとにギバーとして行動していくよう背中を押している**ということなのだ。

この**「恩送り（Pay forward）」**と呼ばれる行為は、感謝の気持ちに対する自然な反応であり、そこには、人助けをごく当たりまえのものにしたいという願いが込められている。リフキンが人に助けを求めるときは、たいていほかの誰かを助けるためである。リフキンの広大なネットワークにいる人びとが、価値を交換するのではなく、価値を増やそうとするようになるのはこのためだ。価値を増やすことで、リフキンは与えることを、一方が得をすれば他方が損をする「ゼロサムゲーム」から、双方が得をする「ウィン・ウィン」に変えている。

テイカーがネットワークを築くと、決まった大きさのパイ（総額）からできるだけ多くの利益を自分のために奪おうとする。だがリフキンのようなギバーがネットワークを築くと、パイそのものを大きくするので、誰もが大きめのひと切れをもらえる。

最新の研究から、リフキンがどのようにして、人に与えようという気にさせるのかが明らかになっている。与えることは、とくにそれが首尾一貫している場合、グループ内のほかの人のギブ・アンド・テイクのやり方をしだいに変えていく。つまり、与えることは「感染」するのだ。

ある調査で、「影響力」の専門家、ジェームズ・ファウラーとニック・クリスタキスは、与

えることは、社会的ネットワーク全体に素早く広範にわたって広がっていくことを発見した。人が自分を犠牲にしてあるグループにくり返し与えるようにすると、ほかのグループのメンバーもやがて同じことをしはじめたのである。それどころか、もともとその場にいなかった人びとにまで与えるようになったのだ。「この影響は何度もくり返し持続し、三段階（最初の人から次の、次の、次の人）にまで広がる」

ファウラーらは、「被験者が与えるたびに、直接的または間接的に与えようという気になったほかの被験者によって、与える行為は結果として三倍になる」という。不慣れな場所に行くと、人はほかの人のふりを見てふさわしい行動を知ろうとする。そこで誰かが与えはじめれば、それが当たりまえの振る舞いになり、ほかの人とのやりとりのなかで積極的に実行するようになるというわけだ。

もっとわかりやすく説明するために、あなたがある実験に四人グループの一人として参加すると仮定しよう。ほかの三人とは初対面である。

ルールはこうだ。各自が三ドルずつ渡され、それを自分がもらうか、もしくは、グループに与えるかを決めるのである。自分がもらうなら、三ドル全額が手に入る。グループに与えるなら、グループのメンバー全員が二ドルずつもらえる。これを六ラウンド行ない、ラウンドが終わるごとに、全員がどのような決断を下したかが知らされる。

全員が与えるほうを選んでいれば、グループはもっとも得をすることになる。グループは、

ラウンドごとに八ドル、六ラウンド終わった時点で最高四八ドルを受けとることができるからだ。しかしあなただけが与えて、ほかの誰もそうしなければ、一二ドルしか手に入らない。そこで、あなたはもらうほうを選びたくなる。そうすれば、間違いなく一八ドルが手に入るからだ。

　相談し合うことはできないので、与えるのは危険な賭けだ。しかし実際の調査では、参加者の一五パーセントが一貫してギバーになったのである。六ラウンドすべてで、グループの利益のために、自分を犠牲にしてグループに与えたのだ。そしてこれは、思っていたほど高くはつかなかった。驚いたことに、一貫してギバーとして振る舞っても、結局は得をしたのである。

　一度も与えなかった参加者より、手にした金額が平均二六パーセント多かったのだ。では、どのようにしてより多くを与え、より多くを得ることができたのだろうか。

　グループに一貫したギバーが一人いると、ほかのメンバーはより与えるようになる。与えることをごく当たりまえのことにするには、たった一人ギバーがいるだけで十分なのだ。与えることによって、グループのほかのメンバーに得をさせることができる。与えれば受けとる金額は少なくなったが、ほかのメンバーを与えようという気にさせたので、結果的には、参加者全員により多くの総額を提供することになった。ギバーは与えることを「当たりまえ」にし、グループ全体の利益を大きくしたのである。

この発想ができる人こそ求められている

この実験で、一貫したギバーはグループにお金を与えることで、「五分間の親切」を行なっていたのだといえる。小さな犠牲を払ってグループ全員が得をするようにしたので、ほかのメンバーも同じことをしようという気になったのである。「五分間の親切」を心がけることで、リフキンは自分のネットワーク全体のパイを大きくしている。一〇六マイルズでは、四千人の起業家が互いに助け合うことが当たりまえになっている。リフキンはこう説明する。

「見返りのために、人に親切にするんじゃないんです。グループの目標は、与えることの大切さを行きわたらせること。取引する必要もなければ、交換する必要もありません。だけど、グループの誰かに親切にすれば、自分に助けが必要になったとき、きっとグループの誰かが親切にしてくれますよ」

テイカーとマッチャーには、このような徹底したギブはやはりちょっと危険に思えるだろう。では、リフキンのようなギバーは、自分のした親切が自分に返ってくる保証がなくても、生産性を維持できるのだろうか。

この疑問を明らかにしようと、スタンフォード大学のフランク・フリン教授は、サンフランシスコのベイエリアにある大手電気通信会社のエンジニアに調査を行なった。教授はエンジニアたちに、どのくらい自分が同僚を助け、また相手に助けてもらっているか、自分自身とお互

いを評価してもらった。この結果、どのエンジニアがギバーで、どのエンジニアがテイカー、あるいはマッチャーかがわかった。教授はさらに、各エンジニアに、ほかのエンジニアを一から一〇までの段階に分けてランクづけしてもらった。さて、彼らはどのくらい同僚のことを認めているのだろうか。

テイカーは最下位だった。しょっちゅう頼み事をするくせに、めったにお返しをしないため、信頼がないのだ。同僚は彼らを利己的な人間とみなし、敬意を払わないことで懲らしめていた。そしてギバーが、マッチャーとテイカーを抑えてトップの座を獲得した。寛大であればあるほど、同僚からいっそうの尊敬と信望を集めていた。

受けとるより多くを与えることで、ギバー特有の能力や価値観、善意を身をもって示していたのである。しかし、ギバーは非常に尊敬されていたものの、問題が一つだけあった——生産性を犠牲にしていたのだ。

三カ月間にわたり、フリン教授は、各エンジニアが仕上げた仕事の質と量を評価した。ギバーはテイカーより生産性が高く、テイカーより勤勉で、より多くの仕事を仕上げていた。だがもっとも生産性が高かったのは、マッチャーだった。ギバーは同僚を助けるのに時間を費やしていたため、その分、仕事や報告書、製図を仕上げる時間が減ってしまったからだ。

それに対しマッチャーは、頼み事をしたり、助けてもらったりして、仕事を予定どおりに進めていた。

一見したところ、これはギバーのネットワーク構築法がもつ弊害のように見える。ギバーが

自分の生産性を犠牲にしてまで人助けをしたところで、果たしてそれだけの価値があるのか。
リフキンはギバーであると同時に、成功した会社の共同設立者として高い生産性を維持している。彼はどのようにして与えることと生産性との折り合いをつけているのか。そのカギは、**「より多く与えること」**なのである。

このエンジニアの調査では、実は、ギバーは必ずしも生産性を犠牲にしていたわけではなかった。フリン教授はエンジニアに、自分が受けとるより多く与えているか、同じくらい与えているか、それとも少なく与えているかという観点で同僚を評価してもらっていたからだ。これはつまり、ほかの人をあまり助けなかったとしても、得た見返りが少なければ、ギバーとして判定される可能性があるということだ。フリン教授が、エンジニアがどれくらいの頻度で助けたり助けられたりするかをもとにデータを調べた結果、ギバーの生産性は、まれにしか助けなかったときにガタ落ちしていた。

逆に、リフキンが「五分間の親切」をするように、頻繁《ひんぱん》に助けていたときのほうが、信頼関係が築かれ、助けた人からだけでなく、作業グループ全体から有益な助けが得られていたのである。すべてのエンジニアのうち、もっとも生産的だったのは、しょっちゅう助けていた人びとで、受けとるより多くを与えていた。彼らは正真正銘のギバーで、最高の生産性と最高の地位を手に入れ、同僚から尊敬されていた。これこそまさに、リフキンに起こったことなのだ。

ソーシャルメディアがなかった時代なら、リフキンは無名のままあくせく働いていたかもし

れない。しかし社会が密接に結びついたおかげで、ギバーとしての彼の評判は音速より速く広まることになった。

密接に結びついた社会は、人間関係や個人の評判をより見えやすくしている。これはつまり、**テイカーである代償も、ギバーである利益も、どちらも増幅する**ということだ。現在では、グーグルを検索してテイカーについての評判情報を集めることも、フェイスブックのプロフィールのちょっとした言葉や画像からテイカーの「レック」を見つけることも可能だ。

ほとんどの人がマッチャーとして「公正の原則」を破ったテイカーを懲らしめ、ギバーの寛大さに報いる。その結果、ギバーは豊かなネットワークを発展させ、それを強化することができるのである。人に親切にするのはごく当たりまえ、仲間のギバーをネットワークに引き寄せ、かかわるすべての人の分けまえを大きくする。本当に助けが必要なときには、休眠状態の知り合いにつながり、思いがけない支援を受けることができる。

「成功の秘訣を一語でいうなら、それは〝寛大さ〟だ」とビジネス書作家のキース・フェラッジは書いている。

「寛容であることをモットーに人とかかわっていれば、見返りもおのずとついてくる」

PART 3

チームの総力を活かせる人

——「与える人《ギバー》」の才能② 利益の「パイ」を大きく増やす働き方

「全世界は、一つのとるに足りない例外を除いて、他者で成り立っていることを忘れてはならない」

ジョン・アンドルー・ホームズ（元アメリカ下院議員、上院議員）

『ザ・シンプソンズ』のすごい仕掛け人

「ジョージ・マイヤー」という名前を聞いても、おそらく誰かわからないだろうが、彼の作品ならみなさんもきっとよくご存じのはずだ。実際のところ、多分あなたか、あるいはあなたと親しい誰かが彼のユーモアの大ファンだろう。何しろ彼のつくった「笑い」は、世界中のすべての世代の人びとをとりこにしているのだから。

つい最近までマイヤーの作品とは知らなかったのだが、私は九歳のころから彼の作品が大好きだった。マイヤーは背の高い、やせた五十代半ばの男性で、長髪に、あごひげという風貌だ。通りでばったり出くわしても、たぶん彼とはわからないだろう。

マイヤーはハーバード大学に通っていたころ、新入生に冷蔵庫を売って支払いを受けておきながら、品物を引きわたさず、危うく停学処分を食らいそうになった。さらに、エレキギターで寮の部屋の窓ガラスを粉々に割ったときも、やはりかろうじて停学処分を免《まぬか》れていた。

大学時代で唯一輝かしい話題といえば、ハーバード大学の有名な風刺新聞『ランプーン』の編集長に選ばれたことだろう。ところがクーデターが起こり、それにもあっという間にケチがついてしまった。ジャーナリストのデビッド・オーエンによれば、マイヤーの仲間が「彼にはとても任せられないと決めつけ、罵《ののし》り合いの内輪もめの果てに、彼を編集長の座から引きずり下ろそうとした」ということだ。

一九七八年に大学を卒業すると、マイヤーは実家に戻り、てっとり早く現金を稼ぐ方法を探した。大学時代は、多くの時間をドッグレースで賭けをして過ごしていたので、それで身を立てられるかもしれないと考えた。そこで公立図書館に腰を落ちつけると、必勝法を科学的に分析しはじめた。だがこれはうまくいかず、二週間後には所持金を使い果たしてしまった。

三十年後の現在、マイヤーはショービジネス界でもっとも成功した人間の一人だ。五億二七〇〇万ドル（約五百二十七億円）を超える興業収入を上げた映画の製作者でもある。エミー賞を七回受賞したが、マイヤーがもっとも知られているのは、世界中に社会現象を巻き起こしたテレビ番組での役割である。『タイム』誌が二十世紀最高のテレビシリーズに選んだこの番組の成功は、まさにマイヤーの功績だと関係者の誰もが認めている。

一九八一年、二人の友人の推薦で、マイヤーは『レイト・ナイト・ウィズ・デヴィッド・レターマン』というテレビの新番組に原稿のサンプルを送った。「原稿はどれも、細部の細部にいたるまで見事なでき栄えだった」と、コメディアンで司会者のレターマンはいう。「あれほどの人間には、その後お目にかかってないね」

そう、何を隠そう、このマイヤーこそ、アメリカ史上最長寿アニメ番組『ザ・シンプソンズ』のユーモアの仕掛け人なのだ。

なぜマイヤーのような人物が、共同作業のなかでこれほど成功できているのだろうか。彼の

ギブ・アンド・テイクのやり方を見れば、チームワークで活躍する人とそうでない人がいる理由がはっきりわかる。

大手ソフトウェア会社オラクルの元上級管理職リズ・ワイズマンは、天才と天才を育てる人の違いについて述べている。天才はテイカーになる傾向があり、自分の利益を大きくするために、ほかの人から「知力、エネルギー、能力を奪う」。

それに対し、天才を育てる人はギバーになる傾向がある。彼らは自分の「知力を使って」、ほかの人びとの「知性や能力を増幅して、ひらめきを引き起こし、アイデアを生み出し、問題を解決させる」とワイズマンは書いている。このパートでは、ギバーとテイカーのこうした違いがどのように個人とグループの成功に影響をおよぼすかについて見ていこう。

いまや「仕事ができる」のは、こんな人たちである

マイヤー並みの成果をあげるには何が必要か考えると、創造性が不可欠なのは、まず間違いないだろう。長年『ザ・シンプソンズ』の脚本と製作を担当しているキャロリン・オミネは、マイヤーは「世の中を見る視点が独特なの。本当にユニークなのです」という。

では、人はどのようにして創造力を高めることができるのだろうか。

その謎を解くため、一九五八年、カリフォルニア大学バークリー校の心理学者ドナルド・マキナンが研究をはじめた。芸術、科学、ビジネスの分野において、極めてクリエイティブな人

びとにはどのような性格の特徴があるかを突き止めたいと思ったのである。そこで、この三つの分野を一つにした職業——建築家——のグループを調査することにした。

マキナンと同僚はまず、フリーランスの建築学の専門家五人に、アメリカでもっともクリエイティブだと思う建築家四十名をリストにあげてもらった。相談し合ったわけでもないのに、専門家の意見はかなり一致していた。二百名の建築家のうち、重複分を除いて、八十六名が選ばれた。この八十六名の建築家の半分以上を、二人以上の専門家が指名し、三分の一以上をほとんどの専門家が指名し、一五パーセントを五人全員が指名していた。

このなかから、アメリカでもっともクリエイティブな建築家四十人が、より詳しく心理学的な分析を受けてくれることになった。マキナンの研究チームはこの四十人を、それなりに成功はしているもののそれほど創造的ではない八十四人の建築家と比較したいと考えていた。その際、クリエイティブ能力の高い建築家と同年齢で、居住地も同じである建築家を選んだ。

建築家は全員バークリー校まで出向き、まる三日間、マキナンのチームに心をさらけ出すのである。彼らは一連のアンケートに答え、全員が緊張を強いられる状況に置かれ、問題解決に関する難易度の高いテストを受けさせられた。続いて、これまでの経歴についてすみずみまで質問を浴びせられた。マキナンのチームは山のようなデータを詳細に調べ、建築家にはそれぞれ偽名を使ってもらい、誰がクリエイティブで誰がそうでないのかはお互いにわからないようにした。

するとある建築家のグループがほかの建築家より、たいへん「責任感があり、誠実で、頼りになり、他人を思いやる」人たちであることが浮き彫りになってきた。

「因果応報の原則」から考えれば、これはクリエイティブな建築家たちに違いない。

ところが、実際はそうではなかったのだ。

何と、これは平凡な建築家たちのグループだった。クリエイティブな建築家のほうは、平凡な建築家と比較すると、はるかに「要求が多く、攻撃的で、自己中心的」なことで際立っていた。のちの調査で、これと同じパターンが、クリエイティブな科学者とそうではない科学者を比較した際にも見られた。クリエイティブな科学者は、「優越感、敵意、精神の異常さ」においてスコアがかなり高かった。

また、極めてクリエイティブな科学者は、他人を軽んじる傾向があるという結果が出た。彼ら自身も、「私は他人の働きを軽んじて、手柄を自分のものにしがちだ」「ほかの研究者の価値を評する際、当てこすったり、けなしたりしがちだ」といった言葉に同意している。

テイカーはユニークなアイデアを生み出し、反論をものともせず、それらを擁護するコツを心得ている。**自分の意見に絶対的な自信をもっているため、普通の人なら創造力を抑え込まれてしまう「社会的な承認」に縛られることがないから**である。

まさにこれこそ、マイヤーのコメディの特色ではないか。

二〇〇二年、彼は『くそくらえ』というタイトルの短い芝居で、脚本、演出、主演の三役を

こなした。モノローグのなかで、マイヤーは神を「ビクついた原始人が考え出した、バカげた迷信」と呼び、結婚にいたっては「憤《いきどお》り、恐れと批判への服従、子どもに対する過剰な心配、パートナーと何とかセックスするために、恋人時代のエロチックなイメージを必死に呼び起こそうと重ねる涙ぐましい努力が、発酵してよどんだ大釜」と、もういいたい放題である。

では、クリエイティブの秘訣《ひけつ》とは、テイカーになることなのだろうか。

まあ、そうあわてないで。ユーモアのセンスは確かにシニカルであるし、由緒ある伝統というものに根強い不信感をもち、過去には軽率な言動もやや見られるが、マイヤーはテイカーが幅を利かせるハリウッドで、そのキャリアの大半をギバーとして行動してきたのだ。

彼は幼いころ、イーグルスカウト（最高位のボーイスカウト）の称号を得て、礼拝では司祭を助ける待者になった。ハーバードでは生化学を専攻し、その後医学部に合格したが、行くのをやめている。競争心剝《む》き出しの医学部生にホトホト嫌気がさしたのだという。こうした学生はしょっちゅう「互いの実験を妨害し合って、頭がイカレていた」そうだ。

大学の風刺新聞『ランプーン』では、仲間に編集長の座から引きずり下ろされそうになったが、「マイヤーはクーデターを乗り切っただけでなく、いかにも彼らしいが、最大のライバルと親友になった」とジャーナリストのオーエンは指摘している。

卒業後は、ドッグレースでボロ負けしたあと、がん研究所に勤めたり、補助教員の職に就《つ》いたりした。お笑いに惹《ひ》かれた理由を尋ねると、こう答えた。「人を笑わせたり、楽しませたりして、世の中を少しでもいい場所にしたいから」

マイヤーはそのユーモアの才能を活かして、社会や環境のために活動している。国際環境NGOのためにもさまざまな活動を行なっており、生物多様性を促進するため、パワーポイントを使ってユーモラスなレクチャーも製作している。二〇〇七年、科学者がスリランカで新種のコケガエルを発見すると、マイヤーがカエル保護のための団体に貢献していることに敬意を表して、カエルは彼の娘の名にちなんで命名された。

マイヤーが地球のためにしている活動よりも、さらにいっそう素晴らしいのは、ほかの人びととの仕事の仕方である。大きな転機が訪れたのは一九八八年、仕事の毎日にちょっとした変化をつけようと、マイヤーは『アーミーマン』というお笑い雑誌を書いて、自費出版した。

「当時は、ただおもしろおかしいだけの出版物というのがほとんどなかったですね」と、マイヤーは語っている。「そこで、ただ人を笑わせるためだけの出版物をつくろうと思いました」

『アーミーマン』の創刊号はわずか八ページだった。マイヤーはそれを自分でタイプし、ベッドの上で編集作業をし、コピーをとりはじめた。そして自身最高傑作のコメディのコピーを、約二百人の友人にタダで送ったのである。

『アーミーマン』を読んだ人は抱腹絶倒し、友人同士で回し読みをはじめた。『アーミーマン』はたちまち熱狂的なファンを獲得し、有名な音楽誌『ローリングストーン』の「人気ランキング」エンターテインメント部門でその年の一位に選ばれた。ほどなく、マイヤーの友人が次回号に載せる原稿を送ってくるようになった。第二号が出るころには需要も増え、約千部発行することができたのだが、マイヤーは第三号で打ち切りにした。友人の原稿をすべて載せて

やれなかっただけでなく、それを断るのが耐えられなかったからだ。『アーミーマン』の創刊号が登場したのは、『ザ・シンプソンズ』がまさに立ち上がりつつあるときで、この雑誌は、ちょうど脚本家チームを採用しようとしていた製作責任者のサム・サイモンの手に渡ることになった。サイモンはマイヤーと、『アーミーマン』のほかの寄稿者数名を雇い、協力して『ザ・シンプソンズ』をヒットさせた。

同僚のあいだでは、マイヤーは一貫してギバーとして振る舞った。『ザ・シンプソンズ』の脚本家で、エミー賞を五回受賞しているティム・ロングは、「マイヤーほど評判のいい人間はいないね。信じられないくらい気前よく人に与えるし、彼らを助けてやるんだ」と話している。

マイヤーの成功が教えてくれているのは、ギバーもテイカーと同じくらいクリエイティブになれるということである。協力関係におけるマイヤーの習慣を調査してみると、ギバーがどのようにして自分自身の成功だけでなく、まわりの人びとの成功に貢献しているかがよくわかる。しかし、ギバーがどのように協力関係を効果的にしているか、それを本当に理解するには、テイカーと比較してみなければならない。創造的な建築家に関する調査からは、テイカーには常識に逆らい、クリエイティブなアイデアを生み出し、また、これらのアイデアを押しとおすためなら苦しい戦いもいとわないだけの自信があることがわかっている。

だが、この独立心は高くつくようにも思えるが、どうなのだろう。

あの偉大な建築家の「黒い人生」

二十世紀において、フランク・ロイド・ライトほど傑出した才能の持ち主はおそらくいないだろう。一九九一年、ライトはアメリカ建築家協会に、史上最高のアメリカ人建築家であると認められた。非常に多作で、ピッツバーグ近郊の有名な「落水荘」、ニューヨークのグッゲンハイム美術館のほか千棟以上の建築作品を設計し、そのほぼ半分が実際に建設されている。七十年におよぶキャリアのなかで、平均して十年に百四十棟あまりの設計を完成させ、うち七十棟を竣工している。

二十世紀の最初の四半世紀はずっと多作だったが、一九二四年から九年間、ライトは突如としてひどい不運に見舞われた。一九二五年の時点で、「ライトの仕事はロサンゼルスに建てた数軒の家だけだった」。

この九年間、ライトの生産性はいつもの約三十五分の一に減っていた。うち二年間はたった一件の依頼もなく、ライトは「仕事に四苦八苦していた」と、建築評論家のクリストファー・ホーソーンは指摘する。一九三二年には、世界に名高いライトは、ほぼ失業状態にあった。最後に施工した大口の依頼は一九二九年のいとこの住宅で、ライトは絶えず借金をしており、日々の食料品を買うお金にも事欠くありさまだった。

アメリカ最高の建築家がこんなみじめな生活を送ることになった原因とは、いったい何だっ

たのだろうか。

ライトは実は、心理学者のマキナンの「クリエイティブ能力の研究」に参加を誘われた建築家の一人だった。ライトは誘いを断ったが、マキナンの分析から浮かび上がったクリエイティブな建築家の人物像は、まさにライトそのものだったのである。建築作品からは、ライトは博愛主義者のように見えていた。有機的建築（全体と部分が均衡を保ち、自然環境と一体になった建築）のコンセプトをとり入れ、そこに住む人と自然との調和を育もうと努めていた。

ところが、人とかかわるとき、彼はまさにテイカーだった。

見習い時代、ライトは少なくとも九件の住宅の設計を雇用主に無断で行ない、雇用主からの仕事以外を禁じた契約条件を破ったといわれている。

また有名な落水荘を設計していたとき、ライトは数カ月間スランプに陥った。クライアントのエドガー・カウフマンが業《ごう》を煮やしてライトに電話し、二三〇キロ離れていようが、車を飛ばして進み具合を見にいくと宣言すると、住宅はもう完成しているという。ところがカウフマンが到着してみると、住宅はおろか、設計図すらできていなかったのである。

カウフマンの見ているまえで、ライトは数時間かけて詳細な設計図を作成した。カウフマンが依頼していたのは、家族がピクニックに出かけるお気に入りの場所に、週末用の小さな別荘を建てること。その場所からは滝が見えた。

ライトは意表をついたアイデアを心に抱いていた。それは、住宅を滝のてっぺんにある岩の上に建設することだった。しかしそうすると、家から滝は見えなくなる。そこでカウフマンを

説得してこのアイデアを承諾してもらうと、今度は一二万五〇〇〇ドルを請求した。これは、契約に明記された三万五〇〇〇ドルの三倍以上の金額だった。

ギバーなら、クライアントの予想を大きく裏切って平気でいられるはずはないだろうし、ましてやそれを認めるようしきりに迫り、さらには法外な値段をふっかけるなど、もってのほかだろう。**自由に独創的なビジョンをつくり出し、それを厚かましくクライアントに売りつけるのは、まさしくテイカーの考えること**だった。

しかし、落水荘の一件でライトに利益をもたらしたのとまさに同じテイカーの特徴が、今度は彼を九年間のスランプに突き落としたのである。一九一一年までの二十年間、ライトはシカゴとイリノイ州のオークパークに住んで建築家として名を上げ、そこでは職人や彫り物師に大いに助けられていた。一九一一年、彼は人里離れたウィスコンシン渓谷に、邸宅タリアセンを設計した。一人でもうまくやれると考え、ライトはそこに引っ越した。ところがじきに、「何年にもわたる仕方なしの失業」が続くなかで時間をもて余すようになった。タリアセンでは、才能ある弟子がいなかったのだ。

マーケット大学心理学教授のド・サン＝オーバンはこう書いている。「タリアセンを建て、みずから孤立を望んだライトだったが、それによって彼の人生に不可欠になっていた要素——設計依頼と、設計を完成させてくれる熟練工——を失ってしまった」

ライトの窮乏は、孤立をやめ、再び有能な協力者とともに働くようになって、ようやく終

わった。だがこれは彼の考えではなかった。妻が説得して、弟子を育成するための育成金制度を設立し、仕事を手伝ってもらえるようにしたのである。一九三二年に弟子が加わると、ライトの生産性は急上昇し、まもなく、現代建築の最高傑作と評されることになる落水荘に着手した。

ライトは育成金制度を二十五年にわたり運営したが、そのときでさえ、自分がどれほど弟子に頼っているか、素直に認めようとしなかった。育成金制度のメンバーを利用するのは、安い労働者を雇うより好都合だったのだ。ライトは弟子に給与を支払わず、料理やそうじ、洗濯、畑仕事までさせていた。

「ライトは偉大な建築家でしたが」と、元弟子で、落水荘の建設に携わったエドガー・ターフェルはいう。「しかし、彼にとって私のような弟子は、自分の設計を成功させるために必要だっただけなのです——そんなことはとても本人にはいえませんでしたが」

本人に素晴らしい才能があれば、それだけで成功できると思われがちだが、ライトのエピソードは、真に偉大な作品にはそれを支える協力関係も不可欠なことを教えてくれている。これは何もクリエイティブな分野にかぎったことではない。**自分の知力にだけ頼った、一見、個人の力が大きい仕事でも、成功するかどうかは自分で理解している以上にほかの人びととの協力にかかっている**のだ。

才能ある人が、なぜ凋落《ちょうらく》するのか

過去十年にわたり、ハーバード大学の数名の教授が、病院の心臓外科医と投資銀行の証券アナリストを対象にした調査がある。どちらのグループも知識労働を専門とし、患者の心臓のバイパス手術を行なったり、複雑な情報をまとめ上げて株の推奨銘柄を選んだりする人たちだ。マネジメントの大家ピーター・ドラッカーによると、こうした「知識労働者は、製造に従事する肉体労働者とは異なり、生産手段を所有している。頭のなかに知識が入っているので、もち歩くことができる」という。

ただし知識をもち歩くのは、それほど簡単ではないことがわかっている。

ロバート・ハックマンとゲーリー・ピサーノ両教授は、外科医の仕事について調査を行なった。外科医は引っ張りだこなので、多数の病院で処置をする。二年間にわたり、ハックマンらは、四三の病院で二百三人の心臓外科医が行なった三万八千五百七十七件の処置を追跡した。両教授は、冠状動脈バイパス移植に着目した。これは、患者の胸部を開き、下肢の静脈か胸部の動脈の一部を用いて、大動脈の閉塞部分の迂《う》回路をつくるという処置だ。平均して患者の三パーセントが手術中に死亡する。

両教授はデータを調べ、驚くべきパターンを発見した。全体的に見て、外科医の手術の腕前は向上していなかったのである。唯一、向上していたのは「ある特定の病院」においてのみ

だった。その特定の病院で行なった処置はすべて、患者の死亡率が一パーセントまで下がっていたが、ほかの病院では死亡率は同じままだった。

つまり、外科医は手術の腕前をもち運ぶことはできなかったということだ。冠状動脈バイパス移植のスキルは上達していなかったのである。

特定の看護師や麻酔医と顔なじみになり、その長所や弱点、クセや流儀がわかるようになったことで、患者の死を防ぐのには役立ったが、それはほかの病院にもっていける能力ではなかった。**患者の死亡率を下げるには、外科医は手術をサポートしてくれる特定のチームメンバーとの協力関係が必要だった**のである。

両教授が病院のデータを収集する一方で、ハーバード大学では、同様の調査が金融部門について進められていた。投資銀行では、証券アナリストはリサーチを行なって業績予想を示し、資産運用管理会社に企業株式の売買について提言する。一流のアナリストは、誰と一緒に働くかに関係なく活用できる、優れた情報と専門知識をもっている。投資リサーチ部門の上級管理職、フレッド・フレンケルはこう説明する。

「アナリストはその専門知識を利用できるため、ウォール街でもっとも転職しやすい職業の一つです。つまり、どこにいようと頭のなかに専門知識が入っていて、顧客の基盤も変わらないので、顧客ファイルがあればすぐに仕事ができます」

この思い込みを確かめるため、ハーバード大学教授のボリス・グロイスバーグは九年間にわ

たり、七十八社の千人を超える株式および債券アナリストを調査した。資産運用管理会社の何千人もの顧客に、アナリストの業績予想、産業に関する知識、報告書の出来、サービス、銘柄選択、連絡のとりやすさ、返答のよさの点でランクづけしてもらった。

八〇の産業部門それぞれで上位三位にランキングされたアナリストは、スーパースターとして高く評価され、二〇〇～五〇〇万ドル（約二～五億円）稼いでいた。グロイスバーグらは、このアナリストが会社を移ったらどうなるかを追跡した。九年間で、三百六十六人のアナリストが勤務先を変えたので、スーパースターのアナリストが新しい会社でも成功を維持できたかどうかを知ることができた。

ところが、スターたちの、その仕事ぶりは維持できなかったのだ。スターアナリストが別の会社に移動すると、彼らの仕事の手腕は落ち、少なくとも五年間は低いままだった。移った最初の一年は、一位にランキングされる人が五パーセント減り、二位にランキングされる人が六パーセント、三位にランキングされる人が一パーセントそれぞれ減り、ランキングされない人が六パーセント増えた。会社を変わってから五年経っても、一位にランキングされる人は五パーセント減り、ランキングされない人が八パーセント増えた。平均して、会社はスターアナリストを雇ったことで約二四〇〇万ドル（約二十四億円）失っていたのである。

業界関係者の考えとは裏腹に、グロイスバーグらはこう結論づけている。「スターを雇うことは、スター自身にとっても、雇う側の会社にとっても、利益をもたらさない」

それでも、成功を維持できたスターアナリストも一部いた。チームで移動した場合、スター

はパフォーマンスがまったく落ちなかったのである。単独で移った人は、一位にランキングされる確率が五パーセントだったのに対し、チームメイトと移動した人はその確率が一〇パーセントで、まったく移動していない人と同じだった。

別の調査でグロイスバーグらは、アナリストは有能な同僚とチームを組んで仕事をすると、優れたパフォーマンスを維持しやすくなることも発見した。同僚の情報や新しいアイデアに頼ることができたからだ。スター投資アナリストと心臓外科医は、親しい間柄か、あるいは高度なスキルをもつ協力者に大いに依存していた。

建築家のライトがもっとギバーとして行動していたら、収入も評判もガタ落ちしたあの九年間を避けることができたのではないだろうか。

『ザ・シンプソンズ』のマイヤーは、もちろんそう思っている。

「僕は優れた一兵卒になりたい」

一九八七年にマイヤーはニューヨーク市からコロラド州ボールダーに移り、一人で映画の脚本の執筆にとり組んだ。ちょうどライトがしたように、マイヤーも協力者との交際を断った。ただし、ライトとはまったく対照的に、ほかの人びとを成功させてやらなければならないと考えていた。

マイヤーには、仕事というのは、自分ひとりでできるものではなく、互いに助け合ってする

ものだとわかっていた。みなを笑わせることができるのも、仲間のお笑い番組作家の協力があってこそなのだ。

「協力して働くっていうのは、実に素晴らしいことですよ。とくにコメディではね」とマイヤーはいう。「おもしろい人間が集まると、素晴らしい相乗効果が発揮されて、自分ではけっして思いつけないようなネタが生まれるんです」

マイヤーとライトを並べてみると、ギバーとテイカーでは成功に対する考え方が違っていることがわかる。ライトは自分の建築の才能を、専門家チームと仕事をしていたシカゴからウィスコンシン州の片田舎にもってきて、自分ひとりでも仕事ができると思っていた。

人を魅了したり、世界を変えたりするようなアイデアを生み出す孤高の天才は、特別視されがちである。スタンフォード大学の心理学者らの研究によれば、アメリカ人は独立を強さの象徴、頼り合うことを弱さの印《しるし》と考えるという。これはとくにテイカーに当てはまり、**テイカーは、自分がほかの人より優れていて、別格の存在だと考える**傾向がある。だから**他人に頼りすぎると、守りが甘くなってライバルに潰されてしまうと思っている**のだ。ライトと同様に、成功をともにしたチームを連れずに投資銀行を去ったスターアナリストは、この罠《わな》に陥ったのである。

ギバーは、頼り合うことが弱さだとは考えない。それよりも、**頼り合うことは強さの源《みなもと》であり、多くの人びとのスキルをより大きな利益のために活用する手段**だと考えている。相互依存

へのこうした理解は、マイヤーの人との協力の仕方に大いに影響をおよぼしている。自分がグループに深くかかわれば、みんなが得をすることになるのが彼にはわかっているのだ。

だから、ことさらに同僚に支援の手を差し伸べるのである。『サタデー・ナイト・ライブ』の脚本を書いていた一九八〇年代半ば、マイヤーは事実上無名で、たいていオフィスにいて、いつでも仲間の相談に乗ってやれるようにしていた。そうして、有名な芸人たちに、台本の書き方やトークの仕方についてアドバイスをしてきた。

『サタデー・ナイト・ライブ』の舞台裏では、多くの作家が自作のコントを採用してもらおうとしのぎを削っていた。「まさに熾烈《しれつ》な生存競争という感じでした」とマイヤーは認める。「一回の番組で十個のコントをやるのですが、それを三五～四〇の作品のなかから選ばなければなりません。確かにシビアな競争でしたが、僕はいつもいい協力者になろうって努力していましたね」

マドンナのようなビッグスターの出演が予定されているときなどはとくに、同僚たちからコントの台本が殺到した。マイヤーもこうした番組にネタを提供したが、それよりも、台本があまり集まらない、比較的地味なゲストのためのコントにとりわけ力を入れていた。

たとえば、社会派のジャーナリストなど、あまり豪華とはいえないゲストのためにバカ受けするコントを書く役割を一手に引き受けたのは、ほかの誰もやりたがらなかったからだ。「僕は優れた一兵卒になりたかった」とマイヤーはいう。「みんながあまり乗り気じゃないときこそ、自分の仕事にさらに力を入れなければならないと感じていたんですよ」

マイヤーのギバーぶりは、『ザ・シンプソンズ』でも変わらなかった。

作家たちのあいだで一番人気のある仕事は、エピソードの最初の草稿を書くことなのだが、それは、自分の独創性をはっきりとアピールすることができるからだ。

マイヤーはエピソードのためにたくさんのアイデアをひねり出したが、最初の草稿を書くことはめったになかった。それよりも自分のスキルは手直し作業に活かすべきだと考え、面倒な仕事を引き受け、六カ月かけて各エピソードを修正した。

これこそ、ギバーの協力の仕方の典型だろう。自分個人の利益よりも、グループにとって最善の利益になる仕事を引き受けるのだ。こうすることで、グループ全体が恩恵を受ける。

調査では、販売員のチームから、製紙工場の工員、レストランの従業員にいたるまで、グループのメンバーが下働きをするほど、グループの製品やサービスはさらにいっそう質・量ともに向上することがわかっている。

それも、得をするのはそのグループだけではないのだ。パート2に登場した起業家のリフキンのような**成功したギバーは、自分だけでなくグループ全員が得をするように、パイ（総額）を大きくする。**自分の時間と知識をしょっちゅう分け与えて同僚を助けている人びとは、銀行から製造企業にいたるまで、昇給や昇進のチャンスが増えることがわかっている。

「『ザ・シンプソンズ』に関しては、とにかくマイヤーは常に番組を一番に考えていたと思う」と、前述のティム・ロングはいう。「直感的に、番組をできるだけよいものにすることこそ、自分にとってベストだとわかっていたのでしょう」

マイヤーの行動には名前がつく。それは、登山の世界で「探検行動」と呼ばれている。探検行動では、グループの目的とミッションを最優先するとともに、自分に対するのと同じくらい他人のことも気づかわねばならない。

マイヤーが成功できたのは、もちろん、全体のパイを大きくしたせいでもある。番組の成功に貢献すればするほど、チームが共有する成功はいっそう大きくなるからだ。だがそれだけではない――マイヤーの「探検行動」が、同僚の彼を見る目を変えたのだ。

ギバーが自分の利益よりグループの利益を優先すると、そのことが周囲に伝わる。その結果、ギバーは同僚の尊敬を集めるようになる。

マイヤーが我こそはと歌手のマドンナのためにコントを書いていれば、仲間の作家は彼のことを、自分たちの地位とキャリアを脅かす存在だとみなしていたかもしれない。だがそうではなく、さほど切望されていないゲストのために最高傑作を書くことで、マイヤーは同僚たちの裏方役に徹した。

テイカーたちはマイヤーと張り合わなくてもすむとホッとし、マッチャーは彼に借りができたと感じ、ギバーは彼を自分の仲間だと思っただろう。

「自分の書いているストーリーで行き詰まったり、台本を修正したりしている最中に、マイヤーが部屋に入ってくると、みんな大歓迎したね」と、一九九八年から『ザ・シンプソンズ』の脚本を書いているドン・ペインはいう。

「マイヤーは必ずといっていいほど、台本をよくするアイデアを思いつくんだ。だから彼は人

気者なんだよ。みんな、彼のことを認めて、尊敬しているからね」

親切にするだけでなく、人が嫌がる仕事を進んでしたり、アドバイスをしたりすることで、マイヤーは、同僚を不安にさせることなく、自分の才能を実証するチャンスを手にしたのだ。

優秀だから尊敬される人、妬《ねた》まれる人

ある調査で、ミネソタ大学の研究者ユージーン・キムとテリーザ・グラムは、**非常に才能のある人は他人に嫉妬されやすく、嫌われたり、うらまれたり、仲間はずれにされたり、陰で中傷されたりする**ことを発見した。ただし、これがギバーであれば、もはや攻撃されることはない。それよりむしろ、**ギバーはグループに貢献するので感謝される**。同僚が嫌がる仕事を引き受けることで、マイヤーは妬みを買うことなく、そのウィットとユーモアで仲間をアッといわせることができたのだ。

マイヤーが大事にしている社会生活のルールがある。それは、「①遅刻をしない、②努力を惜しまない、③人に親切にする、④道に外れたことをしない」の四つである。

周囲の嫉妬をかき立てることなく自分のスキルを証明したからこそ、仲間たちは彼のお笑いの才能を賞賛し、信頼するようになったのだ。「みんなは彼のことを、自分のためにしかがんばらないような人間ではないと思いはじめたんです」と同僚のロングは説明する。

「誰も彼を競争相手とは思っていない。ワンランク上の人で、その才能にはみんなが一目置い

ているのですよ」

『ザ・シンプソンズ』の同僚だったオミネはこうつけ加える。

「以前の職場に比べると、『ザ・シンプソンズ』はネタづくりにより時間をかけていると思います。それは、マイヤーのような作家がいるせいでしょう。彼はこういうんです。『ダメだ、こんなのはちょっとおかしい』って。締め切りギリギリだろうが、全員がヘトヘトに疲れていようがおかまいなしです。でもこれは人生全般にとって大切なことなんだと思います。マイヤーのように、『ダメだ、これじゃ十分じゃない。僕たちならもっとよくできるはずだ』といってくれる人が近くに必要なんです」

心理学者のエドウィン・ホランダーは名高い論文において、人がグループのなかで寛大に振る舞うと、「特定人物固有信用」を得ると主張している。これはつまり、グループのメンバーの心に積み立てられる、相手に対する信用のことをいう。

たいていの人はマッチャーで、メンバーそれぞれが「信用口座」を当然もっていると考える。グループのメンバーが、与えることによって「信用」を得ると、マッチャーはそのメンバーに、グループの規範や期待からはずれてもよいという許可を与える。

マイヤーは信用口座にたっぷり残高があるので、アイデアを出して番組のクリエイティブ面の方向性を変える裁量権を与えられた。「信用を築くことの最大のメリットの一つは、何かめちゃくちゃ変なことをやってみたくなったときに、まわりの人が喜んで力を貸してくれること

です」

マイヤーはこう振り返る。「同僚たちも、以前ほど僕の台本に手を入れなくなりましたね。それは、僕にしかるべき実績ができたからでしょう。いいヤツだと思われたんでしょうね。よかれと思ってしてきたことですが、それが大いに役立ったのです」

マイヤーの経験を裏づけるように、**ギバーとして信用を得ると、ちょっと大胆で挑戦的なアイデアを出しても、まわりに特別に認められてしまう**ことが、研究で明らかになっている。

著者の私が同僚のシャロン・パーカーとキャサリン・コリンズとともに行なった調査では、テイカーが改善策を提案すると、同僚はその意図を疑い、自分が得をするために違いないと決めつけることが判明している。

ところがギバーがアイデアを提案すると、たとえそれが自分にとって不本意なことであっても、同僚は耳を傾け、正直に話してくれたことに報いようとする。それは、ギバーが心から貢献したいと願ってそうしていることがわかっているからなのだ。

「会社の会議でのマイヤーは、感じのいい人とはいえません。かなり辛口ですしね」と、マイヤーの同僚だったオミネは笑う。「でも彼が手厳しいのは、ただちゃんとやりたいからだってことが、みんなにはわかっているんです」

「マイヤーの意見ほど貴重なものはないですよ」そうロングもいう。

「『自分よりも他人を気づかう人』という評判は魔法のようなものですね。数えきれないお返しが自分にはね返ってくるのですから」

手柄を〝独り占め〟にする心理

医療研究者のジョナス・ソークという男について見ていこう。

ソークは一九四八年、ポリオワクチンの開発に手をつけた。翌年、科学者のジョン・エンダーズ、フレデリック・ロビンズ、トマス・ウェラーが試験管でポリオウイルスの培養に成功し、生きたウイルスを利用したワクチンの大量生産への道を開いた。

一九五二年には、ピッツバーグ大学にあるソークの研究所で、効果が期待できそうなワクチンが開発されていた。その年、アメリカでかつてないほどポリオが大流行した。ウイルスは五万七千人以上に感染し、その結果、三千人以上が死亡し、二万人が小児麻痺になった。翌年から三年かけて、ソークの師であるトマス・フランシスは、ワクチンの実地試験を指揮し、ボランティア二十二万人、学校職員六万四千人、医療従事者二万人の助けを借りて、百八十万人を超える子どもにワクチンを接種した。

一九五五年四月十二日、ミシガン州のアンアーバーで、フランシスは「ワクチンは『安全で効力がある』」という声明を発表し、アメリカ中に希望がさざ波のように伝わった。二年を待たずに、ワクチンは慈善団体「マーチ・オブ・ダイムズ（小児麻痺救済募金活動）」のたいへんな努力によって配布され、ポリオの発生率はほぼ九〇パーセント減少した。一九六一年には、アメリカでの患者数はわずか百六十一人になり、世界中で同様の効果をもたらした。

ソークは一躍、国際的な英雄となった。ところが一九五五年の歴史的な記者会見で、師のフランシスがワクチンの効力について発表したあと、ソークはとんでもないスピーチをして、科学界におけるみずからの人間関係と評判を危険にさらしたのである。

ソークは、エンダーズ、ロビンズ、ウェラーの革新的な研究のおかげでワクチンを製造できたにもかかわらず、その前年にノーベル賞を受賞していたこの三人の重要な貢献を認めなかった。

さらに驚いたことに、ワクチン開発に多大な貢献をした研究所の六人の研究者、バイロン・ベネット、パーシバル・ベイズリー、L・ジェームズ・ルイス、ジュリアス・ヤングナー、エルシー・ウォード、フランシス・ユーロックの功績さえ認めなかったのである。

ソークの研究チームは、記者会見の会場を涙ながらにあとにした。歴史家のデヴィッド・オシンスキーが著書『ポリオ——あるアメリカの物語（Polio: An American Story）』のなかで書いているように、ソークは「自分の研究所の同僚をけっして認めなかった。このグループは満員の講堂で誇らしげに座っていたのだが、侮辱を受けていたたまれない気持ちだっただろう。ピッツバーグのソークの仕事仲間は、ソークに名誉を称えてもらえると思っていたのだ」

これはとくに、マッチャーの観点から見た場合に当てはまるだろう。同僚の一人は記者にこう語っている。「最初、彼のことを父親のように思っていたが、最後には〝嫌なオヤジ〟に変わっていた」

時が経つにつれ、ワクチン開発に貢献した六人の研究者のうちの一人、ヤングナーはひどい

侮辱を受けたと感じるようになっていった。「誰だって自分の功績を認めてもらいたいものです」と彼は語っている。「あれは本当にショックでした」

この侮辱的な仕打ちは、彼らの関係を破壊した。ヤングナーは一九五七年にソークの研究所を去り、のちにウイルス学と免疫学に多大な貢献をした。一九九三年、二人はついにピッツバーグ大学でばったり再会し、ヤングナーは積年の思いをぶちまけた。「あのとき、私たちは聴衆のなかにいました。親しい同僚であり、仲間として一緒に仕事をし、あなたと同じ目標に向かって懸命に、そして誠実に働いていたのです」とヤングナーは訴えた。

「記者会見で、誰の名前を口にして、誰の名前を省いたか覚えていますか。あなたがあくまで同僚を無視しようとしたあの瞬間も、そのあともずっと、私たちがどれほどガッカリしたかわかっていますか」

ヤングナーはそのときのソークの様子をこう振り返る。「当時のことを思い出して、焦っているのがはっきりわかりました。けれど、私の問いにはほとんど答えませんでした」

ソークが手柄を独り占めにしたその瞬間は彼のキャリアの頂点で、そのあとは下がる一方だった。彼はソーク生物学研究所を設立し、そこでは現在、数百名の研究者が人道科学の限界に挑み続けている。しかしソーク自身の生産性は衰え（後年、エイズワクチンを開発しようとして失敗に終わっている）、同僚に相手にされなくなった。

ノーベル賞を受賞することもなければ、権威あるアメリカ科学アカデミーの会員に選ばれることもなかった。

「ソークは科学的研究の『不文律』——それには『汝《なんじ》、他人の功績を認めよ』も含まれる——を破ったのである」

ヤングナーはこういっている。「スタンドプレーをしたり、仲間との協調とはおよそかけ離れたことをしたりしたせいで、ソークは同僚から嫌われました」

逆に、ソークは同僚のことを嫉妬深いと思っていた。「誰かが何かを達成して、その功績を認められると、嫉妬され、うとんじられるようになる」と、あの一件について触れた極めて少ないコメントのなかでこういっている。「私だって、あの記者会見で傷ついているんだ」

ソークは一九九五年、同僚の貢献をけっして認めることなくこの世を去った。

十年後の二〇〇五年、ピッツバーグ大学はワクチンの発表から五十周年を記念する式典を行なった。ヤングナーが出席するなか、ソークの息子で、エイズ研究者のピーター・ソークが、ついに事実をありのままに伝えた。

「これは一人の人間の業績ではありません。献身的で熟練したチームの業績です」とピーターはいった。「これはみんなの協力によって生まれた成果なのです」

ソークは、建築家のライトと同じ失敗を犯した。人に頼らなくても自分ひとりでできると思い込んだために、マイヤーのように信用残高を増やすどころか、手柄を独り占めしたことで同僚からしっぺ返しを食らったのである。

ソークはなぜ、ポリオワクチン開発への同僚の貢献を認めようとしなかったのだろうか。

テイカーがいつもするように、自分の業績を奪われまいと用心したとも考えられるが、もっ

と説得力のある答えがあると思う。要は、同僚がその名誉に値しないと感じていたのだ。

人を動かす人が、必ずやっていること

なぜこのような思い込みが生まれるのか。この謎を理解するには、カナダで、夫婦間の関係修復について研究している心理学者に話を聞く必要があるだろう。

さて、ここで質問。自分の夫婦関係、もしくはごく最近の恋愛関係について考えてみよう。夕食づくりやデートの計画から、ゴミ出し、ケンカの解決にいたるまで、関係を維持するためにしているすべての努力のうち、あなたがこなしているのは何パーセントだろうか。

では、全体の五五パーセントを自分がやっていると主張したとしよう。その数字が正しければ、あなたのパートナーは「自分の貢献度は四五パーセントだ」と答えるはずで、合計で一〇〇パーセントになる計算だ。

だが実際は、心理学者のマイケル・ロスとフィオーレ・シコリーが発見したところによると、カップルの四組に三組が一〇〇パーセントをかなり超えるという。つまり、**お互いに自分の貢献度合いを過大評価している**ということなのだ。

これは**「責任のバイアス」**と呼ばれ、相手の努力に対して自分の貢献を高く見積もることをいう。テイカーが犯しやすい誤りで、自分自身をよく見せたいという思いが原因の一端にある。

「ソークの見事な才能の一つは」と歴史家のオシンスキーは書いている。「名声にはまったく

無関心なふうを装って、出しゃばるコツを心得ていたことだ。記者やカメラマンには常にしぶしぶ応じ、自分の時間をあまりムダにしないでくれと注意した。『君たちに邪魔されて大事な仕事ができない』と文句をいい、そのあとお決まりの抗議をしてから、全面的に対応していた」

しかしもっと強力で、有望なもう一つの要因がある。それは「受けとる情報量の差」だ。人間は「他人がしてくれたこと」より、自分が「してあげたこと」に関する情報をより多く手に入れる。自分がした努力はすべてわかっているが、パートナーの努力については一部を目撃するにすぎない。だから、誰が偉いのかを考えるとき、自分自身の「してあげたこと」をよりわかっているのは当然だ。

実際、**それぞれのカップルに夫婦関係への具体的な貢献度合いをあげてもらうと、自分がしたことは十一個思いつけたのに、相手のしてくれたことは八個しか思いつかなかった。**

ソークが、ポリオワクチン開発の栄誉を受けて当然なのは自分だけだといったとき、彼には開発に注いだ血と汗と涙の記憶が生々しく残っていたが、それに比べ、同僚の貢献についての情報はほとんどなかったのだろう。ソークは確かに、ヤングナーやほかのチームメンバーが払った努力を実際に経験したわけではない。さらに、ポリオウイルスの培養に成功したエンダーズ、ロビンズ、ウェラーがノーベル賞を受賞することになった発見の現場にも居合わせなかった。

リンクトインの設立者リード・ホフマンはこう書いている。「悪気がなくても、人は自分の貢献を過大評価し、他人の貢献を過小評価する」

「責任のバイアス」は、協力関係が失敗する大きな原因だ。起業家、発明家、投資家、上級管理職が、当然の功績をパートナーが認めてくれない、あるいは正当な分けまえにあずかっていないと感じると、仕事上の関係は崩壊する。

ハリウッドでは一九九三～一九九七年のあいだだけで、四〇〇を超えるシナリオ——投稿されたもののざっと三分の一——が、著作権の仲裁にもち込まれている。

テイカーなら、与えるより多くを受けとろうとするので、自分がした貢献はぬかりなくすべて数え、ついでに、ほかの人からもっともらえるような口実を探すだろう。同僚の貢献が目に入らないのなら、自分が手柄を独り占めするのもうなずける。

だが調査では、マッチャーとテイカーが「責任のバイアス」を克服するのはさほど難しくはないことが明らかになっている。

「責任のバイアス」は、ほかの人の貢献より、自分の貢献に関する情報のほうが多い場合に起こることを思い出してほしい。お互いの貢献度を正しく判断するカギは、「他人がした貢献に注目すること」である。それには、**自分自身がやったことを評価するまえに、相手がしてくれたことをリストにする**だけでよい。

従業員が、上司にどれくらい貢献しているか考えるまえに、上司からどのくらい助けられて

いるかを考えると、上司の貢献に対する評価は一七パーセント以下から三三パーセント以上に倍増する。あるいは三〜六人の作業グループをつくり、各メンバーに自分がグループのためにする仕事の割合を見積もってもらうと、合計した数値が一四〇パーセントを超える。だが自分のしたことを考えるまえに、各メンバーがしてくれたことについて考えてもらうと、総計は一二三パーセントに下がるのだ。

　マイヤーのようなギバーはこれを当たりまえにやっていて、ほかの人びとの業績を認めるよういつも気を配っている。ある調査で心理学者のマイケル・マッコールは、まず被験者に、ギバーかテイカーかを判断するアンケートに記入してもらったあと、砂漠で生きのびるのに重要だと思われるアイテムを二人一組になって決めてもらった。マッコールは無作為に、ペアの半分には正解と伝え、もう半分には不正解と伝えた。

　不正解といわれたテイカーは、それをパートナーのせいにし、正解といわれたテイカーは、それを自分の手柄にした。それに対しギバーは、不正解の場合は自分が責めを負い、正解の場合はパートナーの手柄にした。

　これこそ、マイヤーが心がけていることなのだ。**うまくいかないときは自分が責任を負い、うまくいっているときは、すぐにほかの人を褒《ほ》める**のである。

「おもしろくないコメディは、マイヤーにとっては見るに堪えないんでしょう」と、『ザ・シンプソンズ』の同僚のロングはいう。マイヤーはどのネタにも笑ってもらいたいと思っている

し、多くの人にネタについて考えてもらいたいとも思っている。同僚にも自分と同じ高い水準を求めるが、ミスは大目に見る。

「ハリウッドには、敵に屈辱を味わわせるのを生きがいにしている人間が多かれ少なかれいるけれど、そんなのは無意味だね。あんな連中に不愉快な思いをさせられるなんて、まっぴらです」とマイヤーはいう。

『ザ・シンプソンズ』の「編集室」では、自分の失敗より人の失敗を大目に見ることで、マイヤーは彼らから最高のアイデアを引き出していた。「誰もが自分も貢献できると思えるような雰囲気を社内につくり出そうとしてきました。何度失敗してもいいんです」と彼はいう。これは「心理的安心感」と呼ばれ、不利になったり罰せられたりする心配もなく、リスクを冒せることをいう。

ハーバード・ビジネススクールのエイミー・エドモンドソンの研究によれば、マイヤーがつくり出したような安心感のある環境では、人はより学習意欲が高まり、より新しいことにチャレンジできるようになるという。そしてこのような環境をつくり出すことができるのが、ギバーなのである。ある調査では、見返りをいっさい期待せずにアイデアを分かち合うエンジニアは、安心して情報交換できるような雰囲気を職場に生み出すので、イノベーションにおいて主要な役割を果たすことがわかっている。

台本を修正する際、お笑い作家の多くはネタを容赦なく切り捨て、それを書いた同僚の心を

傷つける。だがマイヤーはそうしなければならない場合も、「仲間の支えになろうと努めていた」という。作家が自分の台本を書き直されてショックを受けると、マイヤーがなぐさめ、落ちつかせる。「僕はいつも窮地に追い込まれた人たちを見てきた。パニック状態になっているのを、よく説得して落ちつかせたものです」とマイヤーはいう。

みなマイヤーに作品をボツにされたことはさておき、彼が自分のことを人として気にかけてくれたことは理解できた。マイヤーの同僚だったオミネもこういっている。

「マイヤーは遠慮なんてしません。ネタが使いものにならないと思えば、相手にはっきりそういいます。だからといって、『自分自身が使いものにならない』といわれたとは誰も思わないのです」

一方で、ロングはマイヤーが台本を渡されて読むときの様子を話してくれた。「まるで自分の赤ん坊を手渡すようなものですね。そして赤ん坊が病気にかかっていないか、それを伝えるのがマイヤーの務めなんです。作品はもちろん、書いた本人のことも心から気にかけているんですよ」

「自分という箱」から出る方法

では、「責任のバイアス」を克服して他人の貢献をもっと理解できれば、もめ事が起こりやすい協力関係においても、同僚をサポートできるようになるだろうか。いや、それだけではダ

メだ。グループ作業を成功させるカギは、手柄を共有することである。台本をズタズタにされた仲間の作家をなぐさめ、また、安心感のある環境をつくり出すマイヤーの能力は、ギバーが協力関係で活用するもう一つの重要なスキル――**視点のズレを見越す**――を象徴している。

ケロッグ経営大学院の心理学者ロラン・ノルドグレンは、ある実験で被験者に、冷凍室で五時間座り続けるのはどれくらいつらいか推測してもらった。その際、被験者を「温かい状況」と「冷たい状況」に分けて置いた。温かいほうのグループは、お湯の入ったバケツに腕を入れた状態で推測してもらった。

一方、冷たいほうのグループも、やはりバケツに腕を入れた状態で推測してもらったが、こちらには氷で冷やした水が入っていた。では、どちらのグループのほうがより冷凍室をつらいと推測しただろうか。

予想どおり、それは冷たいほうのグループだった。お湯のバケツよりも氷水のバケツに腕を入れていた被験者のほうが、冷凍室のつらさを一四パーセント多く予想したのである。一分間、文字どおり冷たさを体験したあとでは、それが数時間続くのがどれほどひどいことか実感できたのだろう。実は同じ冷たさを、状況を少し変えて体験した第三のグループがあった。こちらの被験者も氷水のバケツに腕を突っ込んだのだが、腕をバケツから出して十分経ってから予測してもらったのである。

すると何と、彼らの予想は温かいグループとまったく同じだったのである。十分前に冷たさを感じていても、いま現在冷たくなければ、もはや想像することができなくなるのだ。これを

「視点のズレ」という。**心理的・身体的な興奮状態を経験していないとき、人はそれが自分に与える影響をひどく過小評価する**のだ。

たとえば、医者はたいてい患者の感じている痛みを実際より軽く考えるという。自分自身がつらい目にあっているわけではないため、医者には患者のつらさが十分にわからないのだ。

サンフランシスコのある病院で、評判のがん専門医が「昨日ほど、意識がはっきりしていない」と患者のことを心配していた。患者は高齢で、がんが転移していた。がん専門医は脊髄穿刺《せきずいせんし》を指示し、患者の命を延ばせないものかと、異常を調べることにした。「患者はひょっとしたら髄膜炎にかかっているのかもしれない。これなら治療できるぞ」

待機していた神経科医のロバート・バートンは疑問に思った。患者に回復の見込みはほとんどないうえ、脊髄穿刺はかなりの痛みを伴うものだったからだ。しかし、がん専門医は負けを認めようとしなかった。バートンが脊髄穿刺のトレーをもって病室に入ると、患者の家族が異議を唱えた。「もう、結構です」と家族はいっせいにいった。患者は末期がんで、衰弱して話すことができなかったが、かろうじて首を動かし、脊髄穿刺を拒否した。

バートンはがん専門医を呼び出し、家族の希望を伝えたが、彼はあきらめようとしなかった。しまいには、患者の妻はバートンの腕をつかみ、がん専門医に処置をやめさせてくれと懇願した。「私たちは望んでいないのです」と妻は訴えた。それでも、患者を救いたいという、がん専門医の決意は揺るがなかった。そして脊髄穿刺がなぜどうしても必要なのか説明し、とうと

う家族と患者は根負けしてしまったのである。

バートンは脊髄穿刺を行なったが、処置は困難を伴い、患者の苦痛も大きかった。患者はひどい頭痛に襲われ、昏睡状態に陥り、がんのため三日後に亡くなった。がん専門医はその道では有数のエキスパートだったが、バートンは彼のことをこう振り返る。「自分は『よいことをしているのだ』と何の疑問も抱かずに信じきっていました。本当はどうすべきかを知るには、患者に意向を尋ね、話し合うしかないのですが……」

協力関係において、テイカーが「視点のズレ」を考慮することはまずない。自分の観点からしか物事を見ようとしないので、ほかの人が自分のアイデアや意見にどんな反応を示しているか、結局気づかない。

それに対し、研究者のジム・ベリーと著者の私が発見したように、ギバーはみんなに得をさせたいと思っているので、人の身になって考える方法を見つけようとする。『ザ・シンプソンズ』のアニメーターや脚本家の作品を編集する際、マイヤーは視点のズレに直面していた。カットするのは同僚のお気に入りのシーンやギャグで、自分のではなかった。相手の気持ちを実際に感じることは不可能なので、代わりに、自分の作品を批評されたり、手を入れられたりしたらどんな気持ちがするか、相手の身になって考えるようにしたのである。

一九八九年に『ザ・シンプソンズ』に参加したとき、マイヤーが書いたエピソードに「夢の場面」が含まれていた。このシーンは最高におもしろいと思ったが、当時の製作責任者サム・

サイモンはそうは思わなかったようだ。サイモンが夢の場面をカットすると、マイヤーは怒り狂った。「もう、頭にきてね。あんまりカッカしてたものだから、サムは僕を別の仕事に回して、部屋から追い出しました」

アニメーターや脚本家の作品を批判したり、修正したりするたびに、マイヤーはこの経験を思い出す。「だから、自分の作品をほかの人間が手直ししているときの、あの腹わたが煮えくりかえるような気持ちがよく理解できるんですよ」

このおかげで、マイヤーはいっそう親身に思いやりをもって、同僚が気持ちを鎮め、作品の修正を受け入れられるように手を貸してやるのだ。

マイヤーのような成功するギバーは、自分のものの見方を相手の視点に合わせる。だが、これを最初からできる人はそうそういない。

結婚祝いの品はハズレが多い——なぜか

ここで、結婚祝いや出産祝いを贈るときのよくあるジレンマについて考えてみてほしい。受けとる側は「ウィッシュリスト（欲しいものリスト）」に欲しい品を登録している。あなたならリストから選ぶだろうか。それとも、独自の贈り物をするだろうか（アメリカでは祝い事に必要なものを贈ることができるよう、また贈り物が重複しないよう、欲しいものを通知する合理的なシステムがある）。

ある晩、私の妻が友人への結婚祝いを探していた。彼女は「欲しいものリスト」にはない、何かもっと心のこもった贈り物にしようというのだ。友人はきっと特別な贈り物を喜んでくれるに違いない――。私は正直「えっ?」と困惑した。その数年前、私たちが結婚祝いをもらったとき、まわりの人がリストから選んだ品ではなく独自に選んだ贈り物をしてくると、妻はたいていガッカリしていたからだ。妻には欲しい品があり、それ以上に気に入る品を贈ってくれる人はまずいないことがわかっていた。自分が受けとる側だったらリストにある品がいいと思うのに、なぜ贈る側になったとたん、独自の贈り物をしたがるのか。

この謎を解くため、ハーバード大学のフランチェスカ・ジーノとスタンフォード大学のフランク・フリンは、贈る側と受けとる側がそれぞれ、「欲しいものリスト」に載せた贈り物と独自の贈り物にどのような反応を示すかを調べた。そしてわかったのは、贈る側が常に、受けとる側がどれだけリストに載せた品をいいと思っているかを、低く見積もっていたことである。

ある実験で、両教授は九十人の被験者を雇って、オンラインストアの「アマゾン」から贈り物を送るか、もしくは受けとるかしてもらった。

受けとる側は二十四時間以内に、二〇〜三〇ドルの価格帯の商品を十個選び、「欲しいものリスト」を作成していた。贈る側は、リストの品を贈る人と独自の品を贈る人に任意で分けられた。贈る側は、受けとる側が独自の贈り物のほうを心がこもっていてよいと思うだろうと考えていた。

だが実際には、そのまったく反対だったのだ。受けとる側は、独自の贈り物より「欲しいも

のリスト」の贈り物をもらったほうがはるかにうれしいと思ったのである。これと同じパターンが、友人同士で結婚祝いや出産祝いをやりとりする場合にも見られた。**贈る側は独自の贈り物をするほうがいいと考えたのに対し、受けとる側は「欲しいものリスト」にある贈り物のほうを好んだ**のである。これはなぜなのだろうか。

調査では、他人の視点から見るといっても、たいていの人は自分のものの考え方から出ることはなく、「この場合、『私』ならどう感じるだろうか」と自問する傾向があることがわかっている。そうやって贈り物をすれば、自分が選んだ品を自分が受けとったときの喜びはイメージできる。

ただし、これは受けとる側が経験するのと同じ喜びではない。受けとる側は好みが違っているからだ。贈る側の自分は、そのキャンドルスタンドをとても気に入っている。しかし、友人もそのキャンドルスタンドが欲しければ「欲しいものリスト」に登録していたはずである。

人を真の意味で助けるには、自分のものの見方の外に出なければならない。マイヤーがしたように、こう自問する必要があるのだ。

「この場合、『受けとる側』はどう感じるだろうか」

こうした別の人の視点から世の中を見る能力は、幼いころに発達する。ある実験で、カリフォルニア大学の心理学者、ベティ・レパコーリとアリソン・ゴプニクは、十四カ月と十八カ

月の幼児を調査した。幼児のまえに、食べ物の入ったボウルを二つ置く。一つにはクラッカー、もう一つにはブロッコリーが入っている。幼児に食べさせると、ブロッコリーよりクラッカーを好む傾向が強かった。そのあと幼児は、研究者がクラッカーをまずそうに食べ、ブロッコリーをおいしそうに食べる様子を見せられた。続いて研究者が手を差し出して食べ物をねだり、幼児はクラッカーかブロッコリーのいずれかを渡すことになった。果たして幼児は自分の視点の外に出て、自分は嫌いでも、研究者にブロッコリーを渡しただろうか。

すると、十四ヵ月の子どもはブロッコリーを渡さなかったが、十八ヵ月の子どもは渡したのである。十四ヵ月では、八七パーセントがブロッコリーではなくクラッカーを渡した。十八ヵ月では、わずか三一パーセントがこの失敗を犯した。**一歳半では六九パーセントが、自分の好きなものと違っていても、他人が好むものを与える能力が身についていた。**

自分のものの見方にこだわるのではなく、他人の視点から見る能力は、協力関係で成功するギバーの得意技だ。興味深いことに、マイヤーはお笑い作家として働きはじめた当時、この相手の視点から見るというスキルを使わずにいたために、仲間の作家を総じてライバル視していた。

「仕事をはじめたばかりのころは、ほかの人びとが自分の成功の障害のように思えてしまうものです。しかしそうなると、周囲は敵だらけということになり、それではやはりまずい。駆け出しのころ、同僚や友人、さらには親友のなかにも大きな成功を収める人がいて、とてもつら

かったですね。嫉妬もしたし、どういうわけか自分が責められているような気すらしました。仕事をはじめたときというのは、自分を向上させて売り込むことで頭がいっぱいになってしまうのでしょう」

しかしテレビ番組の仕事をするうちに、マイヤーは同じ人たちとたびたび顔を合わせるようになった。意外と世間は狭く、密接につながっているからだ。

「世間は本当に狭いですね。テレビのお笑い番組を書いていたら、いつも顔を合わせるのはせいぜい数百人しかいないんですから」とマイヤーはいう。

「この人たちを遠ざけないほうがいいに決まっています。だって、たいていは口コミや人からの推薦で仕事を得ることがほとんどなのですから、評判がいいに越したことはありません。そうしたらがぜん、ほかの脚本家たちを味方だと思えるようになりました」

マイヤーは同僚の成功を応援するようになった。「これはゼロサムゲームじゃない。だから、誰かの見本作品が選ばれたとか、番組の一つがシリーズ化されたとか耳にしたら、それはある意味素晴らしいことですよね。それで業界がもっとおもしろくなるのですから」

これは建築家のライトとは正反対の道だ。彼は紛れもない天才だったが、天才を育てる人ではなかったし、彼の成功は弟子たちを犠牲にして手に入れたものだった。ライトの息子は父親にこういった。「父さんは、自分の理想と調和した建築作品を見事につくり上げた。でも、これと同じ業績を求める人びとへの支援はお粗末そのものだ」

弟子の話になると、息子はこう批判する。「父は一度として後ろ盾になり、助けてやることはなかった」

ライトは弟子に製図室をつくることを約束していたが、タリアセン・フェローシップ（弟子を育成するための育成金制度）の発足から七年経ってようやく、その約束を果たした。あるクライアントは、ライトではなく弟子のほうを雇おうとしたことがあったと明かしている。弟子はライトに匹敵する才能をもっていたうえ、予定どおりに、それも予算をオーバーすることなく仕事を完了させる点では、師よりはるかに良心的だったからだ。

ライトはこれを知ると激怒し、弟子に単独の依頼を受けることを禁じ、どの仕事であれ自分の名前を筆頭にするよう命じた。当然、もっとも才能と経験のある弟子たちはやめていき、「ライトは個人的利益のために自分たちを食い物にし、仕事の手柄を盗んでいる」と抗議した。

驚くべきことだが数百人にのぼるライトの弟子のうち、現役の建築家として独立し、成功を収めた者はほとんどいなかったのである。

マイヤーは、これとはまったく正反対の影響を同僚に与えた――彼の成功は、さざ波のように周囲の人びとに広がっていったのである。同僚はマイヤーのことを天才と呼ぶが、同時に彼は「天才を育てる人」でもあった。

仲間を助けることで、マイヤーは彼らの才能を伸ばし、協力関係の効果を倍増させたのである。「おかげで脚本家として成長できましたね。彼に感化されて、枠に捕われない考え方がで

きるようになりました」と、同僚のペインはいっている。

マイヤーが進んで人の嫌がる仕事をしてくれるおかげで、ほかのみんなは自分のネタに磨きをかけることができ、また、共同作業全体を高い水準に引き上げるために一生懸命働くようにもなった。

「マイヤーのおかげで、みんなよりいっそう努力するようになりましたね」と、脚本家のジョン・ビッティは語る。それに「マイヤーの存在が刺激になって、『ザ・シンプソンズ』のほかの脚本家がもっとおもしろくなった」といい、「周囲の人びとに大志を抱かせる」天賦《てんぷ》の才を褒めちぎった。

マイヤーは二〇〇四年に『ザ・シンプソンズ』を去り、現在は第一作目の小説を執筆中だが、チームに与えた影響はいまも消えずに残っている。「マイヤーの影響は番組のＤＮＡのなかにしっかりと根づいている」とペインはいう。「成功するのに、何も嫌なヤツになる必要はないのだと教えてくれたのですから」

同じく同僚だったオミネもこうつけ加える。「私たちは全員、彼の笑いのセンスにすっかり感化されていて、彼がもう『ザ・シンプソンズ』にいなくても、ときどき彼だったらどうするだろうと考えているのです」

PART 4

荒野で〝ダイヤモンド〟を見つける法

——「与える人《ギバー》」の才能③　可能性を掘り出し、精鋭たちを育てる

「人を現状から判断して対応すると、実際より悪くしてしまうことがある。しかし、その人がもつ潜在能力にふさわしい対応をしてやれば、能力を発揮できるようになるものなのだ」

ヨハン・ヴォルフガング・フォン・ゲーテ
（作家、医師、生物学者、芸術家）

大統領の〝側近〟に選ばれし男

バラク・オバマがホワイトハウス入りしたとき、記者が「お気に入りのアプリケーション（コンピュータのソフトウェア）はあるか」と尋ねた。すかさずオバマは「アイレジー（iReggie）だね」と答え、「私の本、新聞、音楽がすべて一カ所に収められているんだ」といった。ただし「アイレジー」（iPadをもじっている）はソフトウェアではない。レジー・ラブという側近のことだ。当初は彼がオバマ大統領の貴重な情報源になるとは誰も予想していなかった。

デューク大学時代はスポーツが得意で、アメリカン・フットボールとバスケットボールの両方で主将を務めたラブは、卒業後、二年間かけてNFL（全米フットボールリーグ）の適性テストを受けたものの合格できずに終わり、仕方なく進路を変えることに決めた。

大学では政治学と公共政策を学んだので、米国連邦議会で実習生になることにした。スポーツ選手という経歴に加え、職務経験もほとんどなかったが、かろうじてラブはオバマ上院議員のオフィスの郵便室の職を得た。しかし一年も経たないうちに、弱冠二十六歳にして、ラブは郵便室係からオバマの個人秘書に昇進したのである。

ラブは一日十八時間働き、オバマとともに地球三十五周以上に匹敵する八八万マイル以上、飛行機で移動した。「ほとんど寝ずに、あれだけの責務をさばく能力は、見ていて感動した

よ」とオバマはいう。「彼は何でもできるんだ」

オバマが大統領に選出されたとき、ある側近は、ラブこそ「大統領の世話係だ」といった。

ラブはオバマのオフィスに届く手紙にすべて返事を書いていた。「いつもみなさんに感謝したいと思っていましたし、意見が聞き届けられていることを知ってもらいたかったのです」

ある記者によれば、ラブは「誰に対してもとても親切なことで知られていた」ということだ。

さかのぼること数十年前、ラブの故郷のノースカロライナ州で、ベス・トレインハムという女性が、学生に戻って会計学を勉強していた。ベスは三十代はじめで、数字は彼女の得意とするところではなかった。小学三年生までアナログ時計が読めず、高校では、当時つき合っていた彼氏に助けてもらって何とか数学の授業を切り抜けた。大人になっても、計算に悪戦苦闘していた。

公認会計士試験を受ける時期になっても、ベスは、きっと不合格になると思っていた。数学が大の苦手というだけでなく、深刻な時間の制約に直面していたからだ。フルタイムの仕事をしながら、三人の子どもの世話もこなしていたのである。そのうち二人は幼児で、おまけに試験の二週間まえに水疱瘡《みずぼうそう》にかかってしまった。ドン底だったのは、週末にかけて年金会計をマスターしようとがんばっていたときで、それにもかかわらず三日後、勉強をはじめたときよりわからなくなっている気がした。

ベスは、公認会計士試験を受けはじめたとたん、多項式選択問題を見てパニックに襲われた。

「あんな難しい試験をまた受けるくらいなら、出産の苦しみをもう一度味わうほうがましです」とベスはいう。そしてすっかり落ち込んで、絶対に不合格になると思いながら会場をあとにした。

月曜のある朝、ベスの電話が鳴った。受話器の向こうの声は、ベスがノースカロライナ州の公認会計士試験で金賞をとったと伝えた。てっきり友人のいたずら電話だと思った彼女は、その日のあとになって州委員会に電話し、よくよく確かめた。すると何と、冗談などではなかったのだ。ベスは全州で、最高得点をとっていたのである。

後日、さらに別の賞を授与されて、ベスはあ然とした。エライジャ・ワット・セルズ賞に――全国の十三万六千五百二十五人の受験者のなかから、公認会計士試験の成績優秀者上位十名に選ばれたのだった。ベスは現在、一流の会計事務所で素晴らしい仕事をしている。

彼女はノースカロライナ州リサーチ・トライアングル地域で、影響力のあるファイナンシャルリーダー二十五人と、ビジネスウーマン上位二十五人の一人にそれぞれ選ばれている。

レジー・ラブとベス・トレインハムは、まったく異なる人生を歩んできた。どちらも仕事で成功し、またノースカロライナ州出身でもあるが、実はそれ以外にも、二人を結ぶ共通の糸があるのだ。それは、伝説的な大学教授C・J・スケンダーである。

スケンダーは会計学を教えているが、だからといって会計学教授と呼んでしまっては彼に失礼だろう。実に非凡な人物で、トレードマークの蝶ネクタイと、何千という歌と映画の歌詞と

せりふを自在にそらんじてみせる能力で知られている。白髪頭の五十八歳の白人男性で、ラッパーのポスターをオフィスに張っているのはおそらくスケンダーくらいだろう。数字にかけては並ぶ者がおらず、教室での影響力は計り知れない。スケンダーはとにかく引っ張りだこなので、ライバル同士であるデューク大学とノースカロライナ大学（UNC）の両校において、同時に教える許可を得ている。

これまで数多くの教育関連の大きな賞を受賞しており、それには、UNCからの十四個、デューク大学からの六個、ノースカロライナ州からの五個が含まれる。これまで延べ六〇〇〇近い講座を担当し、受けもった生徒は三万五千人以上にのぼる。生徒に注ぎ込んできた時間のおかげで、スケンダーはもっとも重要なスキル「才能を見抜く目」を手に入れた。

二〇〇四年、ラブは、デューク大学でスケンダーの会計学の夏期講習を受講した。

教授の多くは彼を「スポーツバカ」あつかいしていたが、スケンダーは、ラブのスポーツ以外の潜在能力に気づいた。「どういうわけか、デューク大学のフットボール選手は私の講義に集まったことがありませんでしたが」とスケンダーはいう。「しかしレジーには、成功に必要なものが備わっていると思いました」

スケンダーは講義でラブに格別に目をかけたが、それがいつの日か役に立つという、彼の直感は正しかった。「スケンダー先生の講義をとるまでは、会計学についてまったく知りませんでした。けれど、あの講習で身につけた基礎知識が、私をホワイトハウスへと導いてくれたの

です」

オバマの郵便室で、ラブはスケンダーの講義で学んだ在庫管理の知識を活かして、膨大な未処理の郵便物をデジタル化して整理した。「これは、私がやった仕事のなかでも、思い出深いものの一つですね」

これがオバマの首席補佐官の目に留まり、ラブを個人秘書に抜擢したのである。二〇一一年、ラブはウォートン校で勉強するため、ホワイトハウスを去った。彼はスケンダーにこんなEメールを送っている。

> 私はいま、エグゼクティブMBAプログラムを受講するため、ウォートン校があるフィラデルフィアに向かう列車に乗っています。最初の講義は財務会計です。あの夏の講習で、親身に教えてくださったことに心から感謝しています。

二十年前、公認会計士試験を受けたあと、ベスはスケンダーのところに赴き、うまくできなかったと伝えた。「きっとどれも不合格です」とこぼしたが、スケンダーのほうがよくわかっていた。そしてこう約束した。

「不合格だったら、君の住宅ローンを払ってあげますよ」

スケンダーはやはり正しかった。そしてそれは、ベスだけではなかった。その春、公認会計士試験の銀メダリストも銅メダリストも彼の生徒だったのである。一つの学校がメダルをすべ

てさらったのは、ノースカロライナ州ではじめての快挙だった。ここで注目に値するのは、会計学が男性優位の分野であるにもかかわらず、スケンダーのメダリストは三人とも女性だったことだ。スケンダーはこれまで、四十名以上のメダリストを輩出していた。また、未来の教師を見抜くコツも心得ていて、三十名以上の生徒が、彼にならって大学で教えている。では、スケンダーはどのようにして才能を見抜くのだろうか。

まったくの直感だろうと思われるかもしれないが、スケンダーの潜在能力を見分けるスキルは、厳格な科学に支えられている。どんな業種であれ、才能を見抜き、それを育てるスキルは極めて重要だ。誰かの可能性を発見する際も、発見する側のギブ・アンド・テイクのやり方が大きく影響してくる。

このパートでは、ギバーがどのようにして他人の潜在能力を見分けるかについて紹介しよう。スケンダーのテクニックを明らかにするとともに、有能なスカウトマンがどのようにして世界に通用するアスリートを見つけるのか、また、将来性の低い人材になぜ投資しすぎてしまうことがあるのか、さらには、一流の音楽家にとって最初の教師とはどういう存在なのかについても述べていこう。

しかし、真っ先に手をつけるべき場所は、軍隊だろう。ここでは、心理学者が三十年かけて、もっとも才能ある士官候補生を見分ける方法について研究を続けているからだ。

「スター」を育てる確実な方法

一九八〇年代はじめ、ダブ・イーデンという心理学者が、研究成果の第一弾を発表した。イーデンは、イスラエル国防軍（ＩＤＦ）のどの兵士が成績最優秀者になるか、訓練をはじめるまえに当てることができたのである。

イーデンは体こそ華奢《きやしや》だが精神は強靱で、アメリカ育ちだった。博士号をとったあと、イスラエルに移住し、ＩＤＦで研究をはじめた。ある研究で、所属する小隊とともに訓練にやってきた約千人の兵士を対象に広く調査を行なった。イーデンの手もとには、兵士の適性検査のスコア、基礎訓練の評価、以前の指揮官からの評定があった。今回の訓練がはじまるまえに集められたこの情報だけを使って、イーデンは、スターとして浮上することになる、高い潜在能力をもった訓練兵のグループを特定したのである。

その後十一週間にわたり、訓練兵は、戦闘戦術、地図、作戦規定における専門知識を測るテストを受けた。また、武器の操作スキルを実演し、専門家の評価を受けた。

案の定、イーデンが特定した潜在能力の高い候補者は、その後三カ月にわたる訓練で仲間の兵士たちよりもはるかに成績がよく、専門知識テストでは九パーセント、武器の操作の評価では一〇パーセント、それぞれスコアが高かった。では、イーデンはどの情報を利用して、潜在能力の高い兵士を見抜いたのだろうか。

実は、イーデンはある名高い研究から着想を得ていた。その研究とは、ハーバード大学の心理学者ロバート・ローゼンタールが、サンフランシスコの小学校校長レノア・ジェーコブソンと協力して行なったものだ。のべ一八クラスの幼稚園から小学五年生までの生徒が、ハーバードの知能検査を受けた。

このテストでは、学習や問題解決に不可欠とされる、会話能力と推理力を客観的に判定する。ローゼンタールとジェーコブソンはこの検査結果を教師たちと共有したが、生徒の約二〇パーセントが、知力面で才能を開花させる可能性を示していた。その時点では違いはわからなかったが、検査結果はこれらの**「ブルーマー（才能を開花させる人）」**が、学年が上がるにつれて「知力面でめざましい進歩」を遂げることを示していた。

一年後、生徒が知能検査を受けると、ブルーマーたちはほかの生徒よりもスコアが上がっていたからだ。彼らはＩＱが平均一二ポイント上がり、それに比べ、クラスメートは平均八ポイント上がっただけだった。

またブルーマーは、一学年ではほかの生徒より約一五ポイント、二学年では一〇ポイント上回っていた。二年後も彼らはやはりクラスメートをしのいでいた。ローゼンタールらの知能検査は、潜在能力の高い生徒を見分けるのに成功した。その後の二年間で、ブルーマーは急速にクラスメートよりも知能が高くなった。

この結果を見るかぎり、知能は潜在能力が高い生徒を見分けるためのカギとなりそうだ。だが実は、ブルーマーといわれた生徒は、最初から知能検査のスコアが高かったわけではなかっ

た。ローゼンタールらは無作為に「ブルーマーということにしておく生徒を選んでいた」のである。

この調査は、教師が潜在能力の高さを「信じた」生徒がどうなるか、それを突き止めるためのものだったのだ。ローゼンタールらは無作為に、各クラスから二〇パーセントの生徒を選んで君はブルーマーだと告げ、残りの八〇パーセントを対照のための非実験グループとした。従って、ブルーマーだといわれた生徒はクラスメートより知能が高いわけではなかった。

違っていたのは、教師が「この生徒はブルーマーだ」と信じ込んでいることだけだったのだ。それにもかかわらず、ブルーマーはクラスメートに比べ、会話能力においても推理力においても勝ったのである。無作為にブルーマーに選ばれた生徒のなかには、たった一年で知能が五〇パーセント以上も向上した子もいた。彼らが能力で勝っていたことは、生徒がその年の終わりに知能検査を受けた際、実験についてまったく知らない試験官によって実施されたことで明らかだろう。ブルーマーとされた生徒は二年後も知能を伸ばし続け、それは、どの生徒がブルーマーとされたのか知らない、まったく別の教師が教えていたときでさえ変わらなかった。

それはなぜだろうか。

教師が生徒の可能性を信じたために、**「自己成就予言」（他人から期待されると、それに沿った行動をとって期待どおりの結果を実現すること）が働いた**のである。教師が生徒を「伸びしろがある」と信じたことで、その成長に大いに期待をかけたからなのだ。

その結果、教師は生徒の自信を高めようと協力的な態度で接したため、成績が上がったのである。教師はブルーマーに温かく接し、意欲をそそる宿題を出し、授業ではよく当て、より多くアドバイスをしてやった。

多くの実験で、これと同じ効果がくり返し見られた。つまり、**成績のよくない生徒や、差別を受けているマイノリティグループの生徒の成績と知能検査のスコアを向上させるには、教師が生徒に対し期待を抱くことがとりわけ重要**だということなのだ。この証拠を検討し、心理学者のリー・ジュシムとケント・ハーバーはこう結論を出している。「『自己成就予言』は教育現場で間違いなく生じる」

そうはいっても、子どもは知的発達の早い段階だったので影響を受けたが、果たして大人にも効果があるのかと、前述の心理学者のイーデンは疑っていた。

そこで彼は何人かの小隊長に、訓練兵の適性検査のスコア、基礎訓練の評価、以前の指揮官からの評定を再検討したことを告げ、さらにこうつけ加えた。「あなたの隊の訓練兵の平均指揮能力は、通常の水準よりかなり高いので、素晴らしい功績が期待できるでしょう」と。

小学校での調査と同様に、イーデンは「高い能力があるとする」訓練兵を無作為に選んだ。そして、部下の訓練兵の潜在能力が高いと信じ込んでいる小隊長が、どう影響をおよぼすかを調べることにした。

驚いたことに、でたらめに「能力が高い」と分類した訓練兵のほうが、そうでない訓練兵よりも、専門知識テストと武器操作の評価でかなり成績がよかったのである。教師と同じように、

小隊長が訓練兵の可能性を信じたことで、この可能性を現実にするような行動をとるようになったからだ。

訓練兵に高い期待を抱いた小隊長は、彼らをよりサポートし、より多くのアドバイスとこまめな配慮を与えるようになった。**訓練兵がミスをしても、小隊長はそれを能力が低いせいだとは思わず、学びのいい機会だととらえた。小隊長の協力的な態度によって、訓練兵は自信と能力を高め、より高い功績を達成できるようになった**のだ。

証拠が示すところによると、リーダーが部下の可能性を信じれば、軍隊にかぎらず多くの環境で、「自己成就予言」を生み出すことができるという。

マネジメント研究者のブライアン・マクナットは、銀行業から小売業、製造業、心理療法にいたるまで、さまざまな業種の約三千人の従業員を対象に実施した、十七種類の調査を徹底的に分析した。

すべての業種において、マネジャーが無作為に従業員をブルーマーに指定すると、その従業員は才能を開花させた。これを利用すれば「仕事の成果にかなり大きな影響をおよぼすことができる」とマクナットは考えている。そこで、マネジャーたちにこうすすめている。

「従業員の可能性を心から信じ、支援の手を差し伸べ、可能性を信じていることを常日頃から伝えていれば、やる気が出ていっそう努力するようになり、その可能性を発揮できるようになるのです」

一部の管理職と教師は、すでにこのことを当たりまえのように実践している。わざわざいわ

れなくても、どんなときも人間には高い潜在能力があると考えているのだ。

人をほとんど信頼しないテイカーにはどだい無理な話だろう。テイカーは、ほとんどの他人もテイカーであると決めつけているので、同僚や部下の可能性に期待をかけることはまずない。調査によれば、テイカーはほかの人の意図を常に疑ってかかるので、自分に害を与えないか、絶えず警戒しているという。こうした人の可能性を信じようとしない態度は、悪循環を生み、同僚や部下のやる気と成長を妨げる。

他人の能力ややる気に気づいていても、テイカーはむしろその人物を脅威とみなし、支援しようとも可能性を伸ばしてやろうとも思わない。

こんな調子なので、テイカーには、同僚や部下に自信をもたせたり、その背中を押してやったりするような協力的な接し方ができないのである。

それに比べれば、マッチャーのほうがずっと「自己成就予言」を引き起こす力が備わっている。ギブ・アンド・テイクの関係を尊重しているので、同僚や部下が高い潜在能力を示せば、それにふさわしい対応をする。

そして将来性のある同僚や直属の部下に目をかけ、励まし、育てようとする。ただ、マッチャーの欠点は、相手が高い能力を示すまで待っていることだ。

危険を冒したくないので、見込みがあるというはっきりした証拠を手にするまでは、助けを差しひかえることが多い。その結果、最初に才能の種を発見できなければ、それと気づかないまま、優れた人材を育てるチャンスを逃してしまう。

かたや、**ギバーは、可能性の片鱗が見え隠れするまで待ったりはしない**。他人の意図を疑わず、楽観的に解釈するので、すべての人のなかに可能性を見出そうとする。人をみな「大きな可能性を秘めた人」として見る時点で、ギバーはそもそも、リーダーやマネジャーやメンターの役割を果たしている。

先に述べた伝説的な大学教授スケンダーが多くのスター生徒を育てることができたのも、まさにこのためだった。才能ある人間を見分けることにかけては、彼の右に出るものはいないだろう。スケンダーにとっては**どの人も才能ある人間であり、だからこそ、その人の一番よいところを引き出そうとする**。

スケンダーには教室に入ってくるすべての生徒が、掘り出され、カットされ、磨かれるのを待っているダイヤモンドの原石に見えるのだ。ほかの人には見えない可能性を見抜けるからこそ、「自己成就予言」を誰よりも生み出せるのである。

原石は〝見つける〟のではなく〝磨く〟

一九八五年、スケンダーの生徒のマリー・アルクーリは公認会計士試験を受けた。全国共通テストに慣れていなかったので、最初の試験は不合格だった。

数日後、スケンダーから手紙が届いた。彼は受験した生徒一人ひとりに手紙を書き、合格し

た生徒にはお祝いを述べ、そうでなかった生徒には激励の言葉を贈った。マリーはこの手紙を、三十年近く経ったいまも大切に保管している。

ご主人、ご家族、お友だちがあなたを愛しているのは、試験の合否に関係なく、あなたが素晴らしい女性だからです。そのことを忘れないでください。次の十一月の試験に集中しましょう。修練あるのみです。全力を尽くしてください。マリー、きっと合格できますよ。私ならテストにこう書きます。「この試験に備えたことで、すでに一番の目的は達成された」と。
人間は成功で決まるのではありません。努力で決まるのです。

さまざまな研究から、会計士というのはスケンダーのような励まし方をされると、自分の可能性を発揮しやすくなることがわかっている。

数年前、四大会計事務所の一つに入社した七十二名の新米会計検査官のうち、半数を無作為に選び、「あなたは成功する可能性が高い」と事前に伝えておいた。

この調査を行なったのは前述の研究者マクナットで、彼は博士号を取得しているほか、会計学の学位を二つと公認会計士資格をもち、さらに会計士と会計検査官として五年の実務経験もあった。マクナットは、潜在能力があると信じ込まされた会計検査官の履歴書に目を通した。

それから一人ひとりと面談し、「あなたは熾烈《しれつ》な競争を勝ち抜いて採用されました。経営陣は大いに期待しています。あなたには困難を乗り越え、成功できるスキルが備わっているから

大丈夫ですよ」と告げた。

三週間後、マクナットは彼らに手紙を送って、このメッセージをダメ押しした。すると、まる一カ月間、マクナットから激励の手紙を受けとった会計検査官は、マクナットと会ってもいなければ、手紙を受けとってもいないほかの会計検査官よりも、仕事の評価が高かったのである。これは、会計検査官の知能検査のスコアと大学の成績を考慮して調整したあとも変わらなかった。

これこそ、スケンダーの手紙がマリーにおよぼしたのと同じ効果なのだ。彼は、自分の可能性を信じ、きっと合格できるという自信をもつよう励ました。「先生には、生徒の一番よいところがわかっていたんです。そしていまもやはり、一番よいところをわかってくれています」とマリーはいう。彼女は再び受験して、二つの科目で合格し、残すところあと二科目となった。そのあいだずっと、スケンダーは彼女を励まし続けていた。「私をサボらせたくなかったんでしょう。よく電話をくれて、進み具合をチェックされました」

マリーは最後の科目に合格し、試験を受けはじめて二年後、公認会計士資格を取得した。

「先生のおかげで、優先事項がはっきりし、予定どおり物事を進められるようになり、あきらめずに何とかやり遂げることができました」とマリーはいう。「私のために一生懸命してくれているのがわかっていましたから、ガッカリさせたくなかったのです」

現在、マリーは二店のレクサス車特約店のオーナーだ。「会計学を身につけていて、財務諸表を読むスキルがあるのは、とても役に立ちます。けれどスケンダー先生は仕事のスキルを教

えてくれただけでなく、人格や意欲、決断力も鍛えてくれたと思います。必ず合格できるとダメ押ししてくれたおかげで、迷いが吹っ切れて、忍耐強くとり組むことができましたね」

スケンダーのやり方は、企業が普通、リーダーシップ開発で手本とする基本モデル――可能性の高い人材を見つけ、その可能性を発揮するのに必要な指導、支援、情報源を与える――とは異なっている。

こうした未来のリーダーを発見するため、企業は毎年、才能の査定に何一〇億ドルも使っている。このやり方は人気があるが、ギバーはこれに致命的な欠点が一つあることに気づいている――**才能を見つけることからはじめているのがダメ**なのだ。

「天賦《てんぷ》の才」は生まれつきのものか

心理学者は長年、どんな分野であれ「成功は一に才能、二にやる気」だと信じていた。世界に通用するアスリートや音楽家を育てるため、専門家はまず「天性の才能」をもった人間を探し、それから彼らのやる気を育てようとする。

バスケットボールのマイケル・ジョーダンのようなダンクシュートができたり、ベートーベンのようにピアノが弾けたりする人物を見つけたければ、まず跳躍力と音感について調べるのが当たりまえだろう。しかし近年、心理学者は、このやり方では本末転倒かもしれないと考えるようになっているのだ。

一九六〇年代、レイモンド・カテルという心理学者の草分けが、「知力投資説」を展開した。カテルは、「関心」こそが、人に時間とエネルギーを投資させ、特定のスキルや知識基盤を発達させると主張した。今日《こんにち》では、関心の度合いのほうが、才能をいかに発揮させるかより「優先される」ことを示す、説得力のある証拠がある。**人が才能を伸ばすきっかけになるのは、「やる気」であることがわかった**のだ。

一九八〇年代、心理学者のベンジャミン・ブルームは、世界一流の音楽家、科学者、アスリートを対象に画期的な調査を行なった。ブルームのチームは、主要な国際コンクールで最終選考に残ったピアニスト二十一人にインタビューした。**そして著名なピアニストの初期の音楽経験について探り出していったところ、驚いたことに、生まれながらに才能に恵まれていたわけではなかった**ことがわかったのだ。

調査では、一流のピアニストのほとんどが、最初は「家族や近所の子どもに比べれば才能がある」程度だったらしいことが判明した。地元や地域、あるいは全国レベルで目立っていたわけではなく、当初はコンクールに入賞したこともなかった。

ブルームのチームが世界一流のピアニストとその親にインタビューしたところ、さらに驚くべきことが明らかになった。ピアニストは当初、一流のピアノ教師から習ったわけではなかったのである。ほとんどが近所に住むピアノ教師に手ほどきを受けていた。

専門のピアノ教師に教わらなくても、何とかピアニストたちは世界最高の音楽家になること

ができた。ほかの人よりはるかに長い時間練習することで、優位に立つようになったのだ。

作家のマルコム・グラッドウェルが著書『天才！ 成功する人々の法則』（講談社）で解説しているように、心理学者のアンダーズ・エリクソンが行なった調査から、ある分野の専門的技術を習得するには、コツコツとした練習が延べ一万時間は必要なことが明らかになった。しかし、そもそもこれほど長い時間、練習する気にさせるものとはいったい何だろうか。そう、ここでギバーが登場するのである。

ピアニストと親が最初のピアノ教師について語ると、決まって「思いやりのある、親切で、寛容な先生」だったと回想する。音楽への関心と楽しさを教えてくれたので、いつもレッスンが待ち遠しかったという。「ピアニストにとって、子どものころの最初のレッスンはとても楽しいものだった。それはまた、家族以外の、温かく協力的で、やさしい大人と交流する機会でもあった」と、ブルームのチームは説明している。

超一流のピアニストは、ギバーである教師によって音楽への関心に火がついたのである。教師はレッスンが楽しくなるような方法をあれこれ工夫し、これがきっかけとなって猛練習をするようになり、専門的技術が身についていったのだ。「可能性を切り拓《ひら》き、さまざまな音楽活動にかかわることが、正しいとか間違っているとか、いいとか悪いといったことよりも優先されるのだ」

同じパターンが世界的なテニスプレーヤーにも見られる。ブルームのチームが、世界ランキング上位十位に入ったことのあるアメリカのテニスプレーヤー十八人にインタビューしたところ

ろ、最初のコーチは「優秀なコーチというわけではなかったが、子どものあつかい方がとてもうまく、テニスに関心をもち、練習をがんばろうという気にさせてくれた」ということだ。

リーダーや指導者の立場にあると、まず相手の才能を探したくなるものだが、ギバーはその誘惑に負けまいとする。そして**誰でも一流になれると考え、やる気があるかどうかに着目する。**ランキング上位のテニスプレーヤーには、最初のコーチに「特別に目をかけられた選手が多く、それは身体能力がとりわけ優れていたからではなく、やる気があって、猛練習もいとわなかったからだ」と、ブルームのチームは指摘する。

会計学の場合、生徒のなかに知力だけでなく、やる気や仕事に対する価値観を見出すことが、前述の大学教授スケンダーの才能を発見するコツでもある。スケンダーがベスに、きっと公認会計士試験に合格できるといったのは、彼女が会計学にズバ抜けた才能をもっていたからではなく、「学期を通してずっと一生懸命勉強していた」ことを知っていたからだ。

ほかの教授がラブのことをただの〝スポーツバカ〟と片づけたときも、将来有望だと見抜けたのは、彼が「勉強に励み、いつも講義の予習をしていた」からだった。スケンダーはいう。

「ラブは学ぶことと、自分自身を向上させることに関心があるんですよ」

マリーを激励したときも、彼女が「いままで会った生徒のなかで一番熱心にとり組んでいたからではなく、粘り強さが際立っていたからだ」という。

心理学者のアンジェラ・ダックワーズは、これを「根性」――長期的な目標に向かって熱意をもって根気強くとり組むこと――と呼んでいる。ダックワーズの研究では、知力や適性以上

に、根性のある人びとが、関心、集中力、やる気によって、より高い業績を達成することがわかっている。

「粘り強さはとても重要です」と心理学者のトム・コルディッツはいう。コルディッツは十二年間にわたり、アメリカ陸軍士官学校で行動科学とリーダーシップ論を教えている。陸軍士官が主要な管理職に選抜される確率は、普通一二パーセントだが、コルディッツに学んだ士官は七五パーセントという高い確率で選抜されていた。

　コルディッツは、それは粘り強さがあるかどうかがかなりの要因になっていると考えている。作家のジョージ・アンダーズも著書『The Rare Find（隠れた才能を探せ！）』に書いているように、「やる気を甘く見てはいけない」のだ。

　もちろん天賦《てんぷ》の才能も重要だが、**一定以上の能力をもった候補者がたくさんいたら、粘り強さは、その人がどこまで可能性を発揮できるかを予測する大きな要因になる。**だから、ギバーは根気のある人間に目をつけるのである。そして、じっくり時間をかけて、粘りのある人の背中を押すだけでなく、ギバーは根気のない人に根性そのものを植えつける努力もする。

「高い期待をかけるのは、とても大事なことなのです」とスケンダーはいう。「背中を押したり、能力ギリギリまでやらせたり、本人が無理だと思うようなことをさせたりする必要があるのです。私のテストを受けるときは、こんな難しい試験は生まれてはじめてだと思わせたいのです。それで実際、成績が上がるんですよ」

　根性を養う秘訣《ひけつ》の一つは、目のまえの仕事をより興味深く、やる気の出るものにすることだ。

ブルームの調査によれば、才能のある音楽家やアスリートはみな最初、ギバーの教師から学んでいた。

こうした教師は子ども好きで、正しいことをすると褒《ほ》めたり、ポジティブに賛同したり、時にはあめ玉をあげたりしている。そして励ますことを常に忘れず、自分が専門とする分野と子どもの指導に熱意をもっている。多くの場合、子どもとは家族や友人のように接する。このような教師の一番よいところは、子どもが楽しくやりがいを感じながら、技能を学んでいけるようにしているところである。

これはまさに、スケンダーのことだろう。

典型的な数学者からは考えられないが、スケンダーは人生の大半を人助けに捧げてきたのだ。職場の駐車場には毎朝一番乗りで、たいてい午前五時まえに到着するが、試験に備える生徒のために、真夜中過ぎまで復習の授業をしてやる。かつての生徒と何十年も連絡を保ち、何時間も費やして生徒に学校やスポーツ、人生についてアドバイスをする。「生徒には、本人はもちろん、友人や家族も一緒に成功してもらいたいのです」とスケンダーはいう。「それに、他人への感謝を忘れず、恩返しを心がけてもらえればいいですね」

そしてギブ・アンド・テイクの関係について、会計学の用語を使ってこう助言している。

「私は支払勘定（債務）の値よりも、受取勘定（債権）の値が大きいほうがいい」

ほかの教授たちが、ガチガチの会計知識を熱心に教えるのに比べると、スケンダーの教え方はまったく変わっている。無類の音楽好きらしく、講義のあいだに遊びの時間を差し挟《はさ》んで、

生徒を飽きさせないようにしているのだ。講義のまえには必ず四曲音楽をかけ、曲名を最初に当てた生徒にチョコレートを投げてよこす。最近の生徒の好みに対応できるように、毎日少なくとも一曲は新しい曲を聴く。部屋の壁にラッパーのポスターが張ってあるのは、そんなわけなのだ。

「聞く者の心をつかみたければ、本当に彼らの関心を強く引きたければ、彼らの住んでいる世界を知らなくてはならない。どんな音楽を聴いているのか、どんな映画を観ているのかをね」

と、スケンダーは説明する。

「ほとんどの生徒にとって、会計学の勉強は虫歯治療をするくらい嫌なものなんです。けれど、私がアッシャーやシーロー・グリーンの歌を口ずさんだりすると、こう思うわけです。『おっ、あの太った白髪のじいさん、なかなかわかってんじゃん』ってね。こうなったら、しめたものなのです」

　会計学への関心を深めることで、生徒が会計学をマスターするのに必要な時間とエネルギーを投資しやすくなると、スケンダーは考えている。

　スケンダーのかつての生徒で、グーグルに勤めるデビッド・モルツはこう詳しく述べている。

「スケンダー先生は早々と教室にやってきて、一時間以上もショーを行なうかと思えば、遅くまで残って個別の質問に答えてくれます。何百人もの生徒から何千通ものEメールを受けとるけれど、わざわざ時間をとって全部に返事を出す。先生は出会ったありとあらゆる生徒（と人）をできるかぎり助けてあげるんです。私生活の何百時間も費やして、生徒の人生に影響を

与え、できるだけ多くのことを教えようとしている。かかわりのある人全員に、自分は特別なんだと自信をもってもらいたいからでしょう」

「隠れ役立たず」を見分ける

ギバーは周囲のいたるところに可能性を見出すので、この可能性を発揮できるように、人びとを育てることに多くの時間を投資する。だからといって、この投資は必ずしも報われるわけではない。生まれつき才能のない人もいれば、情熱を維持できなかったり、粘りが足りなかったりする人もいるからだ。

スケンダーは以前、会計学とは関係ない大学院課程に出願するある生徒のために、百通を超える推薦状を書いたことがあった。最初の年はどこにも入学できなかったが、彼女が再挑戦することに決めたので、スケンダーは律儀に推薦状を書き直した。だが、またしても大学院に突っぱねられると、スケンダーは三回連続でまた推薦状を手直しした。三回とも失敗したあと、ついにスケンダーは彼女に、ほかの道を目指すようすすめた。スケンダーがもっとテイカーかマッチャー寄りだったなら、もっと早くにあきらめて、自分と生徒の時間をムダにしなかったのではないだろうか。

ギバーは、熱意はあっても適性に欠ける人に自分の時間とエネルギーを投資しすぎなのでは

ないだろうか。また、ギバーはどのようにして優先順位を決め、見込みのある人にはたっぷり投資し、そうでない人には少なめに投資するのだろうか。

それを知るには、毎年ＮＢＡ（全米プロバスケットボール協会）ドラフトという国際舞台でスカウトが行なわれる、プロバスケットボールの世界以上にふさわしい場所はないだろう。

故スチュ・インマンは、ＮＢＡ史上最悪のドラフト指名（選手を指名して選抜すること）に二度もかかわったことで一番よく記憶されている。

一九七二年、ポートランド・トレイル・ブレイザーズはドラフトではじめて選手を指名した。当時インマンは選手人事部長で、センターのラルー・マーティンを一位指名したが、プロ入り後はパッとせず、四シーズンで一試合平均五得点四リバウンド（シュートが外れ、バックボードやリングに当たって落ちてくるボールをとること）という期待はずれの結果に終わった。このドラフトで、インマンはＮＢＡ史上最高の選手になる二名を逃していた。

一人は、その年、二位指名されたボブ・マカドゥーで、最初のシーズンでマーティンの生涯通算成績よりも高得点をマークした。マカドゥーはその年の新人王に選ばれ、二年後、ＮＢＡ最優秀選手（ＭＶＰ）に輝いた。ＮＢＡでの十四年にわたる選手生活で、マカドゥーは得点王を二回獲得し、二つの優勝チームでプレーし、オールスターチームに五回選出された。

もう一人は「ドクターＪ」ことジュリアス・アービング（十二位指名）だ。アービングは、チームを三度の決勝戦に導き、ＭＶＰを四回獲得し、オールスターゲームに十六回選出され、

通算得点で歴代五位に輝いている。マカドゥーとアービングはどちらも、バスケットボール界殿堂入りを果たしている。

十二年後、ブレイザーズのゼネラルマネジャーに昇進したあと、インマンは名誉挽回のチャンスを手にした。一九八四年のＮＢＡドラフトで二位指名権を使って、今度もセンターの選手、サム・ボウイを指名した。ボウイは身長が二一三センチを超えていたが、運動能力に優れ、器用だった。シュート、パス、スティール（相手チームのボールを奪いとり、自分のチームのボールにすること）はもちろん、ブロックショットや、リバウンドをとるのも得意だった。

だがボウイは、その可能性を発揮することはできなかった。ボウイが現役を引退したとき、スポーツ専門の放送局は、「北米のプロスポーツ史上最悪のドラフト指名」と名指しで非難した。その十年まえにボウイを表紙にしたスポーツ雑誌も、彼を「ＮＢＡ史上最悪の失敗」と呼んだ。

全体二位でボウイを指名したとき、インマンはマイケル・ジョーダンというノースカロライナ州出身のシューティングガードを逃していた。シカゴ・ブルズが全体三位でジョーダンを指名したわけだが、まあ、あとは誰もが知ってのとおりである。

新人王に選ばれたあと、六度の優勝を達成し、さらに得点王を十回、ＭＶＰを十一回獲得し、オールスターチームに十四回選出され、一試合平均得点は歴代一位である。スポーツ放送局は彼を「北米における二〇世紀最高のアスリート」と呼んでいる。

インマンはジョーダンの可能性に気づいてはいたが、ブレイザーズにはすでに強力なシュー

ティングガードが二人いた。チームはセンターを必要としていたため、インマンはボウイをドラフトしたのだ。

この選択によって、インマンはマイケル・ジョーダンを逃しただけでなく、将来殿堂入りすることになるチャールズ・バークリー（五位で指名）とジョン・ストックトン（十六位で指名）もとりそこなったのである。

確かにインマンが、マカドゥーやアービングよりマーティンを選び、ジョーダンやバークリー、ストックトンよりボウイを選んだのはいただけなかった。

だがそうはいっても、プロのバスケットボール選手をドラフトするというのは、予測がつかない非科学的な仕事であり、優秀なマネジャーやコーチでさえ失敗するものなのだ。

さらにいただけなかったのは、ブレイザーズがこの二人の選手を長く保持しすぎたことだろう。マーティンは四シーズン保持し、トレード（選手の交換・移籍）することに決めたときには、価値がないも同然だった。ブレイザーズはマーティンと引きかえに、即戦力となる選手を獲得することさえできなかった。「将来の約因（将来履行するという約束）」で、シアトル・スーパーソニックスにタダでくれてやったからだ。

ところがスーパーソニックスは、シーズンがはじまるのを待たずにマーティンを解雇した。これにより、マーティンの選手生命は断たれ、インマンにとってもバツの悪いトレードとなった。

さらに、ボウイも同様の道をたどった。一九八九年、パッとしないまま五シーズン終えたと

ころで、ブレイザーズはボウイをニュージャージー・ネッツにトレードした。
しかし、なぜブレイザーズは、ボウイとマーティンをこれほど長く引き留めておいたのだろうか。

名選手をつくるコーチのやり方

インマンはギバーとして広く知られている。サンノゼ州立大学でバスケットをしていて、得点とリバウンド数で学校記録を打ち立てている。一九五〇年ドラフトの六巡目で指名されたが、選手としてプレーすることはなかった。高校のバスケットボールチームで数年間コーチを務めたあと、大学のコーチに抜擢され、ついには母校のサンノゼ州立大学でヘッドコーチになった。ヘッドコーチとして、インマンは自分の成功よりも選手の利益を優先していたようだ。

インマンがスカウトしたスター選手の一人トミー・スミスは、サンノゼ州立大学にトラック競技とアメリカン・フットボールとバスケットボールをするためにやってきた、ひときわ優れたアスリートだった。

入学してバスケットボールチームに入ったその年に、スミスは得点とリバウンド数でトップに立ち、そこで二年生からインマンのもと、大学の代表チームと一緒に練習することになった。

ある日、スミスはインマンのオフィスに立ち寄り、トラック競技に集中したいのでバスケットボールをやめるつもりだと告げた。

「怒鳴りつけられると思っていた」とスミスは書いている。「しかし、そうではなかった。インマンコーチは『かまわないよ、トム。わかった』といってくれたのです。そして握手し、『いつでも好きなときに立ち寄って顔を見せてくれ。気が変わるようなことがあったら、いつだって大歓迎するよ』といいました。これ以上うれしい言葉はありませんでした」

だがインマンにとっては、当然あまりうれしいことではなかった。スミスのスピードは、サンノゼ州立大学バスケットボールチームの大きな戦力になるはずだったからだ。数年後の一九六八年、スミスはオリンピックの二〇〇メートル走で世界記録を樹立し、金メダルを獲得した。インマンはただ、スミスにとってもっとも利益になることを望んでいたのである。

最高の才能を手放す一方で、インマンは、たとえ才能がなくても根性のある選手には門戸を開いていた。テリー・マーフィーというやせた白人選手が代表チームのオーディションを受けたとき、インマンはそのやる気を尊重して、チームのメンバーに招いた。マーフィーはインマンがコーチしたなかで最悪の選手の一人だったが、そのことを本人はこう振り返っている。
「まる一年かかって、四得点しか入れられませんでした」

こんなお粗末な成績にもかかわらず、インマンはマーフィーにいった。「君を外す気はないよ。熱心だし一生懸命にプレーするし、何よりいいヤツだからね」

インマンは「熱心な選手が助言を求めてくると、誰にでもちょくちょくアドバイスを与えていた」と、インマンの在職中ずっとブレイザーズを担当していた記者、ウェイン・トンプソンは書いている。インマンはそうせずにはいられなかったのだ。「どんなレベルであれ、またど

んな分野であれ、教えることは最高にやりがいのあるものだ」と、インマンはトンプソンに語っている。「はじめて理解できたときの、生徒の顔の表情を見るのが大好きなんだ。学習してきたことが実を結ぶのを見るのが、すごい快感なんだよ」

求められる才能がなくても、やる気のある選手には自分の時間を投資したように、選手にいったんよい印象をもつと、インマンは彼らに入れ込んできたのだろうか。

前述の大学教授スケンダーは毎学期、大勢の生徒を指導し、なかでもとくに関心や意欲をもった生徒に自分の時間を捧げてきた。それに対して、プロバスケットボール界やほとんどの職場ではもっと制約がある――誰かの可能性に賭ければ、ほかの誰かを逃すことになるからだ。

インマンは、マーティンとボウイの育成に真剣に打ち込んでいた。インマンがもっとテイカー寄りだったら、もっと早く損失の少ないうちに手を引き、ほかの選手に乗り換えたのではないか。

マーティンとボウイがチームの成功に貢献できないとわかった時点で、テイカーならこの二人に何の責任も感じなかっただろう。当然マッチャーなら、マーティンとボウイへの自分の投資がギブ・アンド・テイクの関係か、もしくは報われなければ、しだいにイライラが募っただろう。

ギバーなら、解雇するのに苦しむかもしれない。しかし実際は、それとはまったく正反対なのである。つまり**ギバーは、人に投資しすぎるという失敗を一番犯しにくい**のだ。インマンがはるかにひどい失敗をしでかさずにすんだのは、ひとえに彼がギバーだったからなのである。

こんな「プライド」と「メンツ」は捨てなさい

バリー・ストーは、カリフォルニア大学バークリー校の世界的に有名な組織行動学の教授だ。研究テーマは「人はなぜ間違った決断をするか」である。ある独創的な研究でストーとハー・ホアンは、一九八〇～八六年のＮＢＡドラフトで、一巡目と二巡目に指名された二百四十人あまりの選手全員に関するデータを収集し、ドラフトでの順位が選手のその後のキャリアにどんな影響を与えたかを調べた。

二人は各選手の成績を、一連の異なる測定基準にもとづいて測った。得点は、一分当たりの得点数、フィールドゴール（フリースロー以外のゴール）の確率、フリースローの確率、タフさは、一分当たりのリバウンド数とブロック数、敏しょう性は、一分あたりのアシスト数とスティール数で、それぞれ評価した。

このすべての測定基準で割り出した各選手の成績を、さらに、負傷や病気はもちろん、選手のポジション、チームの勝敗記録を考慮して調整した。それから、選手の試合出場時間と、チームが選手を保持した期間も調査した。

結果はショッキングなものだった。何と、チームはドラフトした選手を解雇できなかったのだ。ドラフトした選手の支援を続け、出場機会をどんどん与え、トレードを拒んだのである。成績が振るわなくなっても、ドラフトされた選手はますます試合に出場し、トレードされる気

配もなかった。ドラフトでの指名順位が高かった選手はいずれも、第二シーズンでは平均二十二分、第五シーズンでは平均十一分以上プレーし、チームは第五シーズンまでこの選手に投資し続けた。そして指名順位の高かった選手はいずれも、トレードされる確率が三パーセント低かった。

この調査結果は、ストーが呼ぶところの、**失敗した行動方針に対する「立場固定」（最初の決断を正当化しようとすること）の典型例**だろう。過去四十年にわたりストーが実施した徹底的な調査では、時間、エネルギーもしくは資源を初期投資すると、それがうまくいかなくなっても、さらに投資しようとすることが明らかになっている。負けが込んだギャンブラーは、ポーカーをもう一手やりさえすれば、負けをとり戻せるばかりか、あわよくば大儲けできると思うし、苦戦する起業家は、会社にもう少しテコ入れすれば、経営を好転させられるはずだと考える。投資の期待値がマイナスで、現に利益をもたらしていなくても、さらに投資を増やすのである。

経済学者はこの行動を、「埋没費用の誤謬《ごびゅう》（サンクコスト効果）」という概念を使って説明する。これは、将来の投資の価値を評価する際、過去に行なった投資にこだわってしまうことをいう。埋没費用（過去の損失）も確かに関係しているが、最近の調査からは、ほかの要因のほうが重要なことがわかっている。

ミシガン州立大学の研究者は、立場固定に関する一六六の調査を分析し、それがなぜ、そし

ていつ起こるかを突き止めようとした。その結果、埋没費用も多少は影響を与えており、意思決定者は過去に行なった投資に判断を歪《ゆが》められていることが判明した。だがそれよりも、ほかの三つの要因のほうが強力だったのである。その三つとは、

一つは「後悔の予期」――「この投資にもう一度チャンスを与えなかったことを、将来、後悔するのではないだろうか」。

二つ目は「計画の完了」――「投資を続けたら、きっとこの計画を完了できる」。

しかし、もっとも強力な要因は三つ目の「エゴの防御」だった――「この投資を成功させることができれば、私が正しかったことを、自分自身にも他人にも認めさせることができるに違いない」。

ストーのある調査に、カリフォルニア銀行の顧客がローンを返済できなくなった際、もともと貸付を担当したマネジャーがなかなか損失を計上できなかったという事例がある。「結果的に不良貸付を行なってしまった銀行員は、この貸付がもたらすリスクや、債務不履行になる可能性をなかなか認めることができない」と、ストーと同僚は書いている。

その調査によれば、不良貸付をもともと行なったマネジャーが銀行を去ったあと、新任のマネジャーがその損失を計上したらしい。新しいマネジャーには、不良貸付に対する個人的な責任がなかったので、彼のエゴが傷つくことはなかった。「自分の当初の判断は間違ってはいなかった」などと、むりやり自分を正当化する必要がなかったからだ。

調査によれば、テイカーはエゴが脅かされることに敏感なため、ギバーよりも立場固定に陥

りやすいようだ。

では、あなたが航空会社を経営しているとして、レーダーに探知されない飛行機に一〇〇万ドル（約一億円）を投資すべきか否か選択しなければならないとしよう。このプロジェクトは財政的にうまくいっておらず、そのあいだに競合会社はもっとよい飛行機を手に入れていた。

しかし、あなたはすでにかなりの投資をしている。プロジェクトは五〇パーセント完了し、五〇〇万ドル（約五億円）を投じて、十八カ月間とり組んできている。あなたなら、どうするか。さらなる投資をするだろうか。

ロンドン・ビジネス・スクールのヘンリー・ムーンによるこの調査では、投資の決断をする前に、三百六十人の被験者にギバーかテイカーかを判断するアンケートに答えてもらっていた。アンケートは、「私は約束を守る」といったいかにもギバーらしい主張と、「ほかの人に自分の仕事をやらせるようにする」といった、いかにもテイカーらしい主張が含まれたものである。

その結果、テイカーはギバーよりも、一〇〇万ドルを投資する可能性がかなり高いことがわかった。**うまくいっていない投資に責任を感じ、自分のプライドやメンツを守るためにさらなる投資をしようとする**のだ。

サウスカロライナ大学のマネジメントの教授、ブルース・メグリーノとオードリー・コースガードはこう説明する。

「投資を断念すれば、会社の財政状態はよくなるかもしれないが、そうすれば意思決定権をもつ人間はかなりの個人的損失をこうむることになる（昇格の可能性や業界での評判を失うなど）。

立場を固定することによって、意思決定をする人間は失敗の可能性を隠し続けることができるので、こうした行動はテイカーの視点からは合理的に見えるのだ」

　これに反し、**ギバーは同僚と会社を守ることを第一に考えるので、進んで失敗を認め、柔軟に意思決定しようとする**。ほかの研究によれば、人は自分よりも他人のために選択するとき、より的確で創造的な決断が下せるという。自分を中心に考えると、エゴを守ろうとすることによって決断が歪められるだけでなく、考えうるあらゆる局面に適した選択をしようと悩むことになる。

　しかしギバーがごく当たりまえにやっているように、他人を中心に考えて選択すれば、エゴや些《さ》細《さい》な事柄に振り回されることは少なくなるだろう。ギバーは全体を見て、ほかの人びとにとって一番大切なことを優先させるからだ。

　ここまでのことが理解できれば、ＮＢＡのインマンのエピソードに戻ってみる価値はあるだろう。ギバーであるインマンは、ドラフトした選手への投資は失敗だったと思っていたが、それよりもチームに対して強い責任を感じていた。

「インマンは、他人の気持ちを思いやるやさしい人でした」と、前述のブレイザーズの担当記者トンプソンが教えてくれた。

「けれど、それを選手の選抜にもち込むことは絶対になかったね。この選手のプレーはダメだと思えば、その肩に手を回し、新しいキャリアを見つけるよう温かく送り出していました」

ドラフトしたボウイをチームから外さなかったのは、インマン一人に責任があったわけではなかった。ボウイはドラフトされてからちょうど二年後、ブレイザーズを去った。テイカーなら、間違った決断を正当化し続けたかもしれないが、インマンは、ジョーダンではなくボウイを選んだ自分の間違いを率直に認めていた。

「チームのスカウト全員が、ボウイこそチームの問題を解決してくれると考えていたし、もちろん、私もそう思っていた」とインマンはいった。だが「それは違ったようだ」。

インマンはドラフトしたマーティンに対しても、立場固定に陥ることはなかった。ブレイザーズはマーティンを四シーズン保持したが、インマンはマーティンのお粗末な成績を受けて、早々に手を打っていた。ルーキーシーズン中、マーティンが悪戦苦闘しているのがはっきりと見てとれたとき、テイカーなら、ほかの優秀な選手を差し置いてマーティンを指名したことを正当化しようと、さらに出場させただろう。だが、そうはしなかった。

ブレイザーズは先発のセンターのポジションを、身長二メートルの勤勉なロイド・ニールに与え、マーティンを控えにした。

二回目のシーズンもやはり振るわなかったので、ブレイザーズはマーティンをもっと試合に出して立場固定に陥ることは避け、出場機会を減らし、一試合当たり十一分以下にした。こうしてインマンと同僚は、マーティンの可能性に賭け続けたいという誘惑に何とか打ち勝つことができたのである。

ギバーがテイカーより立場固定に陥りにくい主な理由は、評価に対する反応と関係がある。

先に紹介した研究者のコースガード、メグリーノ、スコット・レスターは、ギバーとテイカーがそれぞれ、自分の仕事ぶりに関する情報にどのように反応するかを調査した。

ある調査で、まずギバーかテイカーかを判定してから、参加者に問題の解決策について一〇の決断を下してもらった。決断を下したあと、参加者は得点成績を伝えられ、もっと権限を他人に委ねましょうとアドバイスを受けた。

成績は無作為に割り当てられたもので、参加者の半分は自分の仕事ぶりが平均以上だと知らされ、それに対し、残りの半分は平均以下だと教えられた。そのあと、参加者全員にさらに一〇の決断を下してもらった。

さて、参加者はアドバイスを活かしただろうか。

自分が平均以上だとわかると、テイカーはアドバイスに従い、他人に権限を委ねる頻度が三〇パーセント増えた。ところが自分が平均以下だとわかると、わずか一五パーセントに下がってしまった。**批判されていると感じたとたん、テイカーは忠告を受け入れる気になれなくなった**のである。まずい決断を下したと思うことを拒み、否定的な評価をまともに受けとめないことで、自分のプライドを守ったのだ。

それに対し、ギバーは批判を受け入れ、アドバイスに従った。**自分が平均以下だと知らされても、ギバーは他人に権限を委ねる頻度が三〇パーセント増えた**のである。

立場固定に陥りやすい状況では、テイカーは、当初の選択がうまくいっていないという事実を受け入れることがなかなかできない。テイカーは「他人からこう見られたいと思う自分の姿

に反するような、周囲からの批評や仕事ぶりに関する評価を軽視しがちである」と、コースガードらは書いている。

それに対しギバーは、「自分への影響を気にかけることなく、周囲からの批評を受け入れ、それに従って行動する傾向がある」

ギバーには、自分の決断が同僚や会社に与える影響のほうが重要なので、**長い目で見てよりよい選択をするためなら、さしあたって自分のプライドや評判が打撃を受けてもかまわない**と考えるのだ。

否定的な評価でも謙虚に受け入れられるおかげで、インマンは投資に失敗したことにすぐに気づくことができた。批判を常に率直に受けとめる態度は、リーグ中で尊敬の的になっていた。「たいていのコーチは、私が手厳しい記事を書くと異議を唱えたものだ」と記者のスティーブ・ドウィンは書いている。

しかし手厳しい記者たちも、「インマンにはけっして反論しなかった」という。インマンは「我慢強く心が広く、ＮＢＡ関係者のなかでもっとも思いやりのある人物の一人だった」からだ。

マーティンが振るわなかったとき、当時のブレイザーズのコーチはインマンに忠告した。「マーティンは努力家だし、好青年だが、いかんせんスキルがない。問題はそこなんだ。だからスキルを磨いてやろうとしたが、マーティンは最高のプレーヤーではなかったようだ。一位指名されるようなスキルを、そもそももち合わせていないのだろう」

テイカーなら、こんな否定的な評価をはねつけただろうが、インマンは謙虚に耳を傾けた。一九七四年、マーティンの二度目のシーズンが終わったあと、ブレイザーズは再びドラフトで一位指名権をものにした。マーティンで大失敗していたチームは、後任のセンターを必要としていたので、インマンはＵＣＬＡ（カリフォルニア大学ロサンゼルス校）出身の若者、ビル・ウォルトンをドラフトで指名した。

テイカーであれば、マーティンの可能性に賭け続けて反撃のチャンスを与えてやり、ウォルトンを控えにするか、ほかのスター選手とトレードしただろう。

しかしギバーであるインマンは、マーティンが使い物にならないことを認め、代わりにウォルトンを先発のセンターに起用したのである。

最初のシーズン中、ウォルトンは、マーティンのほぼ二倍の、一試合当たり平均三十三分プレーした。これはさらにもう一年続き、その後インマンはマーティンをトレードした。

一九七七年の翌シーズンにウォルトンは、ジュリアス・アービング率いるフィラデルフィア・セブンティシクサーズを打ち破って、ブレイザーズをＮＢＡ優勝へと導き、ファイナルＭＶＰに選ばれた。さらに翌年には、シーズンＭＶＰも受賞した。引退後は、殿堂入りを果たし、ＮＢＡの「五十人の偉大な選手」の一人に選ばれている。一九七七年の優勝チームを編成したのはインマンで、このチームはその前年最下位だったが、ブレイザーズの四十年の歴史のなかで優勝を勝ちとった唯一のチームとなっている。優勝チームの監督ジャック・ラムジーに

よれば、インマンは「一度も世間の注目を集めたことはなく、このチームを編成したのは自分だと自慢することもけっしてなかった」という。

人間は〝才能〟で決まるのか

ギバーであるインマンは、この優勝チームを伝説の大学教授スケンダーそっくりのやり方で築き上げた。つまり、選手のなかに、ほかの人には見えない可能性を発見したのである。「インマンは、関心のある選手全員の詳細で完全な情報を欲しがった」と記者のトンプソンは書いている。「インマンがダイヤモンドの原石をうまく見つけることができたのは、間違いなくこのおかげでしょう」

優勝チームの得点者上位六名のうち半分がインマンに二巡目か三巡目でドラフトされた選手だった。「彼は可能性を見抜くことにかけては、時代を先どりしていた」と記者のドウィンは指摘する。

一九八四年ドラフトの記録に、フィリップ・ボンディはこう書いている。インマンは多くの人から「リーグ最高のスカウトと思われていた。とても良心的で、高く評価されてもいたので、ほかのクラブは、彼が誰をスカウトしようとしているかに注目し、どの選手が彼のお眼鏡にかなうか、うわさに耳をそば立てていた」

一九七〇年代、ほとんどのバスケットボールチームが、スピード、体力、反射神経、敏しょ

う性、跳躍力といった身体能力を重視していた。しかしインマンは、選手のメンタルにも注目すべきだと考えていた。ドラフトのまえに、選手のデータを検討し、プレーを観察するのに加え、選手を一人の人間として理解したいと思ったのである。試合前のウォーミングアップ中に、一生懸命やっているか選手をじっくり観察したり、彼らのコーチ、家族、友人、教師と面談し、やる気や性格について尋ねたりした。オレゴン州の地方紙『オレゴニアン』によれば、「インマンは、過小評価されている選手を発掘することで有名だった。その才能を見抜く目は、人の気持ちを感じとるときと同じくらい鋭かった。インマンは選手に、跳躍力と同じくらい高い品性と知性を求めたのである」

一九七〇年、インマンは当時できたばかりのＮＢＡチーム、ブレイザーズにチーフスカウトとして入団した。その年の夏、インマンはバスケットボールのスキルを試してみたい人のために、公開適性テストを行なった。これは地元ファンのあいだにバスケット熱を盛り上げようというＰＲ活動でもあったが、インマンはこの機会を利用して、ほかのチームが見逃した選手を探そうと考えていた。

公開適性テストを受けたなかからチームに入った人は誰もいなかったが、掘り出し物を見つけたいというインマンの熱意は実を結ぶことになった。

一九七五年、ドラフトの二巡目の二十五位指名で、インマンはボブ・グロスというほとんど無名のユダヤ人のフォワードを指名した。

コーチ陣もファンもさすがにこれは失敗だと思ったが、グロスはシアトルの大学では一試合平均十得点をあげており、そのあとロングビーチ州立大学に移り、三年のときには平均六・五得点だった。「グロスの大学時代とプロになってからの経歴は、よくよく見てようやく気づくくらい目立たないものだった」と、ブレイザーズに関する著書のなかで作家のフランク・コフィは書いている。

インマンはたまたまロングビーチ州立大学とミシガン州立大学の試合を観戦していて、簡単なシュートを、グロスが速攻でブロックするのを見て、興味をそそられた。そこで詳しく調べてみると、グロスの仕事のやり方がよりはっきりとわかってきた。グロスは三年生から四年生にかけて平均得点を倍以上に伸ばし、一試合当たり十六得点以上入れていたのだ。

こうしてインマンは、堅実で、勤勉で、極めて有能な、素晴らしいバスケットボール選手を発見したのだ。

グロスは大学のコーチの一人から、「チームのために無私無欲で尽くしてくれた」と賞賛された。三度目のＮＢＡシーズン中、グロスは期待に応え、決勝戦で一試合平均十七得点をマークした。ウォルトンはいう。「グロスはあのチームを円滑にする『潤滑油』だった。彼は執拗《しつよう》に走り、ガードし、ディフェンスした。彼がいなければ、ポートランドは優勝することはできなかったね」

インマンには、ギバーが多くのチームから過小評価されていることがわかっていた。それはギバーが、世間の注目を独り占めしたり、派手なスタンドプレーをしたりしないからだ。イン

マンの哲学はこうだ――「選手を成長させるのは、才能ではなく、努力である」。
そして、へこたれずに練習し、ギバーとしてプレーする選手を見つけると、その選手をダイヤモンドの原石として扱った。実際、根気と与えることとのあいだには密接なつながりがある。私が行なった調査では、ギバーは他人に尽くすため、テイカーやマッチャーより一生懸命、それもより長い時間、進んで働くことがわかっている。

このパターンはほかの多くの業種にも見られる。

ラッセル・シモンズについてご紹介しよう。シモンズはヒップホップ・レーベル「デフ・ジャム・レコード」の共同設立者で、LL・クール・Jやビースティ・ボーイズを世に送り出している人物だ。「ヒップホップのゴッドファーザー」と呼ばれ、一九七八年には、ほとんどのレーベルに先駆けて音楽を無料で配っていた。成功の秘訣について尋ねると、それは「ギバーを見つけ、育てること」だと答えている。

「性格のいいギバーは最高の『ゲッター（獲得する人）』で、みんなに利益をもたらしてくれるんです」とシモンズは説明する。お気に入りのギバーの一人はケビン・リールズで、見習いとして無給で働きはじめ、ついにはデフ・ジャム・レコードの社長にまでのぼりつめた人物だ。見習い時代、リールズは誰よりも早く出社し、一番最後に退社した。プロモーション担当部長として一地域を担当していたが、わざわざほかの地域でもプロモーション活動を行なっていた。

「しだいに、みんながケビンをリーダーとして見るようになった。誰もが彼に指示を仰いでい

ましたね。指示を受けるうちに、彼なしではやっていけなくなりました」

マイケル・ジョーダンの「史上最悪の失敗」

また、テイカーが何でも自分で決めたがるのに対し、ギバーは他人の意見にも耳を傾ける。

サンノゼ州立大学時代、インマンはスポーツ心理学の草分け、ブルース・オーグルビーに出会っていた。オーグルビーは、「心理学者が『シュリンク（精神科医）』と呼ばれ、選手がカウンセリングでも受けようものなら大騒ぎになった時代に、スポーツの現場に現れた」。

ゼネラルマネジャーやコーチはたいてい、オーグルビーのような心理学者を敬遠し、そうした科学に疑いのまなざしを向けていた。心理鑑定は的外れだと考える者もいれば、自分たちの専門知識や地位が脅かされるのではないかと心配する者もいた。**テイカーが、自分こそが一番かしこい人間になろうとやっきになるのに対し、ギバーは、たとえ自分の信念が脅かされようと、他人の専門知識を柔軟に受け入れる。**

インマンは、オーグルビーと彼の方法論を大いに歓迎し、ドラフトまえの選手に心理鑑定を課した。そしてオーグルビーと協力して、無私無欲さ、出世欲、忍耐強さ、飲み込みの早さ、スポーツへの入れ込み具合について調べた。

この心理鑑定を通して、インマンは、各選手が根気と人助けに対してどのような傾向をもっているのか、理解を深めることができた。「ほかのＮＢＡチームもドラフト可能な選手に心理

鑑定を行なっていたが、その結果を我々ほどは活用していなかったし、ましてや信用もしていなかった」とインマンはいっている。

「もちろん、心理鑑定に頼るより、その人材をまず気に入ることのほうが先決だ。だが心理鑑定は、選手が潜在能力を発揮できるかどうかを知るうえで明確なバロメーターになるんだよ」

オーグルビーがある選手の心理分析を行なったところ、インマンはその結果に感銘を受けた。そこで、その選手がヒューストンでプレーするのを観戦したことのあるコーチに話を聞くと、案の定、ギバーとしてプレーしていたことがわかったのである。「彼がチームのかなめとなってみんなを一致団結させていたそうだ。リーグのほかのコーチが口を揃《そろ》えてそういっていたよ」とインマンは説明している。「彼はただ、勝つためにすべきことをしたそうだ。勝とうとする決意がエゴに邪魔されることは一度もなかった」

インマンは選手としてのマイケル・ジョーダンは逃したものの、スカウトとしてはジョーダンより勝っていた。ジョーダンはプロバスケットボールチームの経営陣として、ギバーよりもテイカーを匂わせる評判を得ている。これはすでに選手時代から、自分の利益しか考えない利己的な振る舞いに表れていた。ジョーダン自身がかつてこういっている。

「成功するには自分本位にならなければならない」

コーチは、ジョーダンに建設的な意見をするにも、腫れ物に触るようにしなければならなかった。殿堂入りしたときのスピーチでは、ほとんど誰にも感謝の言葉を述べず、それどころ

か、自分を信用しない人びとの悪口をいったことで多方面から非難された。

　現役時代、ジョーダンは、チームの収益の大半を選手がもらうべきだと声高に訴えていた。現在はオーナーとして、収益の大半がオーナーに行くよう精力的に活動しており、それは多分、より多くの金を自分の懐《ふところ》に入れたいからだろう。


　経営陣としてのジョーダンの行動は、自分がドラフトした選手にいつまでもこだわり続けた点でも、インマンとはかなり対照的だ。ワシントン・ウィザーズのバスケットボール運営部門の社長になると、ジョーダンは二〇〇一年ドラフトで全体一位の指名権を使って、センターのクワミ・ブラウンを指名した。ブラウンは高校を卒業したばかりの才能あふれる選手だったが、粘り強さが足りなかったらしく、可能性をほとんど発揮できなかった。のちに、ブラウンは「過去十年間で二番目にガッカリなドラフト」と呼ばれ、さらに「スポーツ史上最悪の指名ワースト一〇〇」の一人に選ばれた。

　ブラウンの期待はずれな結果は、ジョーダンのエゴを脅かしたらしい。引退から復帰してウィザーズでブラウンとプレーしていたとき、ジョーダンはしょっちゅうブラウンを、お粗末なプレーがチームに損害を与えているといってガミガミと叱りつけたり、けなしたりした。こんなことをしたところで、ジョーダンのドラフト指名がいっそうマヌケに見えるだけだっただろう。

　最初のシーズン中、ブラウンは一試合平均五得点四リバウンド以下という、惨たんたる数字

をたたき出した。ところが二番目のシーズンでは、なぜか出場時間が二倍になったのである。そのシーズンのあと、ジョーダンはウィザーズを解雇されたが、ブラウンのことをあきらめるつもりはなかった。二〇一〇年、ブラウンは、ほかならぬジョーダンが所有するチーム、シャーロット・ボブキャッツと契約した。「ジョーダンはこの契約にかなり関与していた」とブラウンの代理人はいう。「この移籍を実現させたかったんだろうね」

　このころまでに、ブラウンは四つのチームで一〇シーズン、プレーしており、成績は五百十試合で平均七得点六リバウンド以下だった。前シーズンには、出場時間はわずか十三分だった。ところが、ブラウンがジョーダンのボブキャッツに入ると、一試合の出場時間が倍の二十六分に増えたのである。

　ボブキャッツはブラウンを、その前の二シーズンを合わせたよりも多くの時間プレーさせたが、相変わらず精彩を欠き、平均八得点七リバウンド以下だった。ジョーダンは「クワミにもう一度チャンスをやろうと思ったらしい」と、ブラウンのエージェントはいう。「これはマイケルのはじめての指名で、うまくいかなかったとき、二人ともかなり非難されたからね」ギバーなら失敗を認めて先に進むが、ジョーダンはいまだに失敗した投資をとり返そうとしていた。「ジョーダンのことは好きだけど、いまのところいい仕事をしていないようだね」と友人で元チームメートはいう。「イエスマンばかり、自分のまわりに置いているんだろう」

　ジョーダンの指揮のもと、ボブキャッツは二〇一二年をＮＢＡ史上最悪の勝率で終えた。

　それに反して、インマンのチームは驚異的な成功を収めた。最下位から優勝へと大躍進を遂

げた無名の選手も含むチームを編成したほか、インマンがドラフトで指名した選手によって、ブレイザーズは年を追うごとに強力なチームへと変貌《へんぼう》していった。

一九八六年にインマンがブレイザーズを去ったあと、チームは名選手たちのリーダーシップのもと華々しい活躍を見せた。三年連続でインマンが見つけた隠れた宝石たちは、ブレイザーズを二度優勝戦に導いたが、インマンが賞賛を浴びることはめったになかった。

ちょっとしたファンには、インマンは失敗者に見えるかもしれないが、バスケットボール関係者のあいだでは、プロバスケ史上最高のスカウトの一人として認められている。

ギバーは才能を見抜き、それを伸ばすことに長けているだけでなく、予想が外れたときでも、自分の立場にこだわることなく、まえに進んでいけるのだ。

PART 5

「パワーレス」の時代がはじまった

——「与える人《ギバー》」の才能④　「強いリーダーシップ」より「影響力」

「言葉は穏やかに、ただし大きな棍《こん》棒をもっていけ」

セオドア・ルーズベルト（元アメリカ合衆国大統領）

その弱点は「大きな強み」になる

デイブ・ウォルトンは深呼吸をした。

デイブは雇用法のプロで、企業秘密と従業員競合の案件を専門としている。一流法律事務所のパートナーとして、株主に選ばれた最年少の弁護士の一人である。また、法律専門誌においてペンシルベニア州の「期待の星」にも、数年選ばれている有望株だ。

そしていま、彼は立ち上がり、生まれてはじめて陪審員のまえで最終弁論を行なおうとしていた。

これは二〇〇八年のことで、デイブは、植物由来化学物質の輸入販売業、ジェーコブ・スターン社の代理を務めていた。ジェーコブ・スターン社は、ひまし油販売業者のアクメ社を所有しており、この会社はインドにあるジャイアント社から商品を仕入れていた。

二〇〇六年十二月、ジャイアント社の社長がジェーコブ・スターン社の社長に、アメリカに営業所を設立することになったので、今後はもうひまし油を納入できないと、一方的な取引の解除を告げてきた。

翌月、ジェーコブ・スターン社の経営陣は、ジャイアント社が、アメリカの消費者に直接ひまし油を売る計画を進めていることを知った。

しかもその年の夏、アクメ社の二人の従業員がジャイアント社に転職し、新営業所の設立に

こっそり協力していたことがわかった。ジェーコブ・スターン社は、ジャイアント社とこの二人の従業員を相手どって訴訟を起こし、企業秘密と情報を盗んだ疑いで告発した。

デイブは念入りに準備をし、ジェーコブ・スターン社の代理人として熱心に弁護した。そして二〇〇六年三月、まだアクメ社で働いていたときに、二人の従業員が競合会社設立に協力するという金銭的条件に同意したことを示す証拠を提出した。六月、二人はコンサルティング料として、ジャイアント社から五万ドル（約五百万円）の初回支払金を受けとっていたのだ。

この従業員たちはアクメ社に新しい職のことを伏せたまま退職することを伝え、インドに直行した。インドで二人は、アクメ社の情報をジャイアント社の事業計画に盛り込み、うち一人は、アクメ社から報酬をもらって作成したアメリカの見込み客リストをジャイアント社に提供したと、デイブは指摘した。

ジャイアント社の社長は、投資家に向けて業績予想を作成するのに、アクメ社の内部資料を使ったことを認めた。

被告側の代理人は、一流の法律事務所を代表する弁護士で、極めて弁が立った。キャリア二十五年のベテランで、コロンビア大学で法学の学位をとり、コーネル大学の法科大学院を出ていた。さまざまな賞を受賞していて、ペンシルベニア州の弁護士上位百人の一人に選ばれている。とにかく雄弁で、物腰も洗練されている。

彼は陪審員に、ジャイアント社は、権利として認められている合法な競争を行なったと訴えた。そして、確かにアクメ社は顧客を一部失うことになったが、それは二人の従業員のせいではないと主張した。

アクメ社はジャイアント社のひまし油製品をあつかう中間業者であり、中間業者を省くことによって、ジャイアント社は製品をより安く売ることができるようになるわけで、これこそまさに、公正な競争にほかならないのではないか、ということだった。

また、二人の従業員はアクメ社で冷遇されており、一人は「地獄のような場所」と評し、人生で最悪の仕事だったと述べた。被告の弁護士は口頭弁論を完璧にやってのけ、デイブの重要証拠の信ぴょう性に異議を唱えた。デイブは、被告の弁護士の見事な手腕に舌を巻いた。「すごいな。予想していた以上だ……」

彼には、この裁判の結果は次のどちらかになるだろうとわかっていた。一つは、ジャイアント社と二人の従業員が有罪になること。もう一つは、高度の緊張が要求される、注目度の高い裁判になることだ。

デイブにとって、陪審裁判（民間から無作為で選ばれた陪審員が裁判に参加し、裁判官の加わらない評議によって結論を下す裁判）で主任弁護士を務めるのはこれがはじめてで、この裁判では飛び抜けて若い弁護士だった。

そのうえ尋問中に、あろうことか「長年の宿敵」まで現れてしまった。実は、デイブには吃《きつ》音《おん》があったのだ。言葉につかえたりすれば、陪審員にあたかも自信がないような印象を与えて

しまう恐れがあった。

デイブはとりわけ、ある陪審員への影響を心配していた。審問中、この陪審員は被告側への支持を明確にしていたからだ。彼は、ジャイアント社と二人の従業員は何も悪いことはしていないと思っていた。

この陪審員は、被告の弁護士の口頭弁論に深く聞き入り、同意するように何度もうなずき、彼の冗談にも声をあげて笑っていた。

ところがデイブが話しはじめると、視線を合わせないようにし、うすら笑いを浮かべて、早く終わらせてくれとでもいいたげな身振りをした。

裁判が行なわれているあいだずっと、この陪審員はジーンズ姿で法廷に来ていたが、最終弁論の日、その陪審員はスーツとネクタイという出立ちでやってきた。デイブは、ひげをきれいにそった彼がさっそうと法廷に入ってきて、非の打ちどころのない姿勢で座るのを見て、気がめいった。その陪審員は陪審長になりたがり、ほかの陪審員がデイブに敵対するように仕向けていた。

デイブが最終弁論を終えると、陪審員は審議に入った。審議を終えたあと、敵の陪審員は一番先に出てきた。彼は陪審長に選ばれており、評決を読み上げた。

結果は、何とデイブの勝訴だった。陪審員はデイブの依頼人を支持する評決を下し、七〇〇万ドル（約七億円）の賠償金の支払いを命じた。これは、ペンシルベニア州における企業秘密に関する評決では史上最高額だった。

勝訴できたのはもちろん、デイブがその分野の真のエキスパートとして、確信に満ちた素晴らしい陳述を行なったからだろう。しかし、彼がかろうじて有利になったのには、別の要因があったのだ。

デイブと業界屈指の弁護士とを分けたものとは、ゼネラルエレクトリックの元CEO、ジャック・ウェルチ、ジョー・バイデン副大統領、歌手のカーリー・サイモン、報道番組のメインキャスター、ジョン・ストッセル、俳優のジェームズ・アール・ジョーンズ、NBAで活躍した元バスケットボール選手で、現在はキャスターをしているビル・ウォルトンにも共通しているものだった。

それは「吃音」である。

吃音は言語障害の一種で、人口の約一パーセントに見られる。少年のころ、デイブは吃音をからかわれたり、そのせいでいじめられたりした。大学を卒業後、営業の仕事に応募したが、断られた。

「面接の担当者は、『吃音があるなら、営業の仕事はまず無理ですよ』と夫にいったそうです」と妻のメアリーはいう。

デイブが法科大学院に入学しようと決めたとき、友人や家族の多くが、人前で話をする仕事はやめておいたほうがいいのに、と思ったのだそうだ。大学院ではやはり、誰もが心配したとおりになった。はじめての模擬弁論の最中に、判事が涙を浮かべていたのを覚えている。「私

を気の毒に思ったんでしょうね」

吃音は欠陥と思われているので、ウェルチのように、言語障害があることをまったく感じさせない堂々とした物腰は驚異的である。

しかし実際には、それよりもずっと興味深く、複雑な事情があるのだ。吃音のある人の多くがかなりの成功を収めているが、それは必ずしも吃音を克服したせいばかりではない。先の裁判で、デイブが言葉につかえながら弁論を行なったとき、不思議なことが起こったのだ。陪審員たちが彼に「好意」をもったのである。

裁判が終わると、何人かの陪審員が近づいてきた。「そして『吃音があるのにがんばっていらっしゃるなんて、すごいですね』といわれたのです」とデイブはいう。「さらに『あなたの吃音は軽いようですが』と念を押してから、それでも吃音があることはわかっていたので、陪審員のあいだで話題になったということでした。そして、それでも法廷弁護士になった勇気を盛んに褒《ほ》めてくれたのです」

デイブが勝訴できたのは、吃音のせいではなかっただろう。だが吃音のせいで陪審とのあいだに強い結びつきが生まれ、デイブの有利に働いた可能性はあるかもしれない。

陪審員から声をかけられたとき、デイブは「驚きましたし、ちょっと恥ずかしくもありました。自分では覚えていませんでしたが、そんなにひどかったのかなと思って……。けれど陪審員が立ち去ったあと、ハッと気づいたんです。吃音は強みにもなるのだと」

この章では、デイブの経験から、人に影響をおよぼすための重要かつ意外なヒントを探ると

ともに、ギバーが人にどのように影響を与えるのか、その具体的な方法についても見ていきたいと思う。

『人を動かす、新たな3原則』（講談社）のなかで、作家のダニエル・ピンクは、成功とはいかに人に影響を与えられるかが決め手になると主張している。

相手を納得させてモノを買ってもらったり、サービスを利用してもらったり、アイデアを受け入れてもらったり、投資してもらったりするには、人を説得したり、その気にさせたりしなければならない。だが、そのための方法は意外なものなのだ。

研究から、人に影響を与えるための二つの基本的なアプローチは、優位と信望であることがわかっている。優位を確立すれば、人から有力で権威があると思われるので、影響をおよぼすことができる。また信望を集めれば、人から尊敬、賞賛されるので、やはり影響力は大きい。

この二つのアプローチは、ギブ・アンド・テイクのやり方と密接に結びついている。テイカーは、優位を獲得することに魅力を感じるし、それを得意にもしている。できるだけ多くの価値を手に入れようと努力するなかで、とにかく他人よりも勝ろうとするからだ。

優位を確立するために、テイカーは強気なコミュニケーションをする。力説し、声を張り上げて権利を主張し、確信をもって自分をアピールし、実績を強調し、信念とプライドをかけて売り込む。

両腕を広げ、眉を上げ、威圧的なポーズをとって、必要とあらば、怒りや脅しも織り交ぜな

がら、力を誇示する。テイカーは言葉によるよらないに関係なく、強力なメッセージを送って、会話を自分の思う方向にもっていこうとする。

彼らは確かに、優位を得る点では、ギバーよりもはるかに優れている。しかし、これは人に影響を与えるためのもっともいいアプローチなのだろうか。

疑い深くなっている人に対して優位に立とうとすればするほど、相手は抵抗するものだ。受容的な人びとに対してでさえ、優位に立つことはゼロサムゲームである。

自分が権力と権限を手に入れれば入れるほど、相手の権力と権限は小さくなるからだ。それに、自分より優位にある誰かに出くわせば、とたんにテイカーは影響力を失うだろう。

それに対して、信望はゼロサムではない。尊敬と賞賛はいくらでも与えることができるからだ。信望には、無限に続く価値があるということだ。

では、信望とは、どのようにすれば集められるのか。

テイカーの強気なコミュニケーション法の対極にあるのが、「ゆるいコミュニケーション法」である。ゆるいコミュニケーションをする人は、強引な話し方はせず、不明な点があれば明らかにし、人のアドバイスを喜んで受け入れる。

弱点を隠さず、弱さをさらけ出し、拒絶や障害や躊躇《ちゅうちょ》をうまく利用して、会話を進めていく。

作家のスーザン・ケインが著書『内向型人間の時代』（講談社）のなかで書いているように、欧米社会では強気なコミュニケーション法がよしとされ、偉大なリーダーは「力強い話し方」や「強い言葉」を使って、自分のメッセージを力強く伝えようとしてきた。

ゆるいコミュニケーション法を使ったりしたら、影響を与えるという点で不利になってしまうのではないか――。

だが、実はそうではないのだ。

スーツにコーヒーをこぼしただけなのに

組織心理学の博士号を取得して二年経った二十六歳のとき、私は軍部の上級指導者に「人の動かし方」を教えてくれないかと頼まれた。軍部は指揮統制モデルから、より協調的なアプローチへと転換を図っており、私はたまたまそのテーマに関連した研究を行なっていたのである。

最初の仕事は、アメリカ空軍の二十三人の大佐に四時間の講習を行なうことだった。全員が戦闘機の元パイロットで、飛行時間が平均三千五百時間以上、戦闘時間は三百時間を超えていた。乗っていたのは、ミサイルと精密誘導兵器を搭載したF－16だった。

大佐たちは四十代から五十代で、私の倍近い年齢だった。彼らは年功序列の組織で長年働いてきていたが、私には何の経験もなかった。

知識と博士号こそもっていたが、このような講習は私の実力をはるかに超えており、それは隠しようがなかった。その日の終わり、大佐たちに受講者アンケートを記入してもらったのだが、二つのコメントがとりわけ辛辣《しんらつ》だった。

・受講者A――「机上の理屈じゃなく、もっと受講者の役に立つような情報が欲しかった」

・受講者B――「講師はとても知識があるようだが、いかんせん経験が足りず、受講者のニーズを把握しきれていない。教材は非実用的で、この講習からはほとんど得るものがなかった。講師にはもっと人の役に立つような視点を得てほしい」

そのほかは言い方こそもっと穏やかだったが、伝わってくるメッセージはやはり厳しいものだった。Cさんは「教授たちは毎年若くなっていく」とぼやき、Dさんは「教授は自分よりも年上がいい。そうでなければ、自分が年寄りに思えてくるから。実際はそうじゃないのですが」ということだった。

私は大佐たちへの講義を、強引な話し方ではじめていた。自分の実績について、自信たっぷりに振る舞ったのだが、いつもはこんなふうではない。

ふだんは自分の権威を確立することより、生徒とのつながりを大切に考えている。学部生を教えるときには、最初の講義でまず、自分が大失敗した話をすることにしているくらいだ。

しかし空軍の大佐のまえでは、信用されないのではないかと心配になったのと、講習会が四時間しかなかった（大学では四カ月）こともあって、いつものゆるいコミュニケーション法を無視して、私は偉そうな口調で自分のやってきたことをまくし立てたのだった。

ところが、偉そうにすればするほど、大佐たちはますます抵抗してきた。教師としての尊敬を得ることもできず、私はすっかり落ち込んだ。

空軍の大佐相手の講習がもう一度予定されていたので、今度は前回とはガラリと違ったものにしようと心に決めた。自分の業績を語るのをやめて、もっとゆるく、控えめな口調で話しながら講義をはじめたのである。

「みなさんがいま、どんなことを考えていらっしゃるかわかっているつもりです」

「十二歳の教授から、いったい何を学べるんだって考えておられますよね？」

ほんのつかの間、気まずい沈黙が広がり、私はかたずをのんだ。

その次の瞬間、教室にどっと笑い声がおこった。すかさず、ある大佐が声を張り上げた。

「ご冗談を。先生はどう考えても十三歳に見えますよ！」

ここからは、前回とほぼ同じプレゼンテーションをした。リーダーシップとチームワークに関して述べたい情報自体は同じだったからだ。ところがあとになって、アンケートを読んでみると、結果は前回のセッションとは天と地ほどの差だったのである。

「個人的な体験談を話してくれたのでよかった。彼はまさに十二歳そのものだったね、元気いっぱいで。それでもう成功しているんだから、大したものだ」

「経験は浅いかもしれないが、おもしろく勉強させてくれた。上出来です。とてもエネルギッシュで、ダイナミックな先生ですね」

「グラント先生はこのテーマに精通していて、関心と情熱を傾けているのがよく伝わってきた。とても役に立つ授業だった。ひと言いわせてほしい――素晴らしい！」

「先生がたった十二歳だなんて信じられない！　いい授業でした」

ゆるいコミュニケーションがこれだけの違いを生み出したのだ。やっきになって信用を確立する代わりに、自分の弱さを見せたからうまくいったのである。

その後、陸軍将官と海軍将官に講習会を行なった際にも同じやり方をとり入れ、すべてうまくいった。自分にとって自然なコミュニケーション法を用いたおかげで、疑り深い講習生たちと気持ちが通じ合えたのである。

テイカーは、弱みをさらけ出せば、自分の優位と権限を危うくすることになると心配する。かたやギバーは、それよりずっと楽に自分の弱さを表に出す。それはギバーが、人に力を振るうことにではなく、人を助けることに関心があるからで、だから、自分の弱点をさらすことを恐れないのだ。弱さを見せることで、ギバーは信望を集めているのである。

ただし、ちょっとした条件がある。それは、**弱みを見せても効果があるのは、周囲の人びとに有能だと認められている場合にかぎる**ことだ。

心理学者のエリオット・アロンソンが行なった名高い実験で、被験者の学生はあるテープを聞かされた。それは、クイズ大会の志願者のオーディションを録音したテープで、四本あるうちの一本だった。テープの前半には、クイズの達人が登場し、正答率は九二パーセントだった。後半は、平均的な知識しかない志願者で、正答率は三〇パーセントだった。

予想どおり、学生は達人に好感をもった。ところが、別のテープを聞かせたとき、興味深いことが起こったのである。そのテープには、皿がガシャンと割れる音とともに、達人が「あー、

しまった！　コーヒーをスーツにこぼしちゃったよ」という声が入っていたのだ。

平均的な志願者がヘマをしたときには、好感度はさらに下がったのに、達人がヘマをすると、好感度がいっそう上がったのである。

心理学者はこれを「プラットフォール効果」と呼んでいる。コーヒーをこぼしたことで、平均的な志願者はイメージダウンしてしまった。この失敗が好感度を下げるさらなる理由になったのだ。ところが同じ失敗でも、達人がすると、近寄りがたさがなくなって、逆に人間らしく親しみやすい印象を与えたのである。

これで、なぜ弁護士のデイブの吃音が陪審員に好印象を与えたのか、説明がつくだろう。デイブがあえて弱点をさらけ出し、人まえで言葉につかえながら話したことで、尊敬と賞賛を集めたのだ。

陪審員はデイブに好感と信頼を抱き、だからこそ、彼の弁論を注意深く聞いたのである。このおかげで、デイブは陪審員を納得させることができたのだった。

トップ営業マンの、すごい「逆転の発想」

有能な人が弱みを見せると信望が増すらしいことはわかったが、ギバーが影響力を発揮できるようになるには、これはまだ序の口だ。人に影響をおよぼすには、自分が得た尊敬を使って、人に態度や振る舞いを変えさせなければならない。

このことが一番はっきり表れるのが営業職だ。

作家のダニエル・ピンクによれば、営業マンと聞いて、人がまず思い浮かべるのは「押しつけがましい嫌なヤツ」だという。営業マンの典型的なイメージは、人をいいように操るズルがしこい人間で、成功した営業マンは、態度が威圧的で、自分の利益しか考えず、人をだますことさえいとわない人間のように思われている。

ある調査で、ＭＢＡ保有者が一般的に選ぶ四四の職業について、社会的に果たしている責任という観点で被験者がランクづけをした。

営業マンは四十三位で、かろうじて最下位を免《まぬか》れた。ちなみにもっとも社会的責任を果たしていない職業とされたのは、株式ブローカーだった。

この結果からは、トップ営業マンはテイカーに違いないように思えるが、パート１で見たように、極めて優秀な営業マンの多くがギバーである。では、ギバーはどのようにして売るのだろうか。

ビル・グランブルズは強い影響力をもつ経営幹部だが、パッと見ではそんなふうには見えない人だ。とても穏やかな話し方をするので、思わず聞き入ってしまうからかもしれない。

米ケーブルテレビネットワーク「ＨＢＯ」の副社長になったあと、グランブルズは世界的な映像配信会社「ＴＢＳ」の社長に就任した。キャリアを通してずっと、グランブルズはほかの人びとを助け、導いてきた。

現在は、ＭＢＡ保有者にリーダーシップを指導したり、職業上のアドバイスをしたりして毎日を送っている。社会人になりたてのころ、グランブルズはゆるいコミュニケーションのおかげで、ＨＢＯのトップ営業マンになった。

一九七七年当時、ＨＢＯはまだ無名の会社で、アメリカのほとんどの家庭では、ケーブルさえ引かれていなかった。グランブルズは二十代後半で、カンザスシティにＨＢＯの営業所を開設するため派遣された。営業の経験がまったくなかったが、グランブルズはギバーにできる一番のこと――質問すること――からはじめることにした。

その嘘偽りのない心からの問いかけに、顧客は心を開いていった。「営業の電話をかけながら、オフィスの壁を見回し、相手がどんなことに関心があるのか考えたものです。そして孫のことや、お気に入りのスポーツチームについて聞いたりしました。私が何か一つ質問すると、二十分も話をするお客さんもいましたね」

ほかの営業マンは月に一つ契約をとってくるのが普通だったが、グランブルズの成果はその四倍で、週に一つ契約をとってきた。

質問をし、その答えにじっくり耳を傾けることで、グランブルズは顧客に、自分の関心事を大切に思ってくれていると感じさせたのである。顧客はその思いやりに大いに感心し、こうして彼への信頼は高まっていった。あるとき、勧誘の電話を聞いていた一人の顧客が、「あなたは本当にお話が上手ですね」といった。それを聞いて、グランブルズは笑った。「私はほとんど何も話してませんよ」

質問をすることで、顧客は、心理学者のジェームズ・ペネベーカーが呼ぶところの「話す喜び」を経験できたのである。何年も前、ペネベーカーはある実験で、互いに面識のない人びとを小グループに分けた。

それから、自分の興味のある話題について十五分間話すのだ。生まれ故郷について、通った大学について、仕事について、天気についてなど……。

十五分後、自分がどのくらいグループのことが好きになったかを評価する。実をいえば、話せば話すほど、グループのことが好きになるのである。これは何も驚くに当たらない。人はそもそも、自分のことを話すのが大好きだからだ。

ところで、グループの人びとについてはどのくらいわかっただろうか。理屈では、周囲の人間について知るには、相手の話を聞くのが一番だろう。自分が話さなければ話さないほど、グループについていっそう知ることができるはずだ。だがペネベーカーは、実際にはその正反対であることを発見したのである。つまり、**人は話せば話すほど、いっそうグループについて知ったと思う**ものなのだ。テイカーのように話をして会話を牛耳《ぎゅうじ》ると、ほかの人がひと言も話していなくても、周囲の人のことがわかったような気になるのである。

著書『オープニングアップ——秘密の告白と心身の健康』（北大路書房）のなかでペネベーカーは、「たいていの人は、自分の考えを伝えることがこの上なく楽しい学習経験であるとわかる」と述べている。

質問をして、自分自身から学ぶ喜びを教えてくれるのが、人と知り合いになることに関心を

もつギバーなのである。相手に話させることで、ギバーはその人について知ることができるので、どのように売り込めばいいのかもわかるのだ。

眼鏡販売店での「驚きの実験」

では、ギバーのうまい売込み方についてさらに詳しく知るために、私がノースカロライナ州ローリーで、買い物客を装って行なった調査について述べたいと思う。私はアイ・ケア・アソシテイツという眼鏡会社と協力して、一流の販売員とその他大勢との違いを見つけ出すことにした。従業員はすべて、ギバーか、テイカーか、マッチャーかを判定するアンケートに答えてもらっていたので、今度は私が、彼らが実際に働いている様子を観察する番だった。

私は店に入り、よその店で買ったサングラスのフレームが壊れたので、それをとり換えたいと頼んだ。陳列ケースに歩み寄ると、最初の販売員、アンドルーが近づいてきた。

アンドルーはおしゃれなサングラスを見せ、ハキハキとしたコミュニケーション法でさっそく猛烈な売込みをはじめた。フレームのカーブは私の顔の形に合っており、色も私の肌の色にマッチしていた。

さすがに「よくお似合いで、格好いいですよ」といわれてもすぐに真に受けたりはしなかったが、確かにこのサングラスをかけると、しばしジェームズ・ボンドのような気分になれた。

価格についてちょっと心配そうにすると、アンドルーはすかさず「お値段に見合う価値はご

ざいますよ」と、自信たっぷりに私を納得させた。

あまりにぴったりだったので、デザイナーはきっと私のような愛きょうのある顔を思い浮かべながら、このサングラスをつくったに違いないと思った。

だが内心では、売りたいばかりにおだてているだけなのではないかと疑った。さて、彼はテイカーだろうか――。

別の店舗ではニックという販売員が応対してくれた。ニックは、視力検査を今後自分の店でやってくれるなら、私のサングラスのフレームを無料で交換してくれるという。ふーむ、マッチャーだろうか……アンケートを確認してみよう。

では、アンドルーとニック、どちらがより成功している販売員だろうか。

実は、どちらでもないのだ。どちらも平均的な販売員で、年間売上高は約一五万ドル（約千五百万円）である。

ノースカロライナ州ナイツデールにある三店舗目で、私はキルデア・エスコートと会った。肩書きはアンドルーやニックと同じだったが、売り方はまったく違っていた。

私たちは同じ年齢だったが、キルデアは私のことを「サー」（男性への最上級の尊称）と呼び、心からそういっているのがわかった。

口調は穏やかで、陳列ケースから一つのサングラスも出すことなく、まず基本的なことをいくつか聞いてきた。この店には以前いらしたことがありますか。処方箋はおもちですか。スポーツはされますか。私の答えを注意深く聞きながら、キルデアは私にじっくり考える余裕を

与えてくれた。

私は視力に問題はないが、キルデアの売込みがあまりに素晴らしかったので、思わずサングラスを買いそうになった。ここで、私は正体を明かし、一流の販売員のテクニックを調査していたのだと伝え、こう尋ねた。「あなたの販売スキルについておうかがいしたいのですが」

しかし、キルデアは、「これを販売だとは思っていないのです」といった。

「私は自分を眼鏡士だと思っています。私どもは第一に医療機器関連業で、第二に小売業で、販売はたぶんその次でしょうか。私の仕事はお客さまに応対し、お話をおうかがいし、ニーズを知ることです。売ることを一番に考えたことはありません。お客さまを助けることが仕事なのです。重要な情報をお伝えすることを、一番に心がけています。私が心から気にかけているのは、お客さまに気持ちよく眼鏡をかけていただくことですね」

データからは、キルデアに関する二つの際立った事実が明らかになっている。一つは、私が実施したアンケートで、この会社の全従業員のなかでただ一人、もっともギバーのスコアが高かったこと。もう一つは、会社全体で売上トップの眼鏡士であることで、その年の売上高は三六万八〇〇〇ドル（約三千七百万円）を超え、平均的な眼鏡士の二倍以上だった。

これは偶然ではない。売上高が二番目に高い販売員は三四万ドル（約三千四百万円）以上で、彼女もやはり筋金入りのギバーだからだ。彼女の名前はナンシー・フェルプス。キルデアと同じ哲学をもっている。

「お客さまのことをできるだけ知ろうと努めています。どこで仕事をされているのか、趣味は

何か、休暇にはどんなことをするのがお好きかなど、いろいろお聞きします。とにかく、お客さまとそのニーズがすべてですから」

店に入ってくるなり、客がナンシーを指名するのも、これでうなずけるだろう。「お客さまにいつでも快適な視力をご提供するのが、私の使命だと心から思っています」

キルデアとナンシーが特別な例外なのかを調べるため、私は何百人もの眼鏡士にアンケートに記入してもらい、テイカーか、マッチャーか、ギバーかを判定した。その結果、眼鏡士の四〇パーセント以上がマッチャーで、テイカーとギバーがそれぞれ三十パーセント以下を占めていた。さらに知能検査も受けてもらい、複雑な問題を解決する能力も調べた。そのあと、一年にわたってそれぞれの売上高を追跡した。

知能検査の結果を考慮して調整したあとでさえ、ギバーはマッチャーやテイカーより売上成績がよかった。平均的なギバーは、マッチャーより年間売上高が三〇パーセント以上、テイカーより六八パーセント以上多かったのだ。

マッチャーとテイカーは合わせて販売員の七〇パーセント以上を占めているにもかかわらず、売上トップの販売員の半分がギバーだった。

仮にすべての販売員がギバーなら、会社の平均年間売上高は約一一五〇万〜一五一〇万ドル（約十一億五千万〜十五億一千万円）以上に急上昇するだろう。ギバーは売上トップの販売員であり、その秘訣《ひけつ》はゆるいコミュニケーションにあるのだ。

人に質問をすることは、ギバーがふだんから当たりまえにやっていることである。このこと

がとりわけ役に立つのは、信用や地位がないせいで周囲の人びとに影響力を疑われているときや、競争の激しい交渉を行なっているときなどだろう。

マーケティングを研究しているニール・ラッカムは九年にわたり、交渉のうまい人と平均的な交渉者を調査した。その結果、交渉に長けている人は、信用や地位がないせいで周囲の人びとに影響力を疑われているときも、競争の激しい交渉を行なっているときも、どちらの側からも極めて高い評価を受け、ほとんど失敗することがなく、素晴らしい実績をあげていることがわかった。

そして、**交渉上手はかなりの時間を費やして、「相手側の視点」を理解しようとしているこ**とがわかった。交渉がうまい人の発話のうち二一パーセント以上を質問が占めていたが、それに対して平均的な人は一〇パーセント以下だった。

テイカーだったなら、顧客に質問するよりも、最初から自分の答えを押しつけていただろう。しかしギバーであるキルデアは、自分が欲しいものを顧客に要求するのではなく、顧客が何を欲しがっているかを聞き出す。

ある日、ジョーンズ夫人が視力検査を終えて出てくると、キルデアが近づいてきて、新しい眼鏡はご入り用でしょうか、と確認した。ジョーンズ夫人は片方が近視で、もう片方が遠視だった。医者はマルチフォーカル（多焦点）レンズを処方していたのだが、彼女はその処方に明らかに疑問を感じていた。それに、ここに来たのは検眼のためだったので、高価な買い物を

するつもりもなかった。そしてキルデアに、新しいレンズを試すのは気が進まないといった。

強引な売込みはせず、キルデアはジョーンズ夫人に「どのようなお仕事をされているのですか」と尋ねた。彼女はコンピュータを使う仕事をしており、何かを読むときには、頭をそらして近視のほうの目で見ていることがわかった。

遠くのものを見るときや運転するときには、頭をそれとは逆にそらして、遠視のほうの目で見ていた。

キルデアが新しいレンズを処方された理由を尋ねると、ジョーンズ夫人は、遠くを見たり、コンピュータで仕事をしたり、何かを読んだりするたびに苦労しているからだと答えた。

キルデアには、彼女がイライラしているのがわかったので、こういって安心させた。

「矯正レンズが必要ないとお感じでしたら、これ以上お引きとめいたしません。ただ、もう一点だけお聞きしたいのですが。眼鏡はいつお使いになりますか」

ジョーンズ夫人は、仕事のときに使うだけだと答え、それしか使わないことを考えると、新しい眼鏡を買うなんて高すぎるといった。

話を聞いているうちにキルデアは、彼女がマルチフォーカルレンズの使用法を誤解していることに気づいた。そしてマルチフォーカルレンズは、仕事のときだけでなく、運転するときや家でも使えますよとやんわりと説明した。

それを聞いて興味をそそられたジョーンズ夫人は、試しに眼鏡をかけてみることにした。

数分後、彼女ははじめてマルチフォーカルレンズの眼鏡をつくることに決め、七二五ドル

（約七万円）を支払った。テイカーなら、おそらく売りそこねただろう。質問をしたからこそ、キルデアは夫人の悩みを知ることができ、それに対処できたのである。

とはいえ、これではちょっとギバーに肩入れしすぎかもしれない。眼鏡の販売員はそもそもヘルスケア業界で販売の仕事をしているわけで、この種の職業では、製品に思い入れをもったり、困っている顧客を思いやったりするのは、さほど難しいことではない。

ではギバーは、顧客がもっと疑り深い業種、たとえば保険の売込みなどでも成功できるだろうか。

ある調査で、管理職に千人を超える保険の営業マンを評価してもらい、それをもとに、テイカーか、マッチャーか、ギバーかを判定した。

すると、やはり保険業でも、ギバーはマッチャーやテイカーよりはるかに優れた売り手であることがわかったのだ。ギバーのスコアが高ければ高いほど、営業マンの収入、保険の成約数、申込書数、ノルマの達成額、歩合給が高かったのである。

相手にものを尋ね、その人とよく知り合うことで、ギバーは信頼関係を築き上げ、ニーズを知ろうとする。これを日々くり返しているうちに、どんどんセールスがうまくなっていくのだ。

ある調査で、医薬品の営業マンに、顧客基盤のまったくない新製品の販売を担当させた。四半期ごとに営業マンは歩合給を支払われたが、ギバーは他の追随を許さなかった。

しかも、ギバーであるかどうかだけで、業績を予想できることもわかったのだ。つまり、営業マンがまじめか怠け者か、外交的か内向的か、情緒的に安定しているか神経過敏か、度量が

広いか狭いかは関係なかったのである。

売上トップの医薬品営業マンの条件は、ギバーであることだったのだ。そして質問を介するゆるいコミュニケーションこそ、ギバーが成功する秘訣なのである。

投票率を一気に上げる「このひと言」

「ちなみに、あなたは次の選挙で投票に行く予定ですか」

この質問を一つしただけで、あなたが実際に投票する確率を四一パーセント上げることができる。

これもやはり、ゆるいコミュニケーションの効果である。たいていの人は、誰かを口説き落とすには、自信をもって強気に売込まなければならないと思い込んでいる。ところが私たちは日常的に、コマーシャル、電話セールス、飛び込みの営業マン、募金の勧誘、政治家などから、やれ製品を買ってくれとか、やれサービスを利用してくれとか、やれ政策を支持してくれと、やかましく攻め立てられている。

だから、強引で押しつけがましいメッセージを耳にすると、うんざりしてしまうのだ。押しの強い人にだまされるのではないか、ひどい目にあわされるのではないか、いいようにされるのではないかと心配になる場合もあるだろう。あるいは、誰かの影響を受けずに、自分で自由に決断したい場合もあるだろう。

だから、もし私が「投票しにいくべきだ」といえば、あなたはおそらく抵抗するはずなのだ。しかし「投票に行かれるおつもりですか」と尋ねれば、私が影響をおよぼそうとしているようには感じないのである。これはただの他愛ない質問なので、私の影響力を警戒することなく、自然に反応できるのだ。

「ええ、市民の一人として、投票に行こうと思っています」

これは説得に対する答えではない。それは、あなたがすでに、好意と信頼を抱いている誰かに納得させられているからなのだ。

その誰かとは、「自分自身」である。

吃音の弁護士のデイブには、なぜ質問することが効果的な説得の手段になるのかがわかっている。デイブは、優れた弁護士はテイカーのように、自分の弁論を強引に売り込まないことが大切だと考えているからだ。「弁護のコツは、相手に自分から私の結論に納得してもらうことなのです。相手に自分の意思で結論を出してもらいたいのです。そうすれば、より熱意をもって支持してもらえますから」

思いやりのある質問は、陪審員を納得させるのに役立つのだ。

誰かに計画や意図について尋ねると、その人がそれらの計画や意図を実際に実行に移す可能性が高まる。調査では、私が「新しいコンピュータを買うご予定はありますか」と尋ねると、その人が六カ月以内に新しいコンピュータを買う可能性が一八パーセント高まることがわかっ

ている。

ただし、これが効果を発揮するのは、質問が対象としている計画や意図に、相手が関心をもっている場合にかぎる。つまり誰かに予定を尋ねると、その人がそれを実行する可能性が高まるのは、もともとそれをいつかは実行しようと思っていたからだ。

だが何か好ましくないことについて予定を尋ねたとしても、質問は効果を発揮しない――。

「ところで今月、チョコレートがけのバッタを食べたいと思われますか」

おそらく、これを実際にやろうとする人はいないだろう。

これまで見てきた事例では、ギバーは好ましい製品を、それに関心をもつ顧客に売っていた。前述のグランブルズがＨＢＯで営業マンをしていたときも、顧客はより品質のよいケーブル製品を歓迎していたし、キルデアが眼鏡を売るにしても、相手は新しいフレームやレンズを必要としている顧客だ。

ではギバーは、聞く耳をもたない人たちの考えをどのように変えていくのだろうか。

知らずしらずのうちに心をつかむ「説得術」

フォルクスワーゲンの二〇〇四年のキャッチコピーは、「乗れば、わかる（Drive it, you'll get it）」だった。これは消費者に二重の意味を伝えている。一つは文字どおり、運転してみればその機能の素晴らしさが実感できるということ。そしてもう一つのメッセージは、「試乗す

れば、すっかり気に入って買うことになりますよ」ということだ（get itには、「わかる」という意味と「買う」という意味がある）。

これは、ボストンにあるフォルクスワーゲンの広告代理店が打ち出した一連のキャンペーンの一つだった。しかしこの異彩を放つコピーを考え出した張本人、ドン・レーンは一度も名前を記載されることはなかった。

レーンは上級顧客担当責任者で、クリエイティブ部門のメンバーではなかったからだ。レーンの仕事は、クリエイティブ部門のアイデアをまとめ、実際に製品を売ることだった。

ある日、クリエイティブ部門の戦略概要をつくっていたとき、ふと、いいアイデアがひらめいた。戦略概要を書く代わりに、レーンはサンプルの宣伝文を書き、最後をこのキャッチコピーで飾った――「乗れば、わかる」。

顧客担当者がクリエイティブ部門に、解決すべき問題ではなく、解決策を提案するというのは、通常ではありえないことだった。事実、顧客担当者がクリエイティブ業務にかかわることは禁じられていたのである。そこで、レーンはジレンマに陥った。さて、どうすればクリエイティブ部門に聞く耳をもってもらえるだろうか。

レーンがテイカーだったら、クリエイティブ部長のオフィスに押しかけ、このコピーを強引に売込み、すべて自分の手柄だと主張しただろう。

あるいはマッチャーなら、クリエイティブ部門に恩を売り、見返りを期待したかもしれない。

だが、レーンはギバーだった。名誉には関心がなく、ただクリエイティブ部門の力になりたいがために、このアイデアを使ってもらいたいと思っていた。

「この業界では、すべてとはいわないまでも、名誉のほとんどを、クリエイティブ部門が手にすることになっているのです。顧客管理を担当する者には、そのことを不満に思っている人もいます」とレーンはいう。

「自分の仕事はクリエイティブ部門をサポートし、彼らがいいアイデアを思いつけるようにすることだと思っています。あれが私のアイデアだと誰も知らなくても、いっこうにかまわなかったのです。アイデアがどこから出てきたかなど、大した問題ではありません。それがうまくいけば、みんなが成功できるのですから」

レーンはクリエイティブ部長のオフィスに入っていったが、「すごいキャッチコピーを思いついたんです。ぜひ使うべきですよ」などと強気な振る舞いはせず、もっと穏やかに話すことにした。まずはラジオ用のサンプル宣伝文を見せ、それがどれだけ効果的かを説明した。そしてクリエイティブ部長にこういった。

「ルール違反なのはわかっていますが、ご提案したいアイデアがあるんです。このコピー『乗れば、わかる』、どう思われますか」

クリエイティブ部長はすぐさま飛びついた。そしてレーンを見上げ、にっこり笑ってこういったのである。「おもしろいじゃないか、これでいこう」

キャンペーンは売上に大いに貢献し、広告関連の賞をいくつも受賞した。

ノースカロライナ大学のアリソン・フラゲイル教授は、ゆるいコミュニケーションのエキスパートだ。フラゲイルによれば、話し方でギバーかテイカーかがわかるという。**テイカーは強気な話し方をする傾向があり、独断的で、率直だ。一方、ギバーはもっとゆるい話し方をする傾向があり、控えめな言葉を使って話す。**

・ためらい――「まあ」「うーん」「あー」「ええと」
・あいまいな発言――「どちらかといえば」「みたいな」「かもしれない」「たぶん」「……と思う」
・否認――「これはあまりいい考えではないかもしれない、でも……」
・付加疑問――「おもしろいですよね?」「いいアイデアだよね?」
・強意語――「本当に」「とても」「まったく」

こうした言葉は、それを聞いている相手にある明確なメッセージを伝える。つまり、話し手には自信も権威もないのだ、と。

フォルクスワーゲン社のレーンの売込みを分析してみると、ゆるい話し方に特徴的な言葉のうちの二つ、否認と付加疑問を使っている。否認は「ルール違反なのはわかっていますが……」と、付加疑問の「どう思われますか」である。

フラゲイルによれば、チームワークやサービス関係などで人びとが一緒に働かなければなら

ない場合、ゆるい話し方はより影響力を増すという。

では、フラゲイルの調査を使ってわかりやすく説明しよう。あなたの乗った飛行機が砂漠に不時着したと想像してみてほしい。同僚のジェーミーも一緒だ。あなたは十二種類のアイテム（懐中電灯や地図など）をもっており、サバイバルに重要な順に優先順位をつけなければならない。

ランキングをジェーミーに見せると、意見が食い違う。あなたは懐中電灯はさほど必要とは思わないが、ジェーミーは極めて重要だと考え、強い口調でこういう。

> 懐中電灯はもっと優先度を高くしろよ。夜間に信号を送る唯一の手段になるから。それに、反射鏡とレンズは火を起こすのにも、助けを呼ぶときの信号にも使えるし、これももっと優先度を上げるべきだ。

ジェーミーはテイカーのように聞こえる。テイカーはこんなふうに命令口調で話すからだ。ジェーミーのいうことに耳を傾ける気になれるだろうか。普通の人なら、答えはノーである。協力し合うことにはなっているが、指図されたくはないので、ジェーミーの影響力に抵抗するだろう。優位を確立しようとして、ジェーミーは信望を失ったのである。

しかしジェーミーがもっと控えめに、質問やあいまいな発言を交えながら同じ提案をしたな

らどうだろうか。

懐中電灯はもっと優先度を高くしたほうがいいんじゃないかな？　夜間に信号を送るのにとても役立ちそうだよ。それに、反射鏡とレンズは火を起こすのにも、助けを呼ぶときの信号にも使えるかもしれないよね。

　フラゲイルの調査では、人びとは後者のバージョンのほうをはるかに快く受け入れた。このゆるい話し方は、ジェーミーがギバーであることを物語っている。

控えめに話すことで、ジェーミーは相手に譲歩する意思、もしくは、少なくとも相手の意見を考慮する意思を伝えているのだ。

　ジェーミーがまったく同じメッセージをまったく同じ口調でいう場合も、あいまいな発言や付加疑問や強意語といった控えめな言葉を加えれば、尊敬を集め、影響力を発揮できるという。だから、フォルクスワーゲン社のクリエイティブ部長はレーンのアイデアを快く受け入れたのである。レーンは部長に、「あなたの権威を脅かすつもりはありません」というメッセージを送っていたからだ。部長には、レーンがただ、いいアイデアを共有しようとしているだけだとわかり、そして実際に自分の目で見て、いいアイデアであることを確認したのである。

　それまでも、控えめに話すことでレーンは得をしていた。彼はアイデアをさりげなく提案し、けっして手柄を求めなかった。

「クリエイティブ部門の同僚がこのアプローチを気に入ってくれたおかげで信用が高まり、共有する価値のあるアイデアが浮かんだときも提案しやすくなったのです」とレーンは説明する。

顧客担当の同僚の多くがクリエイティブ部門の同僚とよくもめていたのに対し、レーンは、クリエイティブ部門の人びとが一緒に働いて楽しいと思える、まれな顧客担当者として信望を高めていた。レーンのことをしゃくに障《さわ》る部外者ではなく、役に立つ仲間と見なしていたのだ。

クリエイティブチームはしょっちゅうレーンにプロジェクトに参加してくれるよう頼み、こういっていた。

「レーンは我々を助けてくれる。そこいらにいる顧客担当者とはわけが違う。だからプロジェクトには必ず参加してもらって、もっとチャンスをつくってあげよう」

レーンがやさしくて裏表のない人間だとわかっているので、クリエイティブチームは縄張り意識をもつことなく、喜んで彼とアイデアを共有し、その意見を歓迎した。

「ギバーは自分が目立たない存在なのではないかと心配しますが、そんなことはありません。うまくやっているギバーはたくさんいます。何しろ、みんなギバーと仕事がしたいと思うし、信頼もしていますからね。キャリアの早い段階でこれに気づけたことが、非常に強力なあと押しになりました」とレーンはいう。

レーンは同僚の多くよりもずっと早く昇進し、現在はアーノルド社の取締役副社長と常務取締役を務めている。あるクリエイティブ部門の副社長はこういっている。「レーンは完璧なチームプレーヤーです。一緒に仕事をするチャンスがあれば、すぐさま飛びつきますね」

このように控えめな話し方を分析してみても、前述のデイブの吃音が裁判で陪審員の心をつかむのに役立った理由がわかるだろう。ためらい、あいまいな発言、強意語は、そもそも吃音の特徴でもあるからだ。

陪審員がデイブの吃音を耳にした瞬間から、彼の弁論はもはや偉そうにも威圧的にも聞こえなくなったのである。自分たちを説得しようとしているのではないと感じたから、陪審員は抵抗を弱め、デイブの言い分もちょっと聞いてみようという気になったのだ。

ギバーはゆるい話し方をすることで、相手に「あなたの利益を一番に考えていますよ」というメッセージを伝えている。だが、**控えめに話さないほうがいい立場が一つだけある。それは、リーダーシップを担っている場合**だ。

マーケティングマネジャーのバートン・ヒルは、そのわけに気づいた。ヒルはファイナンシャルサービス会社で事業を一つ率いていたが、さらに上の役職への抜擢を打診され、面接を受けることになった。昇進すれば、複数の事業を指揮することになる。面接者は、こんなつまらないありきたりの質問からはじめた——「あなたの業績について教えてください」。そこでヒルは、自分のチームの素晴らしい成果について語りはじめた。

ヒルは最有力候補ではなかったが、役職を得るチャンスは十分にあった。しかし、結局はこの役職を得ることはなかった。

面接者はヒルに、「あなたの話をうかがっていると、リーダーシップがあるような感じがし

ませんね」といった。「私は『私たち』という言葉ばかりで、『私が』という一人称の言葉をあまり使っていませんでした。あとでわかったのですが、私はリーダーに向いているように見えなかったとか。面接官は、私ではチームを盛り立てることはできないと考え、ほかの、それができそうな人を昇進させたのです」

面接者はヒルがもっと積極的に話すことを期待していたわけで、この場合、ゆるいコミュニケーションのおかげで、彼は昇進を棒に振ったのである。

ハキハキと、大きな声で、積極的に、確信をもって話すことで、テイカーは自分が話していることに自信があるという印象を相手に与える。

カリフォルニア州の心理学者が実施したある調査では、テイカーはグループのメンバーに有能だと思われていたが、実際にはさほど有能ではなかった。

調査では、テイカーは「実際は有能でなくても、有能であるかのように振る舞うので、影響力を手に入れる」と報告されている。

面接で強気な話し方をしなかったせいで、ヒルは有能そうな印象を与えることができなかった。とはいえ、昇進をフイにしたのと同じゆるいコミュニケーションのおかげで、信望を集め、チームを成功に導くことができたのだ。

強気のコミュニケーションはその場かぎりの面接では効果的だが、チームワークやサービス関係では、チームのメンバーの尊敬や賞賛を失う要因となる。

オランダの心理学者によれば、たとえグループのメンバーがテイカーを極めて有能なリー

ダーだと認めている場合でも、テイカーは実際にはグループのパフォーマンスを損《そこ》ねているという。いかにも有能そうに話すことで、グループのメンバーはテイカーが本当に有能だと確信するようになるが、このことが情報の共有や、メンバー同士がよいアイデアをやりとりするのを妨げる。「チームはリーダーに、仕事の成果は協力関係の賜物《たまもの》だと認めてもらいたいのです。それが、彼らを貢献しようという気にさせるのです」とヒルはいう。

「でも、協力関係を重視するリーダーはどことなく頼りないとか、強気なリーダーのほうがチームを引っ張っていけると考える人がいるから、矛盾が生じるのです」

結局、ヒルは別の会社に移り、元従業員のうち三人も彼のチームに転職したいといってきた。この忠誠心は吉と出て、ヒルのチームは大成功を収めている。ヒルは現在、二万人以上の従業員を抱える会社で、常務取締役を務めている。

身につけるべきは「質問力」

二〇〇七年、一流企業の指標である「フォーチュン五〇〇」に選ばれているある大企業がアメリカ中西部の工場を閉鎖した。職を失った人びとのなかに、明るく闊達《かったつ》な博士研究員のアニーもいた。会社はアニーに遠方への転勤を打診したが、それでは学校をあきらめなければならなかった。フルタイムで働きながら、アニーは夜間のＭＢＡプログラムに登録していたのだ。仕事を辞めるわけにはいかず、それにもし辞めれば、会社はもう学位取得のための学費を払っ

てくれなくなる。かといって転勤を受け入れれば、勉強を続けることはできない——。アニーは時間も選択肢もほとんどなく、途方に暮れていた。

だが二週間後、信じられないことが起こった。会社が、ＭＢＡプログラムを修了するまで、通常は最高経営幹部しか乗れない社有ジェット機を自由に使っていいといってくれたのだ。アニーは転勤を受け入れ、その後九カ月間、週に二回、社有ジェット機で中西部とのあいだを往復し、学位を取得した。会社はさらに、空港までのレンタカー代に加え、社有ジェット機が運航しないときには民間航空機のチケット代まで出してくれた。アニーはどのようにして、会社にこれほどまで投資させることができたのだろうか。

実は、アニーはいっさい交渉することなく、ジェット機の座席をものにしていた。交渉するのではなく、ギバーお得意のゆるいコミュニケーションを使ったのである。

交渉に臨むと、テイカーは決まって優位な立場を確保しようとする。アニーがテイカーだったなら、自分の功績をすべてリストにまとめ、自分の立場を強化するため、ライバル会社からの引き抜きを誘っただろう。

アニーがマッチャーなら、いまこそ借りを返してもらうチャンスととらえるだろう。そして、貸しのある上司のところへ行き、いままでのお返しを要求しただろう。

だが、アニーはギバーだった。何十人もの同僚を指導し、同僚がミスをしても、たいていはその責任を引き受け、自分の業績を犠牲にして同僚をかばった。友人が同じ役職に志願してい

るのを知ると、自分の志願を撤回したこともあった。

ギバーであるアニーは、テイカーやマッチャーのように交渉する気にはなれなかったので、まったく異なる方法をとることにした。人事部の課長に連絡をとると、アドバイスを仰いだのだ。「あなたが私の立場だったら、どうされますか」と。

課長はアニーの代弁者になった。そしてアニーの部長と局長に連絡をとり、アニーのために陳情をはじめた。その結果、アニーの部長は、彼女を引き止めるために何かできることはないかと尋ねてきたのだ。

アニーは、ＭＢＡプログラムを修了したいが、飛行機で往復する経済的余裕がないと話した。それに応えて、部長はジェット機の座席を提供したのである。

「他人に好かれる人」の行動

もう一つ、ギバーにとって有利な交渉術がある。それは**「アドバイスを求めること（アドバイス・シーキング）」**だ。最近の調査では、自分に権威がない場合に人に影響をおよぼすための、驚くほど効果的な方法であることがわかっている。

ある実験で研究者のケイティ・リルジェンクィストは、被験者を売り手と買い手に分けて、不動産の販売を想定して交渉させた。売り手が最高可能価格で売ることを目標にした場合、わずか八パーセントしか合意に達しなかった。

ところが売り手が買い手に、価格の折り合いをつけるにはどうしたらいいかアドバイスを求めると、四二パーセントが合意に達したのである。アドバイスを求めることによって、協力関係と情報の共有がうながされ、もめがちな交渉を、双方が得をする取引に変えたのだ。

製造業であれ、金融業であれ、保険業であれ、製薬業であれ、これは同僚、上司、部下に影響をおよぼすためのもっとも効果的な方法の一つだということが、多くの調査からも実証されている。

テイカーお得意の、部下には圧力をかけ、上司にはとり入るという戦術より、はるかに人を動かす力がある。それに、マッチャーにとって当たりまえのギブ・アンド・テイクより、ずっと相手に与える影響は大きい。

これは、大企業の上層部でも変わらない。最近、戦略学のイザイ・スターンとジェームズ・ウェストファルの両教授が、アメリカの工業およびサービス業の大手企業三百五十社の上級管理職を調査し、彼らがどのようにして取締役会の議席をものにするのか突き止めようとした。

取締役会の議席は、管理職にとって羨望《せんぼう》の的である。これを手に入れれば、一〇万ドル（約一千万円）をゆうに超える年俸、高い地位、企業エリートたちとの豊かな人脈が約束されるからだ。

テイカーにとって、取締役会の議席への近道とは、ご機嫌とりである。重役にお世辞をいってとり入るか、知り合いを通じて間接的に褒《ほ》めそやす。しかし二人の教授は、ゴマすりが功を奏するのは、同時にアドバイスを求めたときにかぎることを発見した。

取締役会の議席をものにした管理職は、お世辞をいうだけでなく、同時に助言も求めていたのである。重役のスキルを褒めそやす際、それをどのようにマスターしたのかを尋ねる。重役の仕事の成功を褒めちぎるときには、その秘訣についても聞く。

すると、取締役の指名の際、重役がその人物を推薦する可能性がグンと高まり、その結果、取締役会の議席を手に入れることができた。

アドバイスを求めることは、ゆるいコミュニケーションの一形態である。誰かに何かを聞くということは、自分の自信のなさを伝え、弱さを見せることだ。

我こそ答えがすべてわかっていると自信たっぷりに話すのではなく、ほかの人のほうが自分よりも知識があることを認めている。

だからテイカーやマッチャーは、人にものを聞くことにしり込みする。テイカーから見れば、人に何かを聞くことは、自分が答えをすべてわかっているわけではないと認めたことになってしまう。自分がか弱く、依存的で、無能に見えるのではないかと恐れているのだ。

だが、それは間違いだ。調査では、**知識のある同僚にしょっちゅうアドバイスや助けを求めている人は、まったく求めない人よりも、上司の受けがいい**ことがわかっている。

自分のエゴを守ることや、確信をもって話すことにこだわらないギバーは、弱く見られようといっこうに気にしない。ギバーがアドバイスを求めるのは、純粋に他人から学びたいと思っているからだ。マッチャーが人に意見を聞くのをためらうのには、別の理由がある。それは、返さなければならない借りができると思っているからだ。人助けが大好きなギバーには、これ

は問題にならない。

研究者のリルジェンクィストによれば、人にアドバイスを求めることには四つのメリットがあるという。それは、①情報の獲得、②自分の身になってもらえること、③相手とのかかわり合いが強められる、④ゴマすりである。

ＭＢＡプログラムと転勤との両方を手に入れたアニーがアドバイスを仰いだとき、まず、それまで知らなかったことを知った——社用ジェット機に余分な座席があること、そしてそのジェット機がアニーにとって重要な二つの場所のあいだを往復していることである。

アドバイスを求めるのではなく、もっと積極的に陳情していたなら、この情報を手に入れることはできなかったかもしれない。事実、アニーはそれまでの会話のなかで、誰かが飛行機について触れるのを聞いたことがなかった。これは、アドバイスを求めることがもたらす二つ目のメリット——相手に自分の身になって考えてもらえる——である。アニーはそれまで会話のなかでアドバイスを求めたことはなく、人事課長も、できるだけ経費をかけずに彼女を転勤させるという会社の利益のことしか頭になかった。

それが、アドバイスを求めたことで会話に変化が生じたのだ。アドバイスを請われると、アドバイスする側はその問題やジレンマを相手の視点から見なければならなくなる。アニーが助言を仰いだからこそ、アニーの部長も彼女の立場から問題を検討することになり、解決策として社有ジェット機のことが不意に頭に浮かんだのである。

そして部長がこの解決策を提案したとたん、三つ目のメリット——相手とのかかわり合いが強められる——が登場する。

部長はジェット機という解決策をひねり出すうえで重要な役割を果たした。これはそもそも部長のアイデアで、つまり、部長はこの時点ですでにアニーを助けるために時間とエネルギーを投資しているため、いっそうアニーを助けなければという気になったのだ。

事実、アニーのために中西部で使用するレンタカー代を出し、さらには、社用ジェット機が運航しないときの民間航空機のチケット代まで出すことを承諾したのだから。

アニーがこうした特権を手に入れることができたのは、その勤勉さと、才能と、寛容さのおかげであるのは間違いない。だが、なぜ部長は飛行機に留まらず、それ以上の特権をアニーに与える気になったのだろうか。


人間は自分の時間、エネルギー、知識や情報を投資して誰かを助けると、相手がそれに値する人だと必死で信じようとする。


だからこそ、「お願い」は、誰かを自分にかかわらせるための実に巧妙な方法なのである。わざわざ時間をとってアニーに助言した瞬間、部長はいっそうアニーに投資することになった。

アメリカ建国の父として知られるベンジャミン・フランクリンが自叙伝のなかでこう書いている。「一度親切にしてくれた人は、自分が親切にした人よりも、また親切にしてくれる」

人にアドバイスを求めると、相手への信頼や、その洞察力や専門知識に敬意をもっていることを示せる。たいていの人はマッチャーなので、好意的に受けとめ、お返しに助けてあげたい

と感じる。アニーが人事部の課長に接近してアドバイスを求めると、課長はさらに一歩進んで、積極的に支援に乗り出した。

伝記作家のウォルター・アイザックソンによれば、ベンジャミン・フランクリンは、アドバイスを求めることをおだての一形態と見なしていたという。フランクリンには「友人を得るための基本ルールがあった」とアイザックソンは書いている。

それは、「しょっちゅう意見やアドバイスを求めて、彼らの自尊心と虚栄心に訴える」ことで、そうすれば「判断力と知恵を高く評価してもらえるようになる」のだという。

ギブ・アンド・テイクのやり方に関係なく、**人間というのはアドバイスを求められるのが大好きなのだ**。誰かにアドバイスをすると、テイカーは自分が偉くなったような気になるし、ギバーは人の役に立てたような気になる。

なぜ「下心」はバレるのか

マッチャーはまた別の理由で、アドバイスをする。これは、あとで頼み事ができるような貸しを低予算でつくることができる方法なのだ。だから、人にアドバイスを求めると、色よい反応が返ってくるのである。

だが、難点もある——人にアドバイスを求めるときは、心からそうしないと効果がないことだ。先の研究者のリルジェンクィストによると、成功するかどうかは「相手がそれを本物だと

認めるか否かにかかっている」という。

彼が人びとに、他人に影響をおよぼすためにはアドバイスを求めるといい、とすすめたところ、多くの人が失敗に終わってしまった。それは、相手に見抜かれてしまったからだ。下心があってとり入ろうとしていることがバレてしまったのである。

「何か魂胆があって心証をよくしようとしているのではないかと疑われると、利己的で、冷淡で人をいいようにあつかう、信用のできない人間だと思われる」とリルジェンクィストは書いている。

人に助言を求めることが効果を発揮したのは、それが無意識から出た行動であるときだけだった。ギバーはテイカーやマッチャーよりも積極的に、人にものを聞く。ギバーはほかの人のものの見方や意見に心から関心をもっており、聞き上手であると見なされていた。

これは、ゆるいコミュニケーションにも当てはまるだろう。ゆるいコミュニケーションが効果的なのは、ギバーが他人の利益のために行動しようと心から思っているからだ。

プレゼンテーションをするとき、ギバーは自分の弱みを表に出すことで信頼を得るだけでなく、聞き手と心を通じ合わせる。営業では、ギバーは顧客をたぶらかすのではなく、相手のことを聞き出すことで顧客の力になろうとする。説得と交渉では、ギバーはほかの人のアイデアや視点を心から尊重し、控えめに話し、意見を聞く。

その影響力をどのように使うかが、ネットワークの築き方や同僚との協力関係を含めた、人生全体にかかわってくる。

PART 6

「与える人」が気をつけなければならないこと

——「成功するギバー」の、したたかな行動戦略

「知的な利他主義者は、知性に欠ける利他主義者より利他的ではないが、知性に欠ける利他主義者や利己的な人よりは健全だろう」

ハーバート・サイモン（ノーベル経済学賞受賞者）

やる気に火がつく「エンジン」とは

ここまで、ギバーがどのようにして成功を収めるのか、その独特なネットワーク構築法、協力の仕方、コミュニケーション法、影響力のおよぼし方、人の可能性の引き出し方について主に見てきた。

しかしパート1で触れたように、ギバーは成功の階段の一番下で終わることもある。

成功するには、与えることとの強みを活かすだけではダメで、その落とし穴も避けなくてはならない。与えることも度が過ぎると、自分を犠牲にして、まわりやネットワークのつながりのために尽くして終わり、ということになってしまう。

これからあとのパートでは、なぜ燃え尽きるギバーと成功するギバーがいるのか、ギバーがテイカーに食い物にされないためにはどうしたらいいか、また、ギバーが自分自身を守るための方法、人をギバーにすることで、成功を周囲に広げていく方法について見ていきたいと思う。

ギバーを成功の階段の一番上に押し上げる戦略は、ギバーを階段の一番下で終わらせることになる戦略とはまったく違う。成功するギバーと失敗に終わるギバーとの違いを理解しておこう。

最近、カナダの心理学者ラリー・ウォーカーとジェレミー・フライマーが、大きな成功を収

めるギバーの原動力を突き止めようとした。被験者はケアリング・カナディアン賞の受賞者。これは長年、地域社会への支援と人道活動に貢献してきた人たちに贈られる賞だ。受賞者の多くは、何十年にもわたり途方もなく与え続けている人びとである。

被験者には全員、「私はいつも決まって○○するよう努めている」という書き方で、目標を十個書いてもらった。そのあと、ウォーカーらは二十五名の受賞者に突っ込んだ面接を行ない、さらに、受賞者と性別、年齢、人種、学歴などの条件は同じだが、受賞者たちほどは与えていない「普通の人たち」二十五名と比較した。

ウォーカーらは百時間かけて、この五十人全員にそれまでのその人について、人生の重要な時期から、幼年期、思春期、成人期における重大な出来事にいたるまでインタビューを行なった。このあと、被験者と面識のない評価者が目標のリストを読み、インタビューのテープを聞いて、被験者が二つの重要な動機――自己の利益追求と他者の利益追求――をそれぞれどの程度抱いているかを評価した。

自己の利益追求とは権力や業績を追求することで、それに対し、他者の利益追求とは寛大で人の役に立とうと努めることをいう。ケアリング・カナディアン賞の受賞者は、もう一つのグループと比べて、どちらの動機のスコアが高かっただろうか。

結果は予想どおり、他者の利益追求だった。身の上話のなかで、受賞者は対照グループの三倍以上、与えることと人助けについて触れていた。また受賞者は、対照グループの二倍近く、他者の利益追求にかかわる目標をあげていた。とりわけ印象的な目標に、「若い人たちのお手

本になること」「低所得者層出身の女性の支援をすること」などがあった。
それに対して、「普通の人たち」のグループがあげた目標に多かったのは、「ゴルフのハンディを一ケタにすること」「魅力的になること」「ハンティングで大物のシカを捕まえること」「大物の魚を釣ること」などだった。

ところが、意外なことも判明した。何と、受賞者は自己の利益追求のスコアも高かったのである。大きな成功を収めたギバーたちは、身の上話のなかで、対照グループの二倍、権力や業績の追求について触れていたのだ。影響力を手に入れ、認められ、意欲的な成果を達成することに関連した目標が、受賞者のほうがおよそ二〇パーセントも多かったのである。成功しているギバーは普通の人たちより他者重視であるだけでなく、利己的でもあるということだ。

この結果から、なぜ成功するギバーと成功できないギバーがいるのか、その理由が見えてきそうだ。ここまで、ギバー、テイカー、そしてマッチャーの三タイプについて見てきたが、あなたなら、自分の利益を一番に気にかけるだろうか。それとも他人の利益だろうか。

ちょっと話がややこしくなるが、これから、自己の利益追求と他者の利益追求がどのように互いに影響を与え合うのかを見ていく。テイカーは自己の利益追求のスコアが高く、他者の利益追求のスコアが低い。自分自身の成功を最大限にすることを目指し、他人のことはあまり気にかけない。

それに対し、ギバーは常に他者の利益追求のスコアが高いものの、自己の利益追求に関しては人によってまちまちだ。ギバーには二種類あり、それぞれ成功する割合がかなり違っている

成功するギバー、燃え尽きるギバー

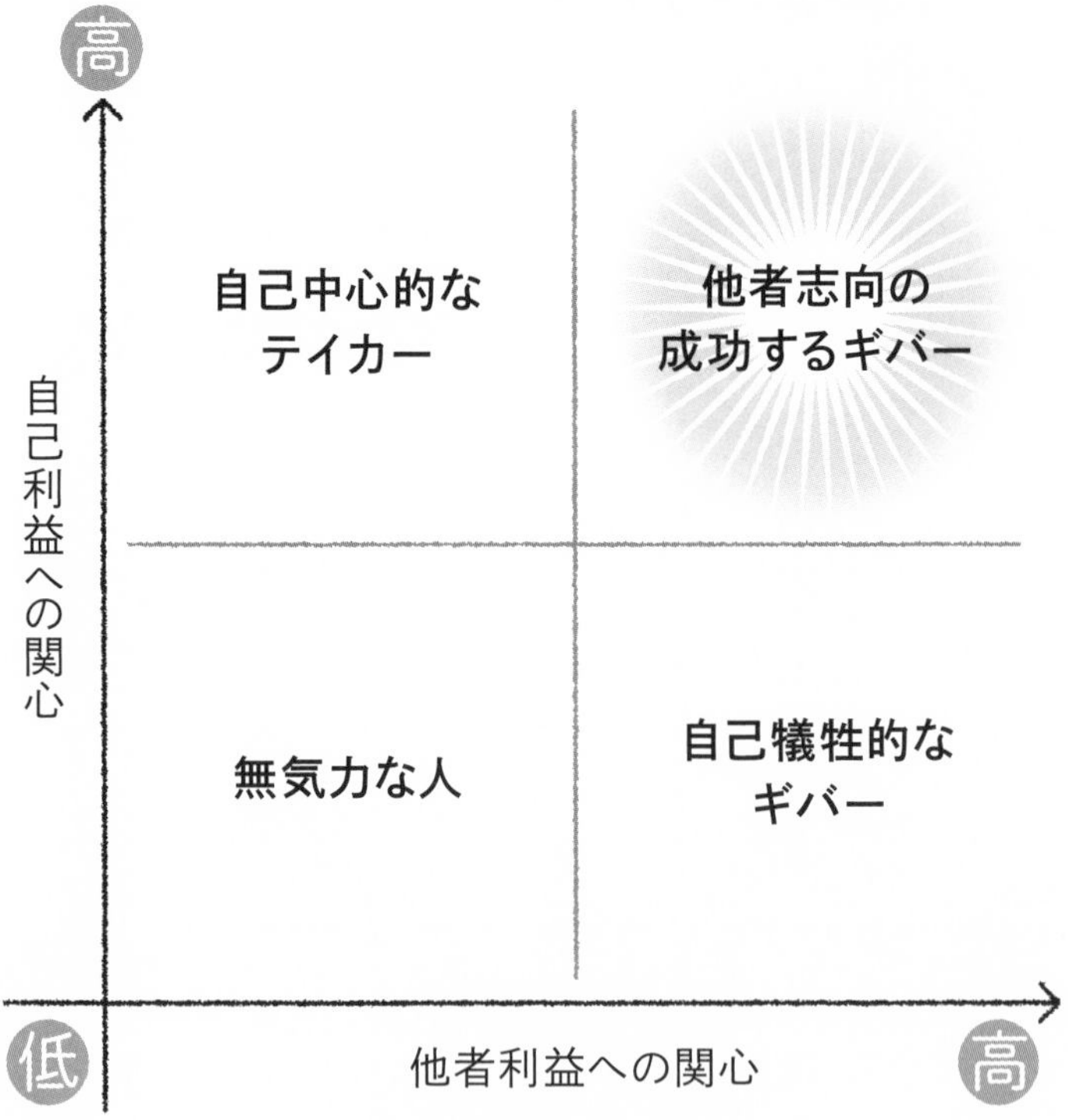

のである。

「自己犠牲タイプ」のギバーは、他者の利益追求のスコアが高く、自己の利益追求のスコアが低い。自分自身のニーズをかえりみず、時間とエネルギーを割いて、そのツケを支払う。むしろ無私無欲に与えることは病的な行為であり、生物学者のバーバラ・オークレイは「病的なまでに他人に尽くすあまり、自分自身のニーズを損ねること」と定義している。

そんなふうに他人を助けているうちに、自己犠牲のギバーは自分自身を傷つけてしまうことになる。ある調査では、自己犠牲タイプのギバーである大学生は、学期が進むにつれて成績が下がっていった。

彼らは「友人の問題にかかずらっていたせいで、講義に出られなかったり、勉強できなかったりした」と認めている。

自己の利益と他者の利益は、一つの座標の両極端に位置するものと思われがちだが、私は調査を通じて、この二つが完全に別個の動機であることを発見した。二つを同時に目指すことが可能なのだ。

ビル・ゲイツが世界経済フォーラムで、「人間には二つの大きな力――利己心、他人を思いやる心――がある」と主張しているように、人はこの二つをかけ合わせて原動力にするとき、もっとも成功できるのだ。

テイカーが「利己的」で、成功できないギバーが「自己犠牲的」なら、成功するギバーは「他者志向的」といっていいだろう。

自分を犠牲にして与えていれば、すぐにボロボロになってしまうだろう。**「他者志向」になるということは、受けとるより多くを与えても、けっして自分の利益は見失わず、それを指針に、「いつ、どこで、どのように、誰に与えるか」を決めること**なのである。

他者への関心に自己への関心がかなり結びつけば、ギバーは燃え尽きたりやけどしたりすることが少なくなり、成功しやすくなる。

〝全米ワースト1の学校〟を救うために

ウェスト・フィラデルフィア中心部に位置するオーバーブルック高校は、国内で十本の指に入る悪名高い麻薬密売地から数ブロックしか離れていない。

この学校のまわりをブラブラしてみると、通り過ぎる車の運転手がしっかり窓を閉め、ドアをロックしているのをよく見かける。

二〇〇六年、オーバーブルック高校は、犯罪統計にもとづき「持続的に危険である」と断定された国内二十八校中の一校となった。二〇一一年には、この高校に在籍している約千二百名の生徒のうち五百名近くが学年の、どの時点かで停学処分になり、暴行容疑は約五十件、武器および麻薬不法所持容疑も二十件にのぼっている。

生徒の教育見とおしも、同じように暗たんたるものだ。この高校に入学した全生徒の半数近くが中途退学しており、卒業率はわずか五四パーセントだ。

こうした悲惨な状況を何とかしようと、若くて有能でやる気のある教育者が、「ティーチ・フォー・アメリカ（ＴＦＡ）」からこの高校に派遣された。ＴＦＡは教育ＮＰＯで、大学の学部卒業生を国内の教育困難地域にある学校に教師として赴任させ、二年間、教育格差の是正にとり組ませている。

ＴＦＡはギバーでいっぱいだ。調査によれば、教師の大多数が生徒の人生を変えてあげたいと思って参加するという。その多くは裕福な家庭の出身で、恵まれない生徒たちの力になろうと心に決めている。

過去二十年間で二万人以上の教師がＴＦＡで働き、教育の公正化を大きく前進させた。しかし大都市郊外の閑静な住宅地に住み、大学の社交クラブに所属していたような新米教師の多くが、スラム地区の学校で待ち受けている苦難に対し、あきれるほど覚悟ができていない。

この高校では、大きな困難が二十四歳の新参者コンリー・キャラハンの肩に重くのしかかっていた。白い肌に金髪のコンリーは、学校の廊下で痛々しいほど目立っていた。学生の九七パーセントがアフリカ系アメリカ人だったからだ。

コンリーは愛犬家で、拾った野良犬のルイと暮らしていた。彼女は裕福で住み心地のよい郊外で育ち、国内最高とされる高校の一つに通った。しかし、コンリーは単なるお嬢さまではなく、「エネルギーの塊」といったとしても控えめなくらいだ。

ハーフマラソンを走り、高校時代は女子サッカーとラクロスチームのキャプテンを務め、

ジュニアオリンピックのメンバーにも選ばれた。知的な才能も兼ねそなえ、大学の教授は歴史の勉強を続けるようすすめたが、コンリーはもっと現実的な問題に目標を定めた。「人と違うことをやりたい。低所得者層の子どもたちのために教育のチャンスを向上させたいと思ったのです」という。

　ところが、次世代の生徒を育てたいというコンリーの理想主義的な夢は、午前一時までかかって採点とスペイン語の授業の準備をし、午前六時四十五分に学校に到着したとたん、厳しい現実にたちまち打ち砕かれた。

　毎日の学校生活は、ケンカをやめさせ、犯罪と戦い、一年に二日しか授業に出てこない無断欠席の生徒を探し出すことで過ぎていった。もっとも将来有望な女子生徒の一人ですら、実の親ではなく里親に育ててもらっており、在学中に妊娠し、子どもを出産したあと、学校を中途退学しなければならなかった。

　コンリーは親友の一人にしょっちゅうグチをこぼしていたが、その親友は週に百時間働く投資銀行員だったために、コンリーの仕事がなぜそれほどストレスが多いのか理解してくれなかった。そこで、むしゃくしゃしたコンリーはその友人を学校の校外見学に誘った。学校のまわりを訪れて友人はあ然となった。

「その親友ですら、その日の終わりには、信じられないほどヘトヘトになっていました」とコンリーは振り返る。

　そしてついに、コンリーは我慢の限界に達した。「最悪でした。ボロボロに燃え尽きて、も

う何もかもやめてしまいたいって。学校になんか二度と足を踏み入れたくありませんでした。学校にも、生徒にも、そして自分自身にもうんざりだったのです」

コンリーはバーンアウト（燃え尽き症候群）の典型的な症状を示しており、それは彼女一人ではなかった。カリフォルニア大学バークリー校の心理学者で、職務バーンアウト研究の草分けであるクリスティーナ・マスラークによれば、あらゆる職種のなかで、教職は感情的疲労に陥る割合がもっとも高いという。

ＴＦＡ教師のうち、半数以上が二年契約の終了後に、そのまた一年後に八〇パーセント以上の教師がやめていく。そしてＴＦＡから派遣された教師の約三分の一が、以後、教育の仕事にいっさいかかわらなくなってしまうのだ。

ギバーは自分の利益より他人の利益を優先する傾向があるので、つい自分自身の幸せを犠牲にして人を助け、燃え尽きる危険をみずから高めてしまう。

四〇におよぶ徹底した調査では、人は燃え尽きると、仕事のパフォーマンスが損なわれることがわかっている。疲労の溜まった従業員は注意力がガタ落ちし、集中して長い時間、手際よく働く気力が失せるため、仕事の質も量も低下する。

こうした従業員はまた、心身ともに不調を抱えている。燃え尽きた従業員は、うつ病、肉体疲労、睡眠障害、免疫システムの低下、過度の飲酒、さらには心血管疾患にかかるリスクも高まるという。

コンリーは自分はあまりに尽くしすぎていると感じていた。午前七時前に出勤し、夜中の一

時まで家で仕事をし、週末も働いていたが、もうそんな生活を続けることができなかった。この場合、気力を回復して立ち直るには、与えるのを減らすのがもっともな方法のように思える。だがコンリーはそうしなかった。それどころか、「さらに与えた」のである。

山ほどの仕事をこなす一方で、コンリーはTFAで教師指導のボランティアをはじめた。一週おきに十人の教師について、テストづくりと新しい教案の作成を手伝った。さらに、かぎられた余暇を使って、非営利の組織を立ち上げた。二人の友人とともに、コンリーは「マインズ・マター」というNPOのフィラデルフィア支部をつくったのである。

マインズ・マターは、成績優秀な低所得者層の生徒が大学に入れるように支援する全国的な組織だ。コンリーは夜の時間と週末を使ってNPO法人格を取得し、無償で協力してくれる法律事務所と会計士を探し、国の認定を申請した。そして一年後ようやく、生徒と教師を募集できるようになった。こうしてコンリーは、週に五時間、高校生の指導に当たることになったのである。

合計すると、コンリーはさらに週に十時間以上、与える時間が増えたことになる。これはつまり、くつろいだり元気を回復したりする余暇の時間がいっそう少なくなる一方で、他人への責任はいっそう大きくなったということだ。

ところがさらに与えるようになると、逆にコンリーの疲労症状は消えていき、気力が回復してきたのである。

事実、高校でもがぜんやる気がわいてきて、才能に恵まれた生徒のための指導を買って出た

だけでなく、外国語の授業計画も一からつくり直した。

同僚の多くとは違って、コンリーは辞めなかった。ＴＦＡから一緒に高校に赴任した五人の教師のうち、四年後もそこで教えていたのは彼女だけだった。また、同期のＴＦＡ教師十二人のうち、三年経った時点で残っていたのはわずか二人で、もちろん、コンリーはその一人だった。

こうして彼女は、少なくとも四年間教え続けた希少なＴＦＡ教師の一人となり、国内の教育関連の賞にノミネートされた。いったいコンリーの復活の秘訣《ひけつ》は何だったのだろうか。

「意味のない仕事」に誰もが燃え尽きる

十年前、大学のコールセンターのマネジャーから電話があって、どうすればオペレーターのやる気を維持できるか、その方法を見つける手助けをしてもらえないかと頼まれた。オペレーターは大学の卒業生に連絡をとって、寄付を頼むのが仕事だった。電話を切るまでに三度、寄付を頼むことになっていたが、断られる割合は九八パーセントを超えていた。もっともベテランで成績優秀なオペレーターでさえ、燃え尽きていた。

あるベテランのオペレーターはこういっている。「電話をかけても、全然うまくいかない。出だしの言葉をいい終えないうちにさえぎられ、寄付には関心がないといわれて終わりです」

私はテイカーなら、バタバタと脱落するだろうと予想した。ギバーほど献身的ではないから

だ。そこで研修期間中、私は各オペレーターをギバー、マッチャー、テイカーに分類した。

仕事についた最初の月、テイカーは週に平均三十件以上の寄付を獲得していた。それに引きかえ、ギバーははるかに生産性が低かった。やる気を維持するのに悪戦苦闘しており、通話数もはるかに少なく、獲得する寄付も週に十件以下だった。それは、予想していたのとはまったく異なる結果で、私はとまどった。人の役に立ちたいと望んでいるはずのギバーがなぜ、実際にはその反対の事態になっているのだろうか。

その答えがわかったのは、私が後日コールセンターを訪れ、あるオペレーターの机の上方に張ってある、次のようなキャッチコピーを見たときだった。

> ここでの「いい仕事」とは、濃い色のスーツを着てお漏らしをするようなものだ。温かい気持ちになるが、ほかの誰も気づかない。

私の調査データによれば、このキャッチコピーを誇らしげに飾っているオペレーターは、筋金入りのギバーだ。なぜギバーは感謝されていないと感じるのだろう。このコピーについて考えているうちに、当初の予想はともかくも正しかったのだと思いはじめた。

この仕事で求められていることに従えば、ギバーはテイカーをしのいでいるはずなのだ。問題はおそらく、ギバーが、もっとも喜ぶ見返りを得られていないことだった。

テイカーは、大学構内でもっとも給料の高い職についていることで、やる気が引き出されて

いた。しかしギバーは、自分にとって一番大切だと思えるものを見返りとしてもらっていなかった。テイカーは自分が得をすることにもっとも関心があるが、それに対し、ギバーはほかの人の利益になる仕事をすることに強い関心がある。

オペレーターが寄付を獲得すると、そのほぼ全額が学生の奨学金に直接回されるのだが、そのことをオペレーターは教えられていなかった。つまり、誰が寄付金を受けとるのか、また、寄付金がその人の生活にどのような影響をおよぼしているのか、まったく知らなかったのである。

そこで次の研修の日に、私は新人オペレーターに、ウィルという奨学生からの手紙を読んでもらった。彼の奨学金はコールセンターが集めた寄付金でまかなわれていた。

> いざどこの大学に入るか決断する段階になって、他の州の大学の授業料がとても高いことを知りました。僕のなかにはこの大学の血が流れているのです。祖父母はここで出会いました。父と四人の兄弟も全員ここに通いました。
>
> 幼い弟さえ、この大学の世話になっているのです——何しろ、我が校が全米大学体育協会のバスケットボールトーナメントで優勝した日の夜に、母が身ごもったのですから！　僕はずっと、ここに通うことを夢見ていました。だから、奨学金を受けられるとわかったときは、うれしくてたまりませんでした。ここでは、与えられたチャンスは必ず大切にしようと思っています。奨学金は僕の人生を多くの点で変えてくれました。

この手紙を読んだあと、ギバーはわずか一週間でテイカーに追いついた。週ごとの通話数はほぼ三倍になり、週十件以下だった寄付は、何と週三十件以上に急上昇した。いまでは、自分がもっている影響力をより強く実感していた——寄付金を集めれば集めるほど、ウィルのような奨学生をたくさん助けることができるのだ。

わずか五分を費やして、この仕事がどんなふうに人の役に立っているのか、それを綴った手紙を読んだだけで、ギバーはテイカーと同レベルの生産性を達成したのである。

しかしギバーはまだ、自分の仕事が与えている影響を完全に理解しているわけではなかった。では、手紙を読むだけでなく、奨学生に直接会わせるというのはどうだろう？　すると、オペレーターは奨学生と会って話をしたあと、さらにいっそうやる気を出したのだ。

平均的なオペレーターは、一時間当たりの通話数と、一週間当たりの通話時間が二倍になった。彼らはさらに多くの卒業生に連絡をとり、寄付してくれる卒業生が毎週一四四パーセント増えた。

さらに驚いたことには、収入が五倍に跳ね上がったのだ。奨学生に会うまえは平均四一二ドル（約四万円）だったのが、会ったあとは二〇〇〇ドル（約二十万円）以上になったのである。奨学生と会わなかった対照グループのオペレーターは、通話数、通話時間、集めた寄付金、収入に変化がなかった。

結局、わずか五分間、奨学生と話しただけで、二十三人のオペレーターがたった一週間で三万八四五一ドル（約三百八十万円）も多く寄付金を集める気になったのである。

ギバーにかぎらず、マッチャーも、テイカーも、奨学生と会うことで意欲が高まったが、努力と収入がアップしたオペレーターのなかでは、やはりギバーが突出していた。

つまり、**ギバーが燃え尽きるのは、与えすぎたことよりも、与えたことでもたらされた影響を、前向きに認めてもらえていないことが原因**なのである。

ギバーは、与えることに時間とエネルギーを注ぎ込みすぎるせいで燃え尽きるのではない。困っている人をうまく助けてやれないときに、燃え尽きるのである。

教師は日常的に生徒と交流するが、教師が与える影響が認められ、感謝されるには何年もかかる。教師は「私の努力は本当に価値があるのだろうか？」と悩むことになる。確信がもてないまま与えていると、努力は苦痛になり、続けるのが難しくなる。

こうした難題は、かのオーバーブルック高校のような環境でとりわけ顕著である。この学校の教師は、生徒の関心を刺激して、多くの問題と戦わなければならないからだ。コンリーが精神的に疲れ果てたのは、与えすぎたせいではなく、いくら与えても貢献できているように感じられなかったせいである。

「教えることで、自分は相手に何かできているのか、その確信がもてないのです」とコンリーはいう。「人の役に立つことを何ひとつできず、自分の時間をムダにして、何も貢献できていないだけなのではと……」

NPO法人マインズ・マターのフィラデルフィア支部を立ち上げたことで、コンリーのスケジュールはいっそうキツくなったかもしれないが、結果的には、高校で経験していた「影響力

の空白」を埋めることができた。「そのおかげで、自分がよりダイレクトに人の役に立てているという実感が得られました」

成績優秀な低所得層の生徒を指導することによって、コンリーは、生徒それぞれが問題を抱えている高校の教室でよりも役に立てていると思えた。成績優秀な生徒を指導していると、すぐにいい反応が返ってきて、自分の努力を確認することができたからだ。

寄付金集めのオペレーターが奨学生に会ったことと同様に、自分のプログラムが与えた影響を目《ま》のあたりにすることは、コンリーを元気づける効果があったのである。

より大きな影響力をもつことは、ギバーが燃え尽きるのを回避できる理由の一つでもあるが、話はそれでおしまいではない。コンリーがもっと与える気になった二つ目の理由は、どこで、そして誰の役に立とうとしたかということが関係している。

一世紀近くまえ、心理学者のアニトラ・カーステンが、人びとに反復性の定型作業を楽しいと感じられるあいだ続けてもらい、退屈になった時点でやめてもらうという実験を行なった。長時間にわたり、参加者は、絵を描くとか詩を朗読するといった作業にせっせととり組み、もう耐えられないと思うまで続けた。ある男性の作業は、「ababab」とくり返し書くことだった。

ハーバード大学の心理学者エレン・ランガーは、それについてこう述べている。「この男性は精神的にも肉体的にもヘトヘトになるまで作業を続けた。手の感覚がなくなり、もう一文字

も書けそうになかった。そのとき、研究者が名前と住所を別の目的で書いてくれるよう頼んだ。すると、男性はあっさりと書いたのである」

これと同じ奇妙なことが、ほかの参加者にも起こった。ある女性は疲れ果て、もう一文字さえ腕を上げて書くことはできないといった。ところがそのすぐあとに、腕を上げ、何の苦もなく髪を整えた。別の参加者はのどが枯れるまで詩を朗読したが、やはりそのあと、作業のグチをこぼし、そのときの声は枯れていなかった。

ランガーによれば、参加者はインチキをしていたわけではないという。むしろ、**「状況が変わったことで、気力が回復した」**というのだ。

コンリーがボランティアでＴＦＡの教員指導を買って出たとき、状況に変化が生じ、与えることが新鮮に感じられたのである。「大人を相手に教えると、燃え尽きることはありませんね。かえってリフレッシュできます」とコンリーはいう。

マインズ・マターで高校生を指導しはじめたときにも、同じことが起こった。新しい環境と、新しい生徒たちに目を向けたのだ。高校の生徒に教えるのではなく、大学に進みたい生徒の手助けをするという与える対象を新たな分野に変えたことで、コンリーは元気を回復させた。

与えることも、同じ分野でやり続けると身も心も消耗してしまうが、コンリーは貢献する対象を別の人びとに広げることで、もっとよい結果を得られた。

人助けは「まとめてやる」

このパートの冒頭で他者志向の振る舞いについて触れたが、コンリーと寄付金集めのオペレーターの事例から、自己犠牲のギバーと他者志向のギバーの違いがものをいうことがわかってきたのではないだろうか。

こうした状況では、どこで、どのように、どのくらい与えるかを決めることが、燃え尽き症候群や怒りを回避するうえで重要になってくる。

もっともっと与えようとしたことで、コンリーは自己犠牲のギバーだと思うかもしれない。だが実際には、与えた結果がその目で確認でき、そこから元気を引き出せるような別の場所をもつことは、ギバーにとってかしこい選択なのである。

カーネギーメロン大学の心理学者ビッキー・ヘルゲソンは、多くの調査から、自分の幸せをかえりみず与え続ければ、精神的・肉体的健康を害するリスクが高まることを発見した。しかし、**他人のことだけでなく自分自身のことも思いやりながら、他者志向的に与えれば、心身の健康を犠牲にすることはなくなる**。

ある調査によれば、六カ月以上にわたり、自分自身と他人のどちらにも同じくらい利益になるように与えた人びとは、幸福度と人生に対する満足度が大いに高まったという。他者志向のギバーと自己犠牲のギバーの違いをより深く理解するには、この二種類のギバーがいつ、どの

くらい与えるか、その決め方に注目してみるといいだろう。

事実、コンリーが燃え尽きてしまうのを回避できたのは、与える対象を増やしたことだけでなく、きちんと計画して与えたからなのだ。

では、ここで想像してみよう。あなたは今週、親切を五つする。友人のプロジェクトを手伝ったり、恩師に礼状を書いたり、献血をしたり、高齢の両親を訪ねたりすることだ。

どんな親切をするか決めるまえに、二つの方法――まとめて与えることとバラバラに与えること――のうち、どちらか一つを選ぶことができる。まとめて与えることを選べば、五つ全部を一日でやらなければならない。バラバラに与えることを選べば、毎日一つずつ行なう。さて、まとめて与える人とバラバラに与える人のどちらがより幸せな気持ちになれるだろうか。

心理学者のソニア・リュボミアスキーが実施したこの調査では、被験者は六週間にわたり、毎週五つの親切をした。被験者は無作為に二つのグループに分けられ、一方は毎週一日に五つまとめて親切をし、もう一方は毎週一日につき一つずつ親切をすることになった。

六週間後、親切の数はどちらも同じだったにもかかわらず、片方のグループのほうがずっと幸せだと感じるようになったのである。

そのグループは、「まとめて与える人」だった。**一日に一つずつ与えるよりも、一日に五つまとめて与えた人のほうが幸福度が増した**のだ。リュボミアスキーと同僚はこう推測している。

「一日一つずつだと、親切な行ないがもつ特徴やパワーが減少するためか、もしくは被験者が習慣的に行なっている親切な振る舞いと見分けがつきにくくなるからだろう」

幸福度がアップした被験者と同様、コンリーもまとめてやる人だった。

ＮＰＯ法人マインズ・マターで、コンリーはボランティア活動を週一日と決め、土曜日に集中して高校生を指導していた。週に一度まとまった時間をとることで、コンリーは自分がもたらしている影響力をより強く実感できるようになったのである。

まとめて与えることは、他者志向の戦略である。放課後、疲れてヘトヘトなときは、コンリーは生徒の指導を週末にとっておくことにしていた。週末なら気力も回復し、スケジュールの都合もつきやすかったからだ。

それとは対照的に、自己犠牲のギバーは、相手に求められるまま、そのつどバラバラと与える傾向がある。このやり方は気が散りやすいうえ、疲労感も大きく、ギバーから必要な注意力と気力を奪ってしまう。


ある年の九月、一流企業に勤める十七人のソフトウエアエンジニアが、重要な新製品の開発を任された。それはカラーレーザープリンターで、市場に出ている他社製品の一〇パーセントの価格で売り出す予定だった。

成功すれば、会社は市場を席巻でき、プリンターに続いて全製品を発売できる計画だった。事業部はかなりの資金を投入しており、プリンターが予定どおり発売されなければ部門の閉鎖は免《まぬか》れなかった。

このプロジェクトを完了するために、エンジニアたちは夜も週末も働いていたが、それでも

予定より遅れていた。彼らが成功する可能性は低かった。製品が予定どおりに発売されたのは、事業部でこれまでたった一度きりだったからだ。エンジニアたちは「すべての要求に応じる時間もなく、ストレスに苦しみ、疲労困憊《こんぱい》していた」と、ハーバード大学のレスリー・パーロウ教授は書いている。

　エンジニアたちは自己犠牲のパターンに陥っており、同僚の問題を解決しようとしょっちゅう手を貸していた。あるエンジニアはこう話している。「仕事をしていて一番イライラするのは、しょっちゅう他人を助けなければならず、自分の仕事ができないことです」

　別のエンジニアはこう嘆いている。「対応のよさを心がけているせいで、対応に時間をとられてしまい、自分の仕事が終わらない」

　ある典型的な一日、アンディというエンジニアは朝八時から夜八時十五分まで働いた。午後五時を過ぎてようやく、アンディは自分の本来の仕事にとり組むための、二十分以上のまとまった時間をとることができた。自分の仕事を終えるために時間を捻出《ねんしゅつ》しようとして、アンディのようなエンジニアは朝早くに出勤し、夜遅くまで会社に残っていた。

　だがこれは、一時的な解決策にすぎなかった。エンジニアが夜遅くまで働いても、その分、邪魔が入るだけだったからだ。

　エンジニアは自分の仕事を思うように進められないまま、より多くの時間を人にとられており、これが心身を消耗させていた。

　パーロウ教授は、こうした自己犠牲タイプのギバーを他者志向のギバーに変える方法を思い

ついた。バラバラに与えるのではなく、まとめて与えることを提案したのである。

パーロウ教授はエンジニアたちと協力して、静かに過ごす時間帯と人と交流する時間帯とをつくった。いくつかの異なるスケジュールで試してみたあと、静かに過ごす時間を週に三日、午前中から正午まで設定することにした。この時間は、エンジニアは一人で仕事をし、同僚は邪魔ができない。ただし、それ以外の時間だったら、自由に助けやアドバイスを求めていいことになった。

パーロウ教授が、静かに過ごす時間について、エンジニアに感想を求めると、三分の二の人が平均以上の生産性を維持できていると答えた。そのあとまる一カ月間、エンジニア自身に時間管理を任せたところ、四七パーセントの人が平均以上の生産性を維持できていた。人助けの時間をまとめたことで、エンジニアたちは時間とエネルギーを温存して自分の仕事をやり終えることができるようになったのだ。

あるエンジニアの談によれば、静かに過ごす時間をつくったおかげで、「それまで夕方遅くに先送りしていた活動を、日中にできるようになった」という。

三カ月後、エンジニアたちはレーザープリンターを予定どおりに発売することができ、これは事業部で二度目の快挙だった。事業部の副社長によれば、成功できたのは、静かに過ごす時間と与える時間を分けたおかげだという。「そうでなければ、締め切りに間に合わなかったでしょうね」

「百時間ルール」を決めておく

ショーン・ハガーティは、投資信託会社「バンガード」の投資マネジメント部長だ。ショーンは教育への情熱を長年もち続けている指導者で、毎年少なくとも一週間、バンガードの社内大学で従業員を指導するボランティアをしている。

人材管理担当者が勤務時間を数えたところ、ショーンはかなりの時間を後進指導に費やしていた。これでは働きすぎではないかと心配になったが、ショーン自身もそれを自覚していた。

「一日の仕事の配分を考えると、かなりの肩入れでした」

ところが指導時間を減らすどころか、ショーンは逆に増やしてくれるよう頼んだのである。

「私がしていることのなかで、もっとも意味があることの一つでしたから」

より長い時間教えれば教えるほど、パワーがみなぎってくるのが感じられ、ついに指導期間は倍になり、社内大学でのボランティア活動は年間百時間を超えた。

百時間というのは、「与える」うえでのマジックナンバーのようだ。六十代半ばのオーストラリア人男性二千人を調査した結果、年間百〜八百時間ボランティア活動をしている人は、年間百時間未満、もしくは八百時間以上ボランティア活動をしている人よりも、幸福度と人生への満足度が高かった。ところが、ボランティア活動も百時間を超えると、まったく意味をもたらさなかった。これが、**ボランティア活動の「百時間ルール」**なのだ。**このラインを限度に設**

定しておけば、大きなパワーが得られ、疲労感がもっとも少ないのである。

年間百時間は、割ると、週わずか二時間だ。調査では、週二時間のボランティア活動をはじめれば、一年後には幸福度、満足度、自尊心が高まっていることがわかっている。いままで経験したことのない分野での週二時間なら、負担になることもなく、成果に違いも出てくる。

これはまた、ボランティア活動がもっともバランスがとれ、与える側と受けとる側の双方に利益になる限度でもあるようだ。国が行なった調査で数千人のカナダ人が、年間のボランティア活動時間と、ボランティア活動から新たな技術的・社会的・組織的知識やスキルを獲得できたかどうかについて報告した。すると、週二、三時間のうちは、着実に知識やスキルを得ていたが、週五時間以上になると、ボランティア活動の見返りは少しずつ減り、一時間増えるたびに、学べることが減っていったのだ。そして週十一時間を超えると、時間を増やしたところで新しい知識もスキルももはや学べなくなったのである。

先のコンリーがＴＦＡ教師を指導するボランティアをはじめた当初、年間約七十五時間を割いていた。高校生のための非営利組織マインズ・マターを立ち上げると、それが百時間を超えた。ちょうどこのころ、コンリーが気力を回復したのは、おそらく偶然の一致ではないだろう。しかし重要なのは、時間の量だけではなかった。コンリーはバンガード社の投資マネジメント部長ショーンと同様に、まとまった時間で与える方法を使っており、それこそが、自己犠牲のギバーと他者志向のギバーとの決定的な違いなのである。

ショーンは、バンガード社の大学でより多くの時間教えるにつれて、人の役に立てるチャン

スをいっそう望むようになっていった。「微力ながら、社内大学を、私がはじめてかかわったときよりもよい場所にしたかったんです」とショーンはいう。

そして、どのようにすれば世界をよくすることができるか、自問しはじめた。さまざまなやり方について考えているうちに、自由時間の使い方のあるパターンに気づいた。

ショーンは教育関連の新たなプログラムを二つ立ち上げた。プログラムの一つは「クラスルーム・エコノミー」という名称で、ショーンと同僚はこのプログラムを通じて、アメリカ中の幼稚園でお金の管理の基礎を教えている。もう一つのプログラムは「チーム・バンガード」で、これは地元の大人を対象にしたものだ。二つのプログラムの運営は従業員がボランティアで夕方、週末、昼休みの時間を使って生徒の指導に当たるようにした。

「どちらのプログラムにもかなりの時間を投入していますが、気力の回復という意味ではものすごくプラスの影響がありますね。ボランティアをする時間がないと悩んでいるシニアスタッフにも知ってほしいことです。確かに時間的にキツいと感じることはありますが、ボランティア活動を通じて、私を含め、もっとみんなが献身的になれると思っています。社会貢献に関心をもつきっかけになってくれればいいですね」

ショーンが根っから自己犠牲タイプのギバーだったら、自分自身の関心や熱意の程度に関係なく、義務感から多くの目標にエネルギーを分散していたかもしれない。しかしそうしないで、ショーンは他者志向のアプローチをとり入れ、まとまった時間で与えて、自分が情熱をもっている目標、すなわち、〝教育〟に集中させたのである。

「自己犠牲」から「楽しみ」へ

心理学者のネッタ・ウェインスタインとリチャード・ライアンは、与えることによって気力が回復するのは、義務感からするのでなく、楽しく有意義だと感じる場合にかぎることを証明した。

ある実験で、被験者に二週間にわたり毎日、何らかの与える行動をとってもらい、それによって誰かを助けることができたか、あるいは有益な目標のために役に立てたかどうかについて報告してもらった。同時に、なぜそうしようと思ったのか、その理由も述べてもらう。目的意識があって楽しいから人助けをした日もあったが、その一方で、義務感でやった日もあった。そうしなければ、自分がひどい人間のように思えたからだ。さらに毎日、どのくらい元気が出たかも教えてもらう。

ウェインスタインらは、被験者の気力の変化を測定した。人助けそのものは、気力の高い低いに影響をおよぼしていなかった。他人を助けた日のほうが、助けた日に比べて幸福度の低い日もあったからだ。

それよりはるかに重要だったのは、「人助けをする理由」だったのである。目的意識をもって楽しいから人助けをした日は、かなり元気が増したように感じていた。この理由から人の役に立つことをすると、自律心や達成感、他人との結びつきが高まるため、元気が出るのだ。

消防士と寄付金集めのオペレーターを調査したときも、同じパターンが発見できた。ただの義務感からではなく、喜びと目的意識から自分のエネルギーと時間を与えたときのほうが、はるかに一生懸命、かつ長時間働くことができたのである。

コンリーにとってまさにこれが、オーバーブルック高校で教えることと、マインズ・マターやＴＦＡでボランティア活動をすることとの決定的な違いなのだ。

高校では、人のために何かをすることは「義務」だった。ケンカをやめさせるのも、秩序を保つのも、やる気がないまま授業をするのも、すべては仕事だからと堪えていたにすぎない。

それに対し、ボランティアの仕事では、楽しいから人のために何かができる。成績優秀だが恵まれない生徒を助け、まだ経験の浅いＴＦＡ教師を育てることが楽しくてたまらない。これは、与えることを他者志向にするもう一つの方法である。それは自分の「コアバリュー（倫理的価値基準）」とぴったり合っており、熱意もわく。

学校の教室にもそのエネルギーがおよんだおかげで、モチベーションを維持するのに役立った。ただし高校では、さっぱり楽しくないやり方で義務的に教えざるをえなかった。

では、義務感をものともせず、コンリーはどうやってやる気を維持したのだろうか。

ストレスの多かったある週、コンリーは生徒に授業を理解させるのに悪戦苦闘していた。

「教室は手がつけられないほどめちゃくちゃで、私はもうヘトヘトでした」

たまりかねたコンリーがサラという同僚に助けを求めたところ、サラは、自分の生徒にウケたある課題をすすめてくれた。生徒にモンスターの絵を描かせて、フィラデルフィアの街に解

き放つというストーリーを考えさせるのだ。生徒はそれぞれモンスターの絵を描き、それが登場するストーリーを書き、「指名手配」の広告をつくり、人びとに用心するよう呼びかけた。

これこそ、コンリーが必要としていたきっかけだった。「十分間、ざっくばらんにおしゃべりしたおかげで、授業をするのがぜん、楽しくなったのです。生徒と楽しい時間を過ごせて、それをきっかけにカリキュラムにももっと身を入れられるようになりました」

コンリーの行動は当たりまえのことに思えるかもしれないが、調査では、自己犠牲タイプのギバーの振る舞いとしてはかなり珍しいことがわかっている。自己犠牲のギバーは、「支援を受けることに居心地の悪さを感じる」と医学研究者のハイジ・フリッツは書いている。

彼らは助ける側の役割に徹しているので、他人に負担や迷惑をかけたがらない。前述の研究者フリッツとヘルゲソンは、**自己犠牲タイプのギバーは他者志向のギバーより助けを受けることがはるかに少ないのを発見しており、そしてそれは、精神的にも肉体的にもダメージをおよぼす**ことがわかっている。

また、燃え尽き症候群の専門家マスラークらも、社会的支援の欠如が燃え尽きにつながると結論づけている。

それとは対照的に、他者志向のギバーは、自分自身の幸せを守ることの大切さを理解している。いまにも燃え尽きそうになると、他者志向のギバーは人に助けを求め、やる気や気力を維持するのに必要なアドバイスや、協力を仰ぐ。

三十年におよぶ研究から明らかになっているのは、**周囲からサポートを受けることこそ、燃**

え尽き防止の強力な特効薬だということだ。「教師のサポートネットワークに助けてもらうことはとても大切だと思います」とコンリーも認めている。

だがコンリーの高校には、教師のサポートネットワークがなかった。では、コンリーはいったいどこでそれを見つけたのだろうか。それは、人助けをしたおかげであった。

何年ものあいだ、専門家は、ストレス反応にはある選択――「ファイト・オア・フライト（闘争・逃走）反応」（危機が迫ったときに、その場に留まって戦うか、その場から逃げるかというストレス反応）――が関係していると考えていた。燃え尽きると戦う気力がなくなるので、おのずと逃げるしか手がなく、ストレスの原因を避けることによって物事に対処しようとする。

燃え尽き症候群の専門家ジョナサン・ハルベスレーベンとマシュー・ボウラーは、二年以上にわたりプロの消防士を調査した。案の定、消防士は燃え尽きはじめると、勤務評定が下がった。業績や地位に対する関心が薄れるので、その結果、仕事に投入する努力が減り、パフォーマンスが低下するのである。

ところが驚いたことに、すべての努力が減ったわけではなかったのだ。彼らがただ一つ、努力を「増やした」分野があったのだ。それは、人助けである。

燃え尽き症候群の徴候を自覚した消防士は、以前よりも、大量の仕事を抱える同僚を助け、管理者と新しい知識を共有し、後輩にアドバイスをし、同僚のグチにさえ耳を傾けるようになったのだ。なぜ燃え尽きると、与えることが増えたのだろう？

カリフォルニア大学ロサンゼルス校の心理学者シェリー・テーラーは、ファイト・オア・フライト反応とは異なるストレス反応を発見した。テーラーはそれを**「テンド・アンド・ビフレンド（世話し、味方する）反応」**と呼んでいる。「人間のストレス反応でもっとも印象的な側面の一つは、結束する傾向である。すなわち、危険が迫っているときには、寄り集まってグループをつくり、共同で保護し合うのだ」

テーラーの神経科学調査では、人がストレスを感じると、脳は人と緊密に結びつきたいと思わせる化学物質を放出するという。これこそ、消防士がとった行動なのだ。

消防士は疲れ果てると、かぎられたエネルギーを、同僚を助けることに注ぎ込んだ。直感的に、与えることが関係を強化し、自分への支持を確立すると知っていたのだろう。これはすべてのギバーに当てはまるが、実際に利用しているのは他者志向のギバーだけである。

コンリーはストレスに苦しんでいたとき、「世話し、味方する」ことでサポートネットワークを築いた。ＴＦＡ教師と勤務先の後輩教師の指導をはじめたのは、疲労がピークに達したころで、その一人がサラだった。

指導のなかで、コンリーがサラに教えた課題の一つが、くだんの「モンスターの課題」だったのである。コンリーもサラも、そのことをすっかり忘れていた。そして、サラに助けを求めたときにやっと思い出したのだった。

サラのアドバイス自体も役に立ったが、同時に、コンリーは自分の影響力も実感することが

できた――何しろ、自分が教えた課題が、サラの生徒に大ウケしたのだから。

他者志向のギバーはサポートネットワークを築いて、助けが必要なときに頼ることができる。

これが、まとめて与えることとともに、他者志向のギバーが自己犠牲をしているギバーよりも燃え尽きにくい理由なのである。

まるで「心の筋肉」を鍛えるように

数年前、オランダの心理学者が百人の医療従事者を調査した研究がある。医療従事者が患者に与えている時間とエネルギーの量を記録し、どのくらい疲弊しているかを報告してもらった。

一年後、心理学者は再度、医療従事者の奉仕する行為と燃え尽き症候群の関係を分析した。案の定、医療従事者が与えていればいるほど、それだけ翌年に燃え尽きやすかった。自己犠牲をして人助けをした人びとは、燃え尽きる割合がもっとも高く、受けとるよりもはるかに多くを与えており、そのせいでヘトヘトになっていた。

一方で、マッチャーやテイカーたちは、燃え尽きる割合がはるかに低かった。

ところが奇妙なことに、オランダの心理学者は別の調査で、医療従事者のなかに燃え尽き症候群に対して免疫をもつ人びとがいることを発見したのだ。

彼らは、かなりの時間とエネルギーを与えても、疲れ果てることがなかった。この立ち直り

の早い医療従事者は、他者志向のギバーであった。

彼らは、他人を助けるのが楽しくて、自分から進んでそうするが、いざというときは助けを求めることもいとわない。他者志向のギバーは、与え続けるだけのエネルギーがないマッチャーやテイカーより、燃え尽きる割合がかなり低かった。

この調査は、ある意外な可能性を指摘している。つまり、自己犠牲タイプのギバーは、マッチャーやテイカーより燃え尽きやすいが、他者志向のギバーはひょっとしたら、もっとも燃え尽きにくいかもしれないということだ。

その理由の一部は、ノースウェスタン大学の心理学者、エリザベス・シーリーとウェンディ・ガードナーによる研究で明らかになっている。この研究では、被験者が、気力がなくなるようなつらい作業にとり組んだ。

たとえば、こう想像してみてほしい。空腹の状態で、おいしそうなクッキーの皿をじっと見つめているとする。しかし、食べたいという衝動を我慢しなければならないのだ。気力を使い果たしてからも、被験者はできるだけ長くグッとこらえた。標準的な被験者は二十五秒もちこたえたが、一方で四〇パーセント長く、三十五秒もちこたえた別のグループがあった。まれに見る高いエネルギーをもつ被験者は、アンケートで「他者志向」のスコアが高かった。この他者志向の人びとはギバーとして行動していた。

ほかの人を助けるために、利己的な衝動を常に抑えているので、精神的な筋肉が強化され、

つらい作業で気力を使い果たしても疲労困憊することがないのである。

この考えを裏づけるように、ほかの研究でも、ギバーは自分の思考、感情、振る舞いをコントロールするのが得意なことが明らかになっている。

筋力トレーニングを積んでいるうちに、だんだんと筋肉が鍛えられるように、気力も鍛えられていくのかもしれない。これがギバーに起こることなのだ。

それは大金持ちになるための「一番の近道」

ユタ州に住む七十五歳のある男性は、他者志向のギバーは立ち直りが早いことをよく知っている。男性の名はジョン・ハンツマン・シニア。パート2で、会社の年次報告書に載った彼の小さな写真と、ケネス・レイのデカデカとした写真とを見比べてみたのを覚えているだろう。

一九九〇年、ハンツマンはある化学工業会社のＣＥＯと企業買収の交渉をしていた。ところが交渉のさなか、たまたまそのＣＥＯの妻が亡くなった。

ハンツマンは身につまされ、これ以上せっつくのはやめることにした。「取引の最後の二〇パーセントあたりで手を打つことにしたのです。あと二億ドル（約二百億円）ぐらいは取引からかき集められたでしょうが、彼の精神状態を考えるとできませんでした。それでも満足のいく取引ができたと思っています」

ハンツマンにとって、ＣＥＯへの同情は本当に二億ドルの価値があったのだろうか。信じら

れないことに、ハンツマンが交渉で大金を逃したのは、これがはじめてではなかった。

その四年前の一九八六年、ハンツマンはエマソン・カンペンというCEOと、ある口約束をした。自社の一部門の四〇パーセントを、カンペンに五四〇〇万ドル（約五十四億円）で売る約束をしたのだ。法的手続きが遅れたせいで、この契約が文書化されたのは六カ月後のことだった。

そのときには、ハンツマンの会社の収益は急上昇していた。その部門の四〇パーセントは今や、二億五〇〇〇ドル（約二百億円）の価値があったのである。するとカンペンが電話で、差額の半分を支払おうともちかけてきた。当初の約束の五四〇〇万ドルではなく、一億五二〇〇万ドル（約百五十億円）を支払おうというのだ。当初の合意額のほぼ三倍が、ハンツマンに転がりこもうとしていた。

ところが何とハンツマンは「いらないよ」といったのである。五四〇〇万ドルで十分だったからだ。カンペンは耳を疑った。「何ですって⁉　それじゃ、あなたが損してしまう！」

ハンツマンはカンペンとの約束を尊重したのである。弁護士が当初の売買契約を起草していなかったとしても、六カ月まえに口頭で合意に達し、握手しているのだ。ハンツマンは五四〇〇万ドルでサインし、上乗せ分の九八〇〇万ドル（約九十八億円）をフイにした。

一九七〇年、ハンツマンは化学工業会社を設立し、その会社は現在、世界最大手として業界に君臨している。成功した起業家に贈られる賞「アントレプレナー・オブ・ザ・イヤー」の受賞者で、世界各国の大学から一二以上の名誉博士号を授与されている。富豪でもあり、『フォー

ブズ』誌（アメリカの経済誌で、毎年三月に世界長者番付を発表している）の世界長者番付に名を連ねたこともある。

その取引での決断からわかるように、ハンツマンもやはりギバーだが、そのギバーぶりはビジネスの場だけにとどまらない。

一九八五年から、ハンツマンは慈善事業に本格的にかかわっており、過去、少なくとも一〇億ドル（約一千億円）以上を寄付してきた。

また、三億五〇〇〇万ドル（約三百五十億円）を投じて、世界レベルのハンツマンがんセンターを設立し、この功績によって慈善関係の大きな賞をいくつも授与されたほか、アルメニア地震被災者救済、教育支援、ドメスティック・バイオレンスおよびホームレス問題の撲滅のためにも多額の寄付をしている。

もちろん、アメリカでは裕福な人びとの多くが寄付をしているが、その並はずれた入れ込みようで際立っている。

二〇〇一年、化学業界は不況により大打撃を受け、ハンツマンもかなりの富を失った。多くの人が、景気が回復するまで寄付を減らすことにしたのに対し、ハンツマンは型破りな決断を下した。私的に数一〇〇〇万ドルを借り入れて、その後三年間にわたり、約束を果たして慈善事業に寄付し続けたのである。

ハンツマンは、「金持ちになった人が社会にお返しをする」典型例のように見える。だがハンツマンは、金持ちになったからギバーになったわけではないらしいのだ。

ハンツマンは、**ギバーだから「金持ちになれた」**と考えている。
寄付の誓約のなかでこう書いている。「慈善活動をしようと思ったのは、子どものころ、自分の存在理由は人を助けることだと自覚してからのことです。社会にお返しをしたいという思いから、ビジネスの勉強を続け、その学問を活かして包装製品をあつかう会社を成功させ、その経験を利用して化学工業会社を成長させたのです」

一九六二年には、「がん患者を救えるような、自分の事業を立ち上げたい」と妻に話していた。ハンツマンは両親をともにがんで失っており、自分自身も三度がんを克服していた。がん治療はハンツマンの本質に深く染み込んでいる。

ハンツマンがビジネスの才覚に恵まれていたことは間違いない。それでも彼は、裕福になれたのは、「寄付」したおかげだと主張する。寄付するからこそ、もっと懸命に働いて、もっと稼ごうという気になるのだという。

著書『賢いバカ正直」になりなさい』(英治出版)のなかで、ハンツマンはこう書いている。
「これまでの人生で、経済的にもっとも満足のいく瞬間は、大きな契約を結んで舞い上がったことでも、そこから利益をものにしたことでもない。それは、困っている人を助けられたことである。与えれば与えるほど、ますます気分がよくなる。気分がよくなればなるほど、ますます与えることが容易になっていくのだ」

これは、他者志向のギバーが「気力の筋肉」を鍛え、与えることをより容易にするという考えを発展させたものだが、ハンツマンがいうように、「お金を与えることでお金を稼ぐ」こと

は果たして可能なのだろうか。驚くべきことに、彼の主張を裏づける証拠がある。

経済の専門家であるアーサー・ブルックスは、収入と寄付金との関係を調査した。二〇〇〇年時点のアメリカ人約三千人のデータを利用し、収入と寄付金に影響を与えそうなすべての要因（学歴、年齢、人種、宗教、政治信条、婚姻関係の有無）なども考慮された。

予想どおり、収入が高いほど、寄付する額も多くなった。収入が一ドル増えるごとに、寄付金は〇・一四ドル上昇したのである。

ところが、それよりはるかに興味深いことが明らかになった。何と、寄付金が一ドル増えるごとに、収入が三・七五ドル高くなったのである。

確かに、与えることで人びとは金持ちになっているようだった。

たとえば、こう想像してみてほしい。あなたと私の年収はどちらも六万ドル（約六〇〇万円）である。私は慈善事業に一六〇〇ドル（約十六万円）寄付する。一方、あなたは二五〇〇ドル（約二十五万円）寄付する。あなたのほうが九〇〇ドル（約九万円）多く寄付したわけだが、調査結果が示すところによれば、翌年には私より三三七五ドル（約三十三万円）多く稼ぐことになるのだ。意外に思えるかもしれないが、**より多く与える人は、より多く稼ぐようになる**のである。

心理学者のエリザベス・ダン、ラーラ・アクニン、マイケル・ノートンが調査を行ない、被験者に朝、自分の幸福度を評価してもらい、続いて、思いがけない贈り物――二〇ドル（約二

千円）入った封筒――を渡した。

ただしルールが一つだけあり、それは、二〇ドルを午後五時までに使わなければならないことだ。そのあと、被験者は再び幸福度を評価した。二〇ドルを自分のために使った人と、ほかの人のために使った人の、どちらがより幸福度が高かっただろうか。

たいていの人は、自分のために使ったほうが幸福度が高いだろうと考えるが、それは間違いだ。実のところ、**自分のためにお金を使っても、幸福度は変わらなかったが、ほかの人のために使った人は、幸福度がかなり上がった**と報告しているのだ。

これは他者志向の与え方であり、助ける相手を自分で選んでいるから、気分がよくなるのである。

経済の専門家はこれを「倫理的満足感」と呼び、心理学者は「ヘルパーズ・ハイ」と呼ぶ。最近の神経科学の証拠では、与えることによって脳の報酬中枢が活性化することがわかっており、人の利益のために行動すると、そこから喜びや目的意識などの信号が伝達されるのだという。

こうした恩恵は寄付だけに留まらず、人のために時間を割いたときにも得られる。

二十四歳以上のアメリカ人二千八百人を対象にしたある調査において、ボランティア活動をすると一年後、幸福度、人生への満足度、自尊心が高まり、うつ病が軽減したのである。ボランティア活動をしていた六十五歳以上の人の場合、八年間にわたり、うつ病が減少した。

ほかの研究でも、ボランティア活動をしたり、人を支援したりしている高齢者は実際、長生

きすることが確認されている。

　ある実験で、成人の被験者を二つのグループに分け、一つのグループは赤ん坊にメッセージを伝え、もう一つのグループは自分がほかからメッセージを受けとった。

　すると、メッセージを伝えたほうの被験者はストレス・ホルモンのレベルが、メッセージを受けとった被験者より低下していた。人に何かをしてあげることは生きがいをもたらし、自分自身の問題から目を逸《そ》らさせ、人から評価されていると感じさせるようだ。

　そしてそれに続く幸福感が、人をより長時間がんばらせ、やりがいのある目標を立てさせ、より効果的に働こうという気にさせるのだ。要するに、幸福を感じている人は、より多く稼ぎ、勤務評定が上がり、よりよい決断を下し、うまみのある取引ができ、組織に貢献できるというわけだ。

　こうしたことが、他者志向のギバーが燃え尽きにくい理由だ。

　自己犠牲タイプのギバーはその蓄えを使い尽くし、ヘトヘトに疲れ果てて、成功の階段の一番下に転げ落ちるが、他者志向のギバーは元気になるような与え方をするから、成功の階段の頂上にたどりつく。

　これこそ、本パートの249ページの引用のなかで、ノーベル経済学賞受賞者の故ハーバート・サイモンが述べていることである。

PART 7

気づかいが報われる人、人に利用されるだけの人

——「いい人」だけでは絶対に成功できない

「善いことをすると必ず罰せられる（正直者はバカをみる）」
クレア・ブース・ルース（編集者、劇作家、米下院議員）

踏みつけられる人、大事にされる人

リリアン・バウアーは、ハーバード大学卒で名門コンサルティング会社（会社の経営などについて相談を受け、助言を行なう企業）の優秀なマネジャーだった。

この会社を退職したあとハーバード大学でＭＢＡを取得すると、同じ会社から再び誘われた。期待の新星としての評価は高く、予定よりかなり早く昇進するはずだったが、「いい人すぎる」という噂が広まりはじめると状況は一変した。

昇進は六カ月延期され、顧客や同僚にもっと「ノー」といわなければダメだと、はっきり意見された。そして一年後も、まだ昇進できていなかった。

バウアーには人の役に立ちたいという強い思いがあり、ＮＰＯで数年間、女性が事業を立ち上げ、成長させるのを支援していた。そこでは小額融資プログラムを導入し、低所得の女性が自分の会社をはじめるための道を拓《ひら》いた。

たとえば、美容院を開業するための資金を必要としていたある女性は、二つの銀行に融資を断られた。そこでバウアーはこの女性と協力して、事業計画と財務諸表を強化したところ、いずれの銀行も極めて低利で融資してくれることになった。

コンサルティング会社では、何時間もかけて新入社員を指導し、同僚に専門的なアドバイスをし、後輩がビジネススクールに留学するのをあと押ししていた。「人の力になりたいの

です。自分の一時間を使って、人に十時間を節約させることができるなら、あるいは、そうする以外では手に入らないチャンスを与えることができるなら、十分、元がとれますし、さらにもう一時間提供してもかまいません」という。

バウアーは頭がよく有能で、やる気にあふれていたが、あまりに人のことを考えすぎていたために、自分の評価や生産性を危うくしていた。「どんなことにも、けっしてノーといわない人ですね」と、ある同僚はいう。「あまりに気前よく自分の時間を割いたので、お人好しすぎると思われてしまったんです。それで、パートナー（コンサルティング企業においての最高ランクの役職）への昇進が延び延びになってしまった」

勤務評定で、バウアーはもっと自分のことを考えたほうがいいといわれた。コンサルティング会社のパートナーに求められる、押しの強さに欠けていたからだ。周囲の人びとの育成に時間を使いすぎていたうえ、顧客に入れこむあまり、その要望を満たそうとあらゆる努力をしていた。その結果、バウアーには「顧客に悪いニュースを伝えたり、顧客の議論の方向性を正さなければならなかったりする場合にふさわしい、押しの強さがない」と思われていた。バウアーにとって、ギバーであることがキャリアの障害になっていたのである。

バウアーの経験を反映するもので、マネジメント研究の教授、ダイアン・バーゲロン、アビー・シップ、ベン・ローゼン、ステイシー・ファーストは、大手コンサルティング企業に勤める三千六百人のコンサルタントを調査した。教授らは、各コンサルタントが会社で一週間のうち何時間、新入社員を助け、後輩のコンサルタントを指導し、同僚と情報や専門知識を共有

したかを記録し、そこから「与える行動」をコード化した。毎週の与える行動を一年間記録したあと、研究者は各コンサルタントの給与、成長の速度、昇進に関するデータを手に入れた。

ギバーはこの三つすべての測定基準で最低だった。昇給率はかなり低く、仕事の進歩も遅く、昇進率も低かった。ギバーの昇給率は平均九パーセントで、それに対し、テイカーは一〇・五パーセント、マッチャーは一一・五パーセントだった。管理職に昇進できたギバーは六五パーセント以下で、それに対し、テイカーは八三パーセント、マッチャーは八二パーセントだった。これは、バウアーにはおなじみのパターンだった。「私に問題があるとすれば、たぶんお人好しなことでしょう。自分のことより他人を優先してしまうので」


一方、ニューヨークの会計事務所デロイト・コンサルティングでは、ジェーソン・ゲラーもやはり、早々とパートナーへ昇進しようとしていた。ゲラーがコンサルティング業をはじめたころ、会社はＥメールを利用するようになったばかりで、体系化された知識管理プロセスがなかった。つまり、コンサルタントが収集した特定の業界や顧客に関する情報を、蓄積・検索できるシステムがなかったのだ。

そこでゲラーが中心となって、情報を収集し、組織記憶（組織共有情報）を構築したのである。この知識管理システムは、ゲラーの脳となり、そしてハードディスクとなった。同僚はそれを「Ｊ・ネット」、すなわち「ジェーソン・ネットワーク」と呼ぶようになった。そして何か聞きたいことができたり、情報が必要になったりすると、ゲラーを頼るようになったのである。

自分で調べるよりもゲラーに聞いたほうが手っとり早かったし、いつも快く頭のなかか、増え続けるデータベースから情報を分けてくれたからだ。J・ネットをつくったのは、誰から頼まれたわけでもなかった。そうすべきだと思ったから、そうしただけの話だった。

コーネル大学を卒業してからずっと、ゲラーはデロイト社に勤めており、その途中にコロンビア大学でMBAを取得した。ゲラーは恩師に心から感謝していた。マッチャーなら、恩師にお返しする方法を探しただろう。しかし先のバウアー同様、ギバーであるゲラーは、「恩送り」をしたいと考えていた。「それが当たりまえでしょう。人が私のためにわざわざチャンスをつくってくれたわけですから、今度は私がほかの人のために必死でチャンスをつくってあげる番ですよ」

ゲラーはどの新入社員にも、自分にできることなら何でも支援してあげようと申し出ている。デロイト社でパートナーに昇進するには、普通十二〜十五年かかる。ゲラーはわずか九年という異例の早さでこれをなし遂げた。弱冠三十歳にして、デロイト社史上もっとも若いパートナーの一人となったのである。

あるアナリストはこういっている。「ゲラーは信じられないほど忙しいのに、アナリストと定期的にミーティングを開き、その時点で直面している問題を解決する手助けをしてくれるのです」

ゲラーは自分の業績を認めたがらないが、ためらいがちに「寛大であることが、仕事でうまくいっている理由かもしれませんね」と認めた。

バウアーとゲラーはどちらもギバーだが、二人が行きついた結果はまったく異なっていた。なぜバウアーのキャリアは行き詰まり、なぜゲラーのほうは出世が加速したのだろうか。

それはバウアーが女性だったからだろうと思うかもしれないが、性別は重要な差異ではない——少なくとも、これまで一般に使われてきた意味では。バウアーは人とつき合ううえで、**男女を問わず多くのギバーを悩ませている三つの罠《わな》——信用しすぎること、相手に共感しすぎること、臆病になりすぎること**——に陥ったのだ。

この章では、ゲラーのような成功するギバーはどのようにしてこうしたリスクを回避するのか、また、バウアーのようなギバーは、もっと他者志向になることで、どのようにすればこうしたリスクを克服できるようになるかを紹介していきたい。

「愛想のよさ」ほど当てにならないものはない

パート1で、ピーター・オデットというオーストラリア人ファイナンシャルアドバイザーが、金属リサイクル業の顧客を訪問し、成功を収めたのを覚えているだろうか。

だがそのずっとまえ、他者志向のギバーになる方法を見つけ出す以前、ピーターはテイカーに食い物にされたことがあったのだ。二十二歳のとき、ピーターはファイナンシャルアドバイザーの仕事をはじめた。勤めていたのは競争の激しい会社で、この会社は、仕事を引退した人をターゲットにした保険部門を立ち上げようとやっきになっていた。ピーターの週給はわずか

四〇〇ドル（約四万円）で、最低賃金だった。三年近く勤めたが、これまでの人生のなかでもっともみじめな時代だった。「当時の上司は強欲そのもの。けっして部下の功績を認めず、いつも自分の手柄にするようなね」

ピーターはいいように使われ、週末も働いて何一〇万ドルという年間収益をあげたが、受けとれたのはそのほんの一部分だけだった。ついに、ピーターは勇気を出して、週給を五〇〇ドル（約五万円）に上げてくれるよう求めた。上司は最後には承諾したが、給与システム自体を変えることは拒んだ。そのためピーターは毎週、上司のところに昇給分の一〇〇ドルをもらいに行かなければならなかった。

「あれほど一生懸命働いていたのに、あんなみじめな目にあって、私はすっかり自信を失ってしまいましたし、怒りで気が狂いそうでした。ギバーが手強いテイカーと仕事をすることになったら、生き延びるのは不可能です。あの上司は、社員の私をズタズタにしたんだ、二度と誰のためにも働かないぞと心に決めました」

ついにピーターはファイナンシャルアドバイザーとして独立起業し、最初の年には、いきなり収入が四倍になった。しかし五年後、ピーターはまたしても別のテイカーに食い物にされたのである。

それが、仕事もあまりできない同僚のブラッドという男であった。

ブラッドが転職することになり、翌週から別の会社に勤めることが決まると、ピーターに頼み事をしてきた。離職まで二日間しかないが、自分の顧客を買ってくれないかというのだ。

ピーターはブラッドを信用し、二つ返事で引き受けた。そしてブラッドの顧客を買い、徐々に信頼関係を築いて、彼らの財務上の問題を解決するのを手伝った。

数年後、突然ピーターの顧客が減りはじめた。奇妙なことに、離れていったのはすべて、ブラッドの元顧客だった。実は、ブラッドがファイナンシャルアドバイザーの仕事を再開し、ピーターに売った顧客を一人残らず呼び戻そうとしていたのだ。ブラッドは顧客に自分が別の会社で仕事をはじめたことを知らせ、ピーターに満足していなければ、自分に乗り換えてもかまわないと伝えていたのである。こうしてブラッドは、ピーターに一銭も支払うことなく、顧客の多くを盗みとった。おかげでピーターは、約一万ドル（約百万円）の損失をこうむることになったのである。

最初からブラッドがテイカーだと見抜けていれば、ピーターはこんな目にあわなかったかもしれない。これは、ギバーが踏みつけにされやすい理由の一つである。ギバーは、人は誰でも善人だと思う傾向があるので、他人はみんな信用できるという誤った思い込みにもとづいて行動する。

ある研究で、アメリカ人が詐欺、個人情報窃盗といった犯罪の被害者になりやすいかどうかの調査が行なわれた。すると、ギバーはテイカーの二倍も被害を受けやすく、たいていはテイカーを信用したことが原因であることがわかった。あるギバーは寛大にも友人の車のローンの連帯保証人になったのだが、友人はこのギバーの個人情報を悪用してクレジットカードを三枚つくり、五年間で二〇〇〇ドル（約二十万円）以上を使い込んだ。

嘘に引っかかったり、食い物にされたりするのを避けるには、本物のギバーと、テイカーや詐欺師を見分けることが重要だ。成功するギバーになりたければ、自分の身を守るために、人を操って利用しようとしている人間を見抜かなければならない。

しかし、パッと見ただけでわかるのか。たいていの人は、瞬時にギバーとテイカーを見分けられると思っているが、実際は当てにならない。

人はどんな場合でも「瞬時の判断」を誤るといっているわけではない。作家のマルコム・グラッドウェルが著書『第1感』（光文社）で明らかにしているように、人のとっさの判断の多くは驚くほど正確だ。ひと目見ただけで、熱血教師や外向的な営業マン、互いに軽蔑《けいべつ》し合っている夫婦を見抜けることはよくある。

ところが、本物のギバーを見分けるとなると、かなりの苦戦を強いられる。多くの場合、**我々は人柄を示すものに頼るが、こうした手がかりを当てにすると惑わされる**ことがある。

五十年におよぶリサーチで、心理学者は、他人との接し方でわかる人格の特徴があることを発見した。これは「愛想のよさ」と呼ばれ、ピーターがブラッドに一杯食わされたのもこれが原因だった。ブラッドのように愛想のいい人びとは、えてして協力的で礼儀正しく見られる傾向がある。人との調和を求め、感じがよく、友好的な印象を与えるからだ。それに対し、無愛想な人びとは、より競争心旺盛で、批判的で、したたかに見られる傾向がある。議論好きで、疑い深く、挑戦的な印象を与えるからだ。

最新の調査では、こうした傾向は、遺伝的要素に大いに影響を受けることがわかっている。

ある研究で心理学者が、愛想がいいとされた被験者と愛想が悪いとされた被験者の脳を、MRIでスキャンした。愛想のいい被験者は、他人の思考、感情、動機を処理する脳の領域——後帯状皮質など——が大きめだった。行動遺伝学者によれば、愛想のよさの少なくとも三分の一、ひょっとすると半分以上は遺伝によるものだという。**愛想がいいか悪いかは、生まれついての資質もある**ようだ。

私たちには、愛想のいい人はギバーで、無愛想な人はテイカーだという固定観念がある。新しく知り合った人が、やさしそうで友好的に見えると、ついつい善人だと思ってしまう。逆に、冷淡で敵対的な印象を与えれば、こちらのことなど気にもかけない人だと思うのだ。しかしこうした判断を下す際、**相手の表面的な態度にばかり注意を払いすぎて、その内側にある肝心なものを見落としてしまう**。

どのくらい与え、どのくらい受けとるかは動機や価値観によって決まるもので、その人の性格とは無関係である。パート1に登場した起業家ダニー・シェーダーはこう説明している。

「感じがいいか悪いかは、その人が自己中心的か他者中心的かということとはまったく関係ない。これらは別個のものであり、正反対のものではない」

とかく見落とされがちだが、**無愛想なギバーもいる**のだ。態度は荒っぽく無作法だが、自分の時間、専門知識、人脈を気前よく与えてくれる。一例として、シェーダーは、ネットスケープ社のマーケティングをとり仕切っていた故マイク・ホーマーの名をあげる。「態度はつっけんどんだったが、心は高潔そのものだった。いざというときには、必ず正しいことをしたし、

信じられないくらい誠実な人だった」

ホーマーの会社の元従業員も、「期待も要求もとてつもなく高い人でしたから、テイカーのように見えました。けれど一日の終わりには、私たちのことをとても気づかってくれる人でもありました。あるとき、ホーマーの期待に添うことができず、厳しく叱られたことがありましたが、翌日にはケロッとして次にどんな仕事をしたらいいか、私にぴったりな仕事は何か、一緒に考えるのを手伝ってくれたんです」という。

ギバーは、愛想のいいテイカー（別名ペテン師）を額面どおりに受けとって、困ったことになる。パート2に出てきたエンロンのレイのように、**テイカーは如才なく、愛想がいいという印象を与えるが、与えるよりはるかに多くを手に入れようとしていることが多い**。相手の真意を見極め、愛想のいいテイカーをペテンだと見抜けるようになることが、ギバーが食い物にされないための防衛策だ。

リサーチでは、**ギバーはマッチャーやテイカーより、直感的に相手の真意を見極め、他人を正確に判断できる**ことがわかっている。ギバーのほうが、人の振る舞いや考え、気持ちに敏感なので、テイカーの手がかりを見つけやすいのだ。また、ギバーはふだんから人を信用しやすく、そのせいで他人のさまざまな振る舞いを見る機会が多いというのも、真意を見極めるうえで有利になっている。

ギバーはテイカーに大損させられることもあるが、寛大さが報われたり、それ以上の見返りを手にしたりすることもある。時間が経つにつれ、ギバーもだんだんと、個人差や、愛想のよ

さと無愛想さのあいだの白黒つけがたい部分に敏感になっていくのだ。
この見せかけと下心の微妙なズレに気づくことができないと、ギバーは踏みつけにされがちだ。最初に惜しみなく与え、疑うことをあと回しにするせいで、相手の真意を見極められなくなるのだ。

前述のコンサルタントのバウアーは、ほぼ誰であろうと、頼まれればスケジュールを空けるのが常だった。顧客に追加の分析を頼まれれば、たとえそれが厳密にはプロジェクトと関係なくても、ていねいに応じていた。後輩のアナリストにアドバイスを求められれば、すかさず自分の時間を犠牲にして予定を空けるのだった。

一方で、デロイト社のゲラーは直感的に、相手の真意を見極められるようなアプローチをとり入れていた。**どの新入社員にも支援を申し出るが、はじめて会話する際には、誰がギバーで誰がテイカーか、注意を払う**のだ。「世界中の新入社員一人ひとりに時間を割くことはできないので、誰が本物で誰が偽物かをかぎ分けようと努めています。何かを学びたいという考えで話しかけてくる人がいますが、彼らはギバーでしょうね」

それに対し、いきなり「シニアコンサルタントになりたいのですが、どうすればいいですか」と聞いてくる人もいる。ゲラーは、こうしたコンサルタントはテイカーと見なす。「自分がとり組んでいることを、私に教えたいだけなのです。現在の予定について延々三十分間話し続けるのは、私に知ってもらいたいからなのです。深みのある質問もできていませんし、中身のないつまらない話です。これでは助けてあげようにも、話を突き詰めることができません」

自分の利益を犠牲にしているうちに、バウアーは一部の人のテイカーとしての振る舞いに気づくようになった。「その人たちはとても利己的で、得られるものは何でも手に入れようとしていましたから、私はもっと計画的に人助けをするようになりました」

バウアーは、質問してくる人とその態度に注意を払うようになり、断る理由をリストにまとめた。相変わらず与えてはいたが、もっと効率的に時間を使うようになり、部下や後輩のためにガイドを作成し、アドバイスのほとんどを文書化したので、テイカーに時間をとられる必要がなくなった。「より戦略的にギバーでいるための方法を見つけました」と、バウアーはいう。

ギバーがみずからのスキルを活かして相手の真意を見極め、潜在的テイカーを見分けるようになると、いつ用心すればいいかがわかってくる。

ただし、すでに手遅れということもある——ギバーがすでにテイカーに忠実である場合がそうだ。

「共感の罠」から抜け出す法

さて、その後ファイナンシャルアドバイザーとして起業したピーター・オデットは、同僚のブラッドに顧客とお金を盗まれるという苦い経験をした数年後、今度はリッチという新しいビジネスパートナーと仕事をしていた。

二人が最初に組んだころ、リッチはとても愛想がよく、熱心で、友好的だった。しかし、あ

る同僚はこう振り返る。「リッチはいい人のように見えましたが、実はテイカーだった。おかげで、ギバーのピーターは、リッチに身ぐるみをはがされてしまいました」

　リッチは、事業の収益にほとんど貢献してもいないのに、三〇万ドル（約三千万円）もの年俸を得ていた。オーストラリアのゴールドコーストに住み、朝はビーチで過ごし、午前十時にオフィスにブラブラ歩いていき、昼間から酒場に入り浸っていた。「ブラッドの一件で、テイカーの怖さを思い知らされていたので、リッチがそれを上回るテイカーであることはわかっていました」とピーターは嘆く。

「私はいつも余分に仕事をしていたのに、リッチは会社の金を湯水のように使っていました。スタッフのことも、顧客へのサービスも、ほとんど気にかけることがなく、会社の雰囲気を悪くしはじめていました。この事業を二人でゼロからここまで築き上げたので、リッチに対する思い入れがあったのですが、彼はそれにつけ込んで、私を利用していたのです」

　ピーターが我慢をしていたのも、ある月曜日、リッチがゴールドコーストに数一〇〇万ドルの家を買ったと告げたときまでだった。リッチはそれに必要な一〇万ドル（約一千万円）を会社の口座から引き出していた。その日の取締役会を、リッチは友人とバーで会うために早退していた。ついにピーターの堪忍袋の緒が切れた。もはやリッチは信頼できないと悟り、取締役会でリッチに責任をとらせると約束した。そうはいったものの、ピーターはまだ踏み切れなかった。気がとがめ、落ちつかない気分だった。

　ピーターは共感の犠牲者だった。共感とは、他人の苦痛を自分も同じように感じるときに経

験する強烈な感情のことだ。共感は、与える行為の重要な原動力だが、人間の弱みの大きな原因でもある。以前の同僚のブラッドが会社に泥を塗って転職を決めたとき、ピーターはその苦悩を思いやり、何のためらいもなく彼の顧客を引き受けてやった。

そして今度は、リッチが会社を追い出されたらどんな気持ちになるか、それを考えるとピーターは気の毒になり、できればそうしたくないと思っていた。

ピーターは、交渉者を対象にした名高い調査で明らかになったことと同じ失敗を犯していた。この調査では、研究者が被験者をペアにして、テレビなどの電化製品の購入について交渉してもらった。交渉したペアの半分は赤の他人で、残りの半分は交際中のカップルだった。ペアのうち、片方は売り手、もう片方は買い手の役割を演じる。予想では、交際中のカップルのほうが交渉はうまくいくとされた。互いの信頼も厚く、より多くの情報を共有しているので、双方が得をする機会を見つけやすいからだ。

ところが結果は、カップルのほうが赤の他人ペアより、共同利益がかなり低かったのである。交渉のまえ、研究者はカップルにどのくらい愛し合っているか尋ねていた。愛情を強く感じていたカップルほど、結果が悪かった。

交際中のカップルは——とりわけ愛し合っている場合——自己犠牲のギバーとして振る舞った。パートナーのニーズに共感し、自分自身の利益をかえりみず、相手が望むものを与えようとしたのである。交渉の席に着いた自己犠牲タイプのギバーを調査した際も、同じパターンが見られた。「私は常に自分よりも他人のニーズを優先している」という主張に同意していた被

験者は、関係を悪化させることを心配するあまり、価値あるものを与えて相手に便宜をはかった。

相思相愛のカップルのように、共感によってピーターは踏みつけにされていた。だが共感と同じくらい、ギバーの強みを活かせる選択肢を見つけたことで、状況は一変した。つまり、**リッチの気持ちを考えるのではなく、リッチの考えていることを推察する**ことにしたのだ。

こうすることで、ピーターはハッとひらめいた——リッチはどうやら、新たなチャレンジにとり組みたいと思っているらしいのだ。それなら、リッチの利己心に訴えればいいかもしれない。「君はどうも、この事業の経営が楽しくないようだね」とピーターはリッチにいった。「それなら、私に任せてくれないか」

リッチは同意し、事業に新たな収益をもたらす特別プロジェクトを立ち上げたいといった。ピーターはその決断を支持し、取締役会の予定を組んだ。

テイカーは、利己心を刺激してやればいい反応を示すことに、ピーターは気づいた。リッチの権力、地位、望み、業績への欲求に訴えると、作戦は首尾よく成功した。

ピーターのこのアプローチは、テイカーである大学生にボランティアをさせようとした心理学者によって実証されている。他人への利益を強調しても、テイカーは関心を示さなかったが、次のようなメッセージを見せると、驚くほどいい反応をしたのだ。

ボランティアなどしたら、自分の時間と労力が奪われるだけだと思うかもしれません。でも、

いいことをお教えしましょう。ボランティア活動はあなたの大きな役に立つのです。こんなにメリットがあるなんて、きっと目からウロコが落ちるでしょう。

その一つは、「人目を引く履歴書を手に入れられること」——大学生の履歴書はどれも似たり寄ったりです。履歴書にボランティアの経歴を書き込めば、企業が注目すること間違いなしです。

そしてもう一つのメリットは、「仕事につながるコネがつくれること」——大学生は学業にほとんどの時間をとられ、さまざまな職業の人びとに会うことは至難の業《わざ》。けれどボランティアを通じて、就職を有利にしてくれる重要なコネを得られるのです。

リッチに共感し続けていたなら、ピーターはけっして解決策を見つけることはできなかっただろう。焦点をリッチの気持ちからリッチの思考に移したことで、テイカーの視点から世の中を見ることができるようになり、それに合わせて戦略を調整することができたのだ。

これを裏づける研究もある。この研究は、企業の採用担当者に求人条件について求職者と交渉してもらうことで、「共感」と「人の視点でものを見る」ことの違いを解き明かそうというものだ。

コロンビア大学の心理学者アダム・ガリンスキーによる研究では、採用担当者は無作為に「共感」グループと「人の視点でものを見る」グループ、対照グループの三つに分けられた。共感グループは、求職者が「感じている」ことと、どんな「感情」を経験しているかを想像す

るように指示された。

それに対し、人の視点グループは、求職者が「考えている」ことと、相手側の「利益」について想像するよう指示された。対照グループはどちらの指示も受けなかった。共感グループは、対照グループよりわずかに交渉がうまくいかなかった。求職者を思いやったせいで自分自身の利益を犠牲にし、給料、ボーナス、休暇について、相手の好きに主張させてしまったのである。

人の視点グループは、ほかの二つのグループよりかなりうまく交渉できた。**求職者の気持ちを想像するのではなく、求職者視点から見ることで、どんどん質問し、お互いのニーズをじっくり分析しようという気になった**からだ。相手側の利益を理解していたので、相手にアピールするだけでなく、自分の利益にも沿った提案をすることができた。

人の視点グループの採用担当者は、求職者ほどボーナスや諸手当に関心がなかったので、ボーナスと諸手当をアップすることを条件に、給与については譲歩させることができた。結局、人の視点グループの四〇パーセントが双方にとってもっとも望ましい合意に達し、一方、共感グループと対照グループはわずか一七パーセントだった。

双方の利益が対立する短期間の交渉においては、**相手の心ではなく頭のなかに注目することで**、大いにギバーの有利になる。

人の視点でものを見ることが、相手の真意を見極めるカギであり、また、新たな選択肢をギバーにもたらしてくれる。

「テイカー」と、どうつき合えばいいのか

先の例のように、リッチをまんまと害にならない役割に引き込んだにもかかわらず、ピーターはなおもリッチを支援し、成功の手助けをしてやりたいという思いを捨てきれずにいた。同時に、リッチがとり入る隙が、自分にはまだたっぷりあることもわかっていた。ピーターはリッチを信用してみることにしたが、一方で、彼の真意を見極めることにした。

特別プロジェクトを一任し、結果に対する責任をもたせ、九十日ごとに進捗《しんちょく》状況について報告書を提出するよう求めたのだ。「リッチに、彼の貢献度を測れるチャンスを与えたのです」

しかし六カ月経っても、リッチはほとんど何もやり遂げなかった。ピーターは公正に分析を行ない、取締役会報告書を作成した。

「リッチの成果がゼロに終わったのは、まさに身から出た錆でした。受けとるばかりで、何の役にも立とうとしてこなかったことを示す紛れもない証拠を突きつけられたのです。結局、この真実によってリッチは進退を迫られ、私と袂《たもと》を分かつことになりました」

リッチは取締役会で解任を決議され、持ち株を事業から引き上げた。

ピーターはもう犠牲者などではなかった――何しろ、テイカーを始末したのだから。後日、リッチがわかっていた以上の相当な食わせ者であったことが判明した。会社から限度額を超える貸付を受け、さらに銀行からも借金していたのである。ピーターが取締役として会社を引き

継いで一年後、リッチは会社を去った。
一人のギバーが、相手の真意を見極めることの大切さを知り、愛想のいいテイカーをペテン師と見抜き、それに応じて自分の振る舞いを調整し、自己防衛に成功したというわけなのだ。

ピーターの経験から、ギバーが大損させられずにすむための方法がわかる。

つまり、**テイカーとつき合うときには、マッチャーになればいい**のだ。ただし、最初はギバーでいたほうがよいだろう。**信頼は築くことこそ難しいが、壊すのは簡単**だからだ。それでも、相手が明らかにテイカーとして行動したら、ギバー、マッチャー、テイカーの三タイプを使い分け、ぴったりの戦略をとるのが得策だろう——そう、ピーターがリッチに、事業で成果を出せと迫ったようにである。

「テイカーにあまり時間を与えてはなりませんし、ましてや自分の時間をテイカーのために浪費すべきでないことは、いまではすっかり骨身にしみていますね」とピーターはいう。

ある実験で、心理学者が被験者に、競争的なパートナー、もしくは協力的なパートナーのどちらかと一緒に働いてもらった。テイカーは、パートナーがどちらのタイプかに関係なく、競争的な態度をとった。ギバーは、協力的なパートナーと働くときは協力的だったが、競争的なパートナーに替わったとたん、態度を相手に合わせて、競争的な態度で応じるようになった。

ゲーム理論家はこれを「しっぺ返し」と呼んでいるが、これはまさしくマッチャーの戦略である。最初は協力的な態度に出て、相手が張り合ってこないかぎり、その態度を維持するが、相手が張り合ってきたら、同じように張り合うことで態度を合わせる。これは、多くのゲーム

理論トーナメントで広く認められているマッチング戦略である。

ただし、しっぺ返しは与えることと相手に合わせることを、交互にくり返すほうが有利なことがわかっている。これを「寛大なしっぺ返し」という。「寛大なしっぺ返し」のルールは**「よい行ないはけっして忘れず、悪い行ないをときどき大目に見る」**ことだ。最初は協力的な態度に出て、相手が張り合ってこないかぎり、そのままの態度を維持する。相手が張り合ってきても、常に同じように張り合ってはならない。

寛大なしっぺ返しでは、三回に二回は張り合うが、三回に一回は協力的な態度で応じるのである。「寛大なしっぺ返しは、しっぺ返しを簡単に帳消しにすることができるうえ、食い物にされることからも守ってくれる」と、ハーバード大学の数理生物学者のマーティン・ノバックは書いている。

当然、リスクもある——寛大なしっぺ返しにおいて人はギバーとして行動するので、まわりが協力的なのを見て、テイカーが「再び張り合ってくる」可能性があることだ。それでも、人間関係や個人の評判がまる見えの世界では、テイカーがギバーにつけ入るのはますます難しくなっている。ノバックによれば、「この思いやりのある戦略こそ、今後、長いあいだ主流になっていく」という。

寛大なしっぺ返しは、他者志向の戦略である。自己犠牲タイプのギバーがいつでも人を信用するという間違いを犯しているのに対し、他者志向のギバーは信用することを基本としながらも、その行動や評判からテイカーだとわかると、ギブ・アンド・テイクのやり方を使い分ける。

他者志向になるということは、ギバーが自分自身の利益を気にかけつつ、相手を信用し、それでも相手の真意を必ず見極めることなのだ。

テイカーを相手にするときには、自衛のために、マッチャーになるのがいい。ただし、三回に一回はギバーに戻って、テイカーに名誉挽回《ばんかい》のチャンスを与える。

最初のうち、前述のコンサルタントのバウアーは、助けを求めてくる人がギバーか、マッチャーか、テイカーかによって、与え方を変えることはなかった。相手の真意を見極めるようになるまえは、誰に対しても寛大に振る舞っていた。

これが変化したのは、ある友人を助けたあとのことだった。この友人は、一流コンサルティング会社に就職したくて、バウアーにアドバイスを求めてきたのだ。バウアーはいつものように気前よく対応した。夜や週末を利用し、五十時間以上かけてこの友人にアドバイスし、彼女のために、自分の会社やライバル会社数社に口を聞いてあげた。結局、この友人はバウアーの会社とライバル会社一社からオファーを受け、バウアーの会社に入社した。

ところがそのあと、バウアーと同僚が友人を採用するためにかなりの時間とエネルギーを費やしたにもかかわらず、別の支社への異動を希望したのである。これは、会社の募集要項に明らかに違反していた。要するに、バウアーは愛想のいいテイカーにだまされていたのだ。

「話し合いをしても、その友人は自分にとって何がベストかということしか頭にないようでした。自分さえよければよかったのです」

利用されてから、バウアーはテイカーを相手にするときにはもっと気をつけるようになった。「あの一件のあと、その友人を見る目が百八十度変わりました。以前のように寛大に接する気にはもうなれませんでした」

相手の真意を見極め、寛大なしっぺ返しをすることで、バウアーは、テイカーの面倒を見て裏切られるのを回避できるようになった。しかし、顧客に反論することも、助けを求めてくる人にノーといって、バカなお人好しになるのを避けることも、まだできるようにはなっていなかった。「相変わらず、反論する代わりに、顧客のいうことを〝ハイハイ〟と聞いてばかりいました」

では、ギバーがもっと自己主張できるようになるには、何が必要なのか。

「○○さんのために」がすごい力を生む

カーネギーメロン大学の経済学者リンダ・バブコックは、ただ呆然とデータを見つめた。二十一世紀だというのに、バブコックの大学の男性ＭＢＡ卒業生は、女性ＭＢＡ卒業生よりも七・六パーセントも給与が高かったのである。

カーネギーメロン大学は世界有数の高等教育機関の一つで、ノーベル賞受賞者をこれまで十八人輩出しており、そのうち七人が経済学賞受賞者だ。大学では、金融工学、数量経済学、ソフトウエア工学で学位が取得でき、全ＭＢＡ卒業生の四〇パーセント以上が、財務関係の職に

就《つ》いている。このような圧倒的な環境にあって、給与の数字は、女性がまだ「ガラスの天井」にぶち当たっていることを示していた。バブコックの計算によれば、三十五年働くとして、この差を考えると、女性はそれぞれ平均一〇〇万ドル（約一億円）以上失うことになるという。

しかしこの男女差には、別の原因があることがわかった。男性も女性も最初はほぼ同等の給与提示を受けていたのに、最終的に合意する段階になってズレが生じていたのだ。

よく調べてみたところ、バブコックは、**男性と女性では、もっとお金を要求しようという意欲にかなりの違いがある**ことに気づいた。

男性の半数以上――五七パーセント――が、初任給について交渉しようとしたのに対し、女性はわずか七パーセント。男性のほうが女性の八倍以上も、初任給について交渉する傾向が強かったのである。交渉した女性は、平均七・四パーセント初任給がアップし、男女差を帳消しにしている。

交渉しようという意欲の違いは、カーネギーメロン大学のMBA卒業者だけにかぎらない。別の研究で、バブコックと同僚は、被験者に「終わったら、三～一〇ドルのあいだでいずれかの謝礼を支払いましょう」と約束して、ボグル（英単語検索ゲーム）を四ラウンドやってもらった。被験者がゲームを終えると、研究者はテイカーのように振る舞って、最低額の三ドルを渡し、「三ドルでいいですよね？」と尋ねた。

するとやはり、男性のほうが女性の八倍多く、謝礼のアップを要求してきたのである。次の研究でも、被験者に三～一〇ドルの謝礼を支払うという約束でボグルをしてもらった。ゲーム

をやり終えると、研究者は最低額の三ドルを渡し、今度は「三ドルでいいですよね？」と尋ねなかった。女性は誰ひとりとして謝礼のアップを要求しなかったが、それに対し、男性の一三パーセントが率先してアップを要求したのである。

別の被験者のグループでは、研究者は三ドルを渡して、「謝礼の額については、交渉に応じます」といった。すると男性の過半数（五九パーセント）が、このチャンスをとらえてアップを要求したが、それに対し、女性はわずか一七パーセントだった。結局、男性は女性の八・三倍、報酬アップを要求する傾向が強いことがわかった。

いずれの事例でも、女性は、テイカーに踏みつけにされるままになっていた。女性は「女性は控えめでやさしいもの」という一般的な期待を裏切りたくないと思いがちだ。そのため、男性ほど積極的に交渉する気にはなれないのである。

とはいえ、交渉の席でバカなお人好しになってしまうのは、何も女性だけではない。これは男女を問わず、ギバーを悩ます呪いなのだ。複数の実験から、ギバーは男女ともに、相手を喜ばせるような合意に達するためなら、自分の得になる選択肢がほかにあっても、かなりの譲歩もいとわないことがわかっている。

ノートルダム大学のティモシー・ジャッジ教授による一連の研究では、約四千人のアメリカ人にアンケートに答えてもらい、ギバーかどうかを判定した。

ギバーは平均して、テイカーやマッチャーより収入が一四パーセント低く、年収でいうとその差は七〇〇〇〇ドル（約七十万円）くらいだった。このデータを性別で分けると、収入の不利

益は女性より男性のほうが三倍多かった。女性のギバーは、テイカーやマッチャーより平均五・四七パーセント収入が低く、その差は一八二八ドル（約十八万円）だった。男性のギバーは、テイカーやマッチャーより平均一八・三二パーセント収入が低く、その差は九七七二ドル（約九十七万円）だった。

パート5のゆるいコミュニケーションの説明で見たように、ギバーは謙虚なので、率直に自己主張することに居心地の悪さを感じてしまう。研究では、より管理の行き届いた状況下でも、ギバーは自分の利益を主張することをためらうことがわかっている。給与について交渉する場合、ギバーはマッチャーやテイカーより控えめな要求をするので、有利とはいいがたい結果に甘んじることになるのだ。

あるサービス会社に勤めるサミア・ジャインはギバーで、いつも人の犠牲になっていた。優秀な従業員ではあったが、ほかの会社に勤める友人のほうが自分より昇進が早く、収入も多かった。しかし給与について交渉したことも、昇給を要求したこともいっさいなかった。ときどき、成績はパッとしないのに押しの強い同僚が、昇給と昇進についてはうまく交渉し、サミアを追い抜いて出世することもあった。「自分のために、そこまでする気にはなれませんでした。相手を不愉快にするのも、出すぎたまねをするのも嫌だったのです」

サミアはインドで育ち、子どものころからお人好しで、そのことをいつも家族にからかわれていた。父親は貧しい家庭の出身だったことから、何でも値切る抜け目のない交渉上手になり、

他人を蹴落として家族を中流階級にまで押し上げた。

一方、サミアは過保護におっとりと育てられ、守られていたので自己主張する必要もなかった。サミアの従順さは、気の強い妻をやきもきさせた。つき合いはじめたころ、サミアはアパートの賃貸契約書に署名しようとしていた。そこで妻があいだに入って、彼の代わりに交渉し、家賃を年六〇〇ドル（約六万円）下げさせたのである。サミアは感心したものの、きまりが悪くもあった。それ以来、何か購入するときは必ず、妻に交渉してもらうことにしていた。自分では、いいなりになってしまうのがオチだったからだ。

「正直にいうと、交渉下手な自分をずっと恥ずかしいと思っていました」

サービス会社をやめたあと、サミアはＭＢＡを取得し、一流の医療技術企業から仕事のオファーを受けた。まさに理想的な勤務先だった。オファーの条件にすっかり満足したわけではなかったが、相変わらず、交渉する気になれなかった。「どうしたらいいかわかりませんでした。上司はいい印象でしたし、不愉快にさせたくなかったのです」

アメリカ経済が不況に陥った直後ということもあり、そのことがさらにサミアの立場を弱くし、求職者はみな、交渉することなくサインしていた。

だが今度ばかりは、何かが違っていた。数カ月のあいだに、サミアは交渉の末、総額七万ドル（約七百万円）以上もの昇給を勝ちとっていたのだ。サミアはわずかな行動の違いで、それまでの踏みつけ状態から、もっと押しの強い、巧みな交渉者へと変貌《へんぼう》を遂げていたのである。この変身ぶりに妻は恐れいった。

「妻はびっくりして、私の粘り強さを褒《ほ》めてくれ、すごいわねと感心していました」と彼はいう。「あの妻に交渉がうまいと認められたのですから、間違いないでしょう」

いったい何が、サミアを積極的にさせたのだろう?

この〝ひと押し〟が昇給を勝ちとる

この答えは、前述のバブコックと同僚が行なったあるユニークな実験にある。この実験の被験者は、官民の組織の上級経営幹部百七十六人である。彼らはみな、最初に同じ条件を与えられた――ソフトウエア会社の製品マーケティング担当者のために、年俸と部長職への昇進を交渉してください、というのだ。

男性の上級経営幹部は平均一四万六〇〇〇ドル（約一千四百六十万円）の年俸をものにし、これは女性の上級経営幹部の平均一四万一〇〇〇ドル（約一千四百十万円）より、三パーセント高かった。しかしたったひと言つけ加えただけで、バブコックと同僚は女性上級経営幹部の平均年俸を一六万七〇〇〇ドル（約一千六百七十万円）に押し上げ、男性より一四パーセントもアップさせたのだ。

やったことといえば、異なる役割を演じるよう指示しただけである。**志願者になったつもりで交渉するのではなく、女性上級経営幹部は、志願者の「恩師」になったつもりで交渉するよう求められた**のだ。これで女性たちは、ほかの誰かの代理人になったわけである。興味深いこ

とに、女性たちはより高い目標を設定するのではなく、より積極的な態度に出ることで目標達成を目指し、上々の結果を手に入れた。

同様の研究で、テキサス大学のエミリー・アマナチュラ教授と、コロンビア大学ビジネススクールのマイケル・モリス教授は、被験者の男女に、魅力的な仕事のオファーの条件について交渉してもらった。被験者の半分には、自分がオファーを受けたつもりで交渉するよう指示し、もう半分には、仕事を紹介し、さらに本人に代わって交渉する責任を引き受けた友人の役をしてもらった。

男女に関係なく、あるいは、自分のために交渉するか、友人として交渉するかに関係なく、被験者全員が同じ目標――魅力的な仕事のオファーの条件を交渉する――を与えられた。しかし実際の交渉では、振る舞いに著しいばらつきが見られたのである。

自分のためか、友人のためかに関係なく、男性は平均四万九〇〇〇ドル（約四百九十万円）の初任給を要求した。女性は、これとは異なる方法をとった。自分のために交渉したときには、平均四万二〇〇〇ドル（約四百二十万円）の初任給を要求し、これは、男性の要求額より一六・七パーセント低かった。

ところがこの差異は、女性が〝友人のために〟交渉したときには消え去ったのである。男性と同じように上手に交渉し、平均四万九〇〇〇ドル（約四百九十万円）の初任給を要求したのだ。

女性上級管理職は、自分より他人のために交渉したときのほうがはるかにうまくいった。争点が一つしかない短期間の交渉では、ギバーは進んで相手にうまい汁を吸わせてしまうので、

テイカーよりずっと不利になる。しかしギバーが高い目標を設定し、それにこだわると――ほかの誰かのためなら、なおのこと――この不利な立場はすっかり消え失せるのである。

この方法こそ、サミアのわずかな違いのカギだった。最初の雇用主との交渉をためらったとき、サミアは自分の利益のことを考えていた。だが、医療技術企業に対しては、違う考え方ができるようになったのである――自分は家族を代表しているんだ、と。自分のためだと思うと踏みつけられるがままになっていたかもしれないが、ギバーであるサミアにとって、ほかの人をガッカリさせることは耐えがたいことだった。

サミアはいう。「**解決策は、自分自身を、家族に代わって交渉する代理人だと考えること**でした。ギバーなので、しつこくせっつくのは気がとがめます。けれど『頼りにしてくれている家族に損害を与えている』と思うと、とたんに後ろめたさなど吹き飛んでしまいました」

一方では、サミアはギバーが当たりまえにしていること――他人の利益を守ること――をしていたが、他方では、表向きには家族のためを思いつつ、自分自身の利益も守ることができた。同時に、テイカーほどには、押しつけがましくならないように配慮した。家族の利益と会社の利益がうまく折り合うように、バランスをとろうとしたのだ。

ギバーは、それもとりわけ愛想のいいギバーは、自己主張すると相手を不快にさせるのではないかと心配しすぎる。だがサミアが感心されたのは、積極的に交渉をもちかけたからではなかった。上司はその交渉の仕方を好意的に思ったのである。人事課が当初、サミアの要求をはねつけたとき、彼は家族の事情を説明した。「いまのところは、家賃のことを心配する必要は

ないのですが、私には養わなければならない家族がいて、ローンの返済もあります。ですから、もう少し融通していただけないでしょうか」

自分自身のためではなく、家族のために頼むことで、サミアはギバーとしてのイメージを維持できた。自分以外の人間を進んで守る態度を示したことで、会社の利益を代表するときも、同じように一生懸命やってくれる人だと思わせたのである。

経済学者のバブコックと同僚は、これを**「関係説明」**と呼んでいる。これは、自分自身だけでなく、他者の利益も思いやった要求だと釈明することをいう。女性が昇給を求める際には、女性は「他者志向で、思いやりがあり、受けとるより多くを与えるもの」という世間の期待を裏切るのではないかと思う。一方で、ギバーは男女に関係なく、心の広い人間というイメージを汚してしまうのではないかと心配する。それに、あまり積極的に出すぎると、テイカーになったような嫌な気分にもなる。

しかし、ギバーがほかの誰かを擁護する場合は、いくら強引であっても、それは「他人の利益を守り、背中を押してあげたい」というギバーの価値観にしっかり沿ったものなのだ。

関係説明することで、ギバーは自分が単なる他人の代理人ではないと思える。**ほかの人の代理人として振る舞うことは、ギバーとしての自己イメージと社会的イメージを保つための効果的な方法**なのだ。

これは、もう顧客に踏みつけにされたくないと決めたときのコンサルタントのバウアーにぴったりの理論だった。「心を広くもちたいと思いますし、顧客とは信頼関係も築いています。

だからといって、私に対して思いやりのない態度をとってもらっては困るのです」

顧客に利用されるのを避けるため、バウアーは誰かの代理人になることと関係説明とを組み合わせて使った。まず、自分は、同じチームのコンサルタントたちの代理人なのだと考えるようにした。「ギバーには人を守りたいという気持ちがありますから、顧客と交渉するときは、自分はチームに対して大きな責任があるのだと思うと、ノーといいやすいですね」

じきにバウアーは、同僚に対する責任感をはっきりと顧客に表現できるようになった。「顧客が理屈に合わない要求をしてきても、そんなことに応じればチームに無理をさせることになるし、下手をすれば過労死させてしまうだろうと説明し、断ります。顧客には、私が同僚のためなら必死になることがわかっているので、私が断ると、その分インパクトがあるのでしょうね。それ相当の理由があるのだと察してもらえるみたい」

「いい人症候群」という落とし穴

大学一年のとき、私は「レッツゴー旅行ガイドブック」で広告を売る仕事を得た。これはハーバード大生が執筆・制作している旅行ガイドブックで、バックパッカーたちのバイブルだ。

勤務初日、上司が顧客リストを渡して、こういった。「この人たちは去年、レッツゴー旅行ガイドブックに約三〇万ドル（約三千万円）も広告を載せてくれたの。電話をかけて、また広告を出してもらえるよう説得してちょうだい」

いい終えると、彼女はクルリと向きを変え、立ち去った。

研修をまったく受けていないことに気づき、私はあわてふためいた。商品知識もなければ、似たようなアルバイト経験もなく、ましてや北アメリカを出たことさえなかった。まだ十八歳の若造が、大手国際企業のお偉いさんに売込みするなど、とんでもない話だった。

私は勇気を奮い起こして、レッツゴー社の長年の広告主で、カリフォルニア州で旅行代理店を経営するスティーブンという男性に電話した。話し出したとたん、スティーブンがひどく腹を立てているのがわかった。「最初、うちの会社がおたくのガイドブックで褒められているのを見て喜んでいたのですが、あれは何ですか」と彼はとげとげしくいった。

「古い連絡先が載っているじゃないですか。データのチェックもしてくれないなんて。おかげで、おたくの読者がうちの会社に電話をかけてきたときのために、数一〇〇ドル払って古い住所とEメールのアカウントをそのままにしておかなければならなかったんですよ」

私は穏やかな口調で、広告と編集は別個の部門だと説明した。「広告に関しては、正確を期すよう徹底させられますが、ガイドブック自体の内容に関しては、当方で管理できることではございませんので……」

しかし、そんなことは当然スティーブンの知ったことではなかった。編集ミスの埋め合わせとして広告料の値引きを要求し、応じないなら広告契約は更新しないと脅した。気の毒に思ったので、私は一〇パーセントの値引きに応じた。だがこれは、私の雇用契約にあったレッツゴー社の方針に違反する行為だったのである。方針では、指示のあったものを除く、いかなる

値引きも禁じていたのだ。これは、さらなる失敗のはじまりだった。

数十人の顧客に連絡をとり、私はさらに三件の値引きに応じていたが、契約はほとんどとれなかった。そこに、レッツゴー社の顧客は九五パーセントが契約を更新すると聞いて、私はだんだん恥ずかしくなってきた。広告収入を得られなかったのに加え、顧客が前年の広告料の返金を要求してくると、私は降参し、すでに掲載された広告の代金を返すという前代未聞の従業員となったのである。客にすっかり感情移入してしまい、できるだけそのニーズに応えようとして、私は自分自身と、いうまでもなく会社を犠牲にして、顧客を助けていた。私はどうしようもないダメ社員だった。

そしてレッツゴー社で私はまたしても、自分を犠牲にして、人に得をさせてしまった。顧客が広告料を節約できるように手を貸したかっただけなのだが、やはり私はバカなお人好しのギバーで、会社の広告収入を失ったばかりか、自分自身の手数料も犠牲にしてしまったのである。

その翌週、私はレッツゴー社の新任アシスタントマネジャーにばったり会った。この役職は、私の前任者がもたらした広告収入のおかげで新設されたものだった。この仕事に就けたおかげで、彼女は大学の授業料を払うことができるようになったという。それを聞いて、私はハッとした――そうなのだ、同僚は私を頼りにしているのだ、と。ここでのアルバイト料で授業料をまかなっている人たちや、有意義な仕事の経験を積める職を探している大学生のために、代理人になることはできるじゃないか――。

自分ひとりのことだと思うと、やられ放題になっていたが、学生全体の利益を代表している

と思うと、彼らを守るために積極的に戦う気になれた。

値引きを要求する血も涙もないフランス人ホテル経営者と激しく渡り合うまえ、この広告収入がいかに学生に職を生み出しているかと考えると、決意を固くすることができた。さらに、自分に関係説明もいいきかせた——値引きに応じたら、ほかの顧客も値引きしてやらなければフェアじゃないし、私には首尾一貫した対応をする責任がある、と。結局、この顧客は全額を支払った。

四カ月後、私は何と、六〇万ドル（約六千万円）以上の広告収入をもたらして、広告売上で創業以来の最高額を記録した。祝宴で社長は私のことを、「当社が輩出したこれまでで最高の広告マンの一人」と絶賛してくれた。弱冠十九歳で、私は広告営業ディレクターに昇進し、一〇〇万ドル（約一億円）を超える予算のほか、部下のスタッフの採用、養成、コーチングを一任されたのである。

だが昇進した直後、インターネットバブルが崩壊した。十社以上の顧客が、広告シーズンがはじまるずっとまえに廃業に追い込まれ、最大の顧客十社のうち六社が、広告予算が大幅に削減されたので契約更新はできないと知らせてきた。結局、レッツゴー社は上得意を二十二社失い、総予算は前年比四三パーセントの減少となった。最悪の一撃は、最大の顧客からの電話だった。電話の主は、前年、創業以来最高額の広告契約にサインしてくれた学生向け旅行代理店の副社長、マイケルだった。「御社のガイドブックのことは大好きだし、この関係も大切に考えているから、本当はこんな話はしたくないんだが」というと、マイケルはため息をついた。

「予算もかぎられているし、市場も小さくなっているしで、今年は広告が出せるかわからないんですよ。検討するにしても、かなり値引きをしてもらわなければいけませんなあ」

多くの社員がマイケルの会社からの広告収入を当てにしていることを承知していたので、私は学生を代表するつもりで食い下がった。「ライバル会社はいまどこも広告を引っ込めていますから、競争で一歩先んじるチャンスです。景気後退のときほど投資にふさわしい時期はありませんからね」

マイケルは、上司と相談してから改めて連絡するといった。翌週、マイケルは悪い知らせを伝えてきた。前年と同じ内容を七〇パーセントの値引きで、一二万ドル（約千二百万円）から四万ドル（約四百万円）以下にしてくれるなら、広告を出してもいいということだった。

どのくらい値引きが可能か、と考えているとき、スポーツはゼロサムゲームで、誰かを勝たせれば自分は負けることになるが、仕事では双方が得をするウィン・ウィンが可能だということに気がついた。顧客の利益は、私自身の利益と対立する必要はない。

マイケルの利益についてじっくり考えていたとき、ふと、マイケルの店で何か商品をタダで配ったらどうだろうかとひらめいた。出版契約では、レッツゴー社は二〇ページを超えない本を売るか、あるいは使用を許可する権利をもっていたからだ。

そこで私はマイケルに、新製品――客に配る二〇ページのレッツゴー社の無料の旅行小冊子――のスポンサーにならないかともちかけた。客はきっと無料の旅行情報を気に入って、店に長居するかもしれないし、また来てくれるかもしれない。レッツゴー社の支払いは広告予算で

はなく、流通予算から出せば、マイケルも検討の余地があるだろう。

マイケルの利益についてさらに考えていると、またしても、ひらめいた。その小冊子には他社の広告は載せず、マイケルの会社が独占スポンサーになってくれれば、さらにメリットが大きいのではないか——。

こうして私たちは、双方にとってうまみのある独占スポンサー契約を結び、マイケルは結局、一四万ドル（約千四百万円）以上を投入してくれ、幸いにも、私はまた記録を更新することができた。

「ギブ・アンド・テイク」の形は一つではない

「勝ち負け（ウィン・ルーズ）交渉」では、誰かの代弁者となり、関係説明することで、私はより自己主張できるようになった。それに対し、**全体のパイを大きくし、「勝ち勝ち（ウィン・ウィン）交渉」を成功させる手助けをしてくれたのは、「人の視点でものを見る」こと**だった。

レッツゴー社で学んだ教訓にすっかり心を奪われた私は、みずから発見した「踏みつけにされない方法」をギバーに伝授することに残りの人生を費やすことに決めたのである。

何年もまえから研究者は、腕利きの交渉人は他者志向で行動することを知っていた。オランダの心理学者カーステン・デ・ドルーによる二八の研究を総合的に分析した結果、一流の交渉人はテイカーでもなければ、自己犠牲に終始するギバーでもないことがわかったのである。

テイカーは価値を総どりすることに焦点を合わせる。交渉をゼロサムゲーム、勝ち負け競争と見なし、相手を信用しないので、ただ攻撃的に交渉するだけで、交渉相手の利益を理解することから価値を生み出すチャンスを見逃してしまう。一方、自己犠牲タイプのギバーはあまりに譲歩しすぎて、自分をないがしろにしてまで相手に得をさせてしまう。

もっとも成功する交渉人は他者志向のギバーだった。他者志向のギバーは、自分自身の利益だけでなく、相手の利益にも高い関心を示す。相手と自分の双方が得をするチャンスを探すことで、他者志向のギバーはより突っ込んだ考えができるので、テイカーや自己犠牲タイプのギバーが見落としがちなウィン・ウィンの解決策を見つけることができるのだ。

他者志向のギバーがパイのひと切れを分け与えるときには、全体のパイが大きくなっているので、自分の取り分も十分に残されている。この「パイを大きくする」という考えは、先のコンサルタントのバウアーのキャリアにおいて転機となった。

顧客のいいなりにならず、テイカーの指導や支援に費やす時間を制限するようにはなったが、バウアーはギバーやマッチャーへの支援をやめる気になれなかった。テイカーではない後輩が助けを必要とすれば、自分の予定やニーズはおかまいなしに、相変わらず無私無欲に自分の時間をたっぷりと割いていた。

デロイト社のコンサルタントのゲラーはそれよりもっと他者志向のアプローチをとり入れていた。自分の時間をムダに費やすことなく達成できる、「パイを大きくする」方法を見つけたのだ。ゲラーは従業員に仕事の負担を分担させ、ギバーになる機会をつくり出す一方、自分自

身も仕事を背負いこみすぎないように気をつけている。

後輩アナリストが助けを求めてくれれば、ゲラーはシニアマネジャーとして、ほかに数人の新人マネジャーも誘って昼食会を提案する。これをきっかけに、新人マネジャーはゲラーとつながりができ、さらには、後輩アナリストにも指導できるようになるのだ。「新人マネジャーが後輩へのサポート体制をつくるチャンスになりますし」

何でもかんでも自分が与えるのではなく、後輩たちを多くの助言者に引き合わせることで、幅広い知識とアドバイスを与えてもらうきっかけをつくるという。

寛大すぎると指摘されたあと、バウアーはゲラーとよく似たアプローチをとり入れた。一対一ではなく、グループで後輩の指導をすることにしたのだ。

こう自問しました。「いま、助けることができる人間は、本当に私だけなのだろうか?」と。そして〝これができるのは自分しかいない〟という思い込みを手放し、互いに助け合えるように人びとを結びつけていきました。いまでは、後輩に指導を求められたらはっきりとこういいます。「人に指導してもらったら、同じことをほかの人にもしてあげてください。人に親切にされたら、その恩返しを別の人へとしてほしいんです」と。

成功するギバーは、どうせ私は利用されてもいいのだと決めてかかったりしない。**人に惜しみなく与えること自体が危険なのではなく、誰に対しても、たった一つのギブ・アンド・テイ**

クのやり方で対応することのほうが、よっぽど危険なのだ。

心理学者のブライアン・リトルは、ギバーが人間の第一の天性であったとしても、成功できるか否かは、マッチャーを自分の第二の天性にできるかどうかにかかっていると主張している。

成功するギバーの多くが、人はみな善人だという信念から出発するが、同時に、周囲の状況を注意深く観察して潜在的なテイカーを割り出す。

そして必要とあらば、テイカーの感情を思いやるのではなく、その思考を分析し、無条件に与える代わりに、より計算されたアプローチ、すなわち、寛大なしっぺ返しで対応するのだ。万一、おとなしく引き下がって自分のことをあと回しにしそうになっても、自分は大切な人の利益を代表していると思えば、しっかり自己主張することができるのである。

バウアーはこうした戦略をとり入れることで、成功したギバーへと変貌を遂げた。その寛大さのせいで、最初のうちこそ昇進は遅れたが、結局は、予定より早くパートナーになることができた。バウアーは、同じ職位の社員のうちパートナーに昇格した最初のコンサルタントの一人になったのである。

PART 8

人を動かし、夢をかなえる「ギブの輪」

――未来を変える「因果応報」のルール

「人間がどんなに利己的なものであろうと、明らかに本性のなかにいくつかの原理があって、それらは他人の運命に関心を抱かせ、見てうれしくなる以外何も得られないにもかかわらず、他人が幸福であることが必要だと感じさせるのである」

アダム・スミス（経済学の父）

「ズルい人ほど得をする」――それは本当か

一九九三年、クレイグ・ニューマークという男が、サンフランシスコのチャールズ・シュワブ社で十七年間コンピュータセキュリティを担当したあと退社した。ベイエリアという土地にまだ不慣れだったこの独身男性は、自分の人生を充実させてくれる方法を探していた。

一九九五年のはじめ、ニューマークは友人にEメールを送り、地元のアートやテクノロジー関係のイベントについて情報を収集し、メーリングリストをつくって、それを共有しはじめた。それが口コミで広まり、人びとはイベント以外の情報――求人、不動産、種々雑多な売り物――も投稿するようになった。六月には、メーリングリストの登録者は二百四十人に増えていた。直接メールを送るには多すぎたので、クレイグは「リストサーブ」（メーリングリストを管理・運営するソフトウエア）で自動管理することにした。

一九九六年、ウェブサイトが誕生し、「クレイグズリスト」と命名された。二〇一一年末には、サイトは全世界七〇〇以上の都市に開設されていた。アメリカだけで、毎月ざっと五千万人がクレイグズリストを訪れ、国内でもっとも人気のあるウェブサイトのトップテンに入り、さらに、世界でもっともアクセス数の多いサイト上位四〇の一つにもなった。

クレイグズリストが成功したのは、たいていの人がもつマッチャーの本能にアピールしたか

らだ。これは、買い手と売り手が公正な値段で、品物やサービスを交換できるサイトである。基本的にクレイグズリストは、人びとが直接やりとりして価値を交換するサイトで、マッチャーが好むギブ・アンド・テイクを生み出している。

「私たちは利他主義ではなく――」とニューマークは書いている。「いわば、フリーマーケットのようなものです」

では、ギブ・アンド・テイクを五分五分にするのではなく、与えることだけを前提としていたら、果たしてこのようなシステムは機能できただろうか。

二〇〇三年、デロン・ビールというオハイオ州出身の男が仕事を探すことにした。ニューマークと同様、不慣れな都市に越してきたばかりだったので、友人とメーリングリストをはじめた。ビールはクレイグズリストを手本に、誰でもアクセスできるサイトをつくり、品物が欲しい人とそれを処分したい人を結びつけようと考えた。

しかし典型的なクレイグズリストのやり方とは決別して、ビールは異例の基本原則を設けた――「売買・交換不可」。このネットワークは「フリーサイクル」と命名され、品物はすべて無償で提供しなければならなかった。

フリーサイクルのアイデアがひらめいたのは、ビールがアリゾナ州のNPO「ライズ・イン・トゥーソン」で、企業向けのリサイクルプログラムを開発・運営していたときのことだった。

ビールのもとに地方企業から、コンピュータや机といった、まだ使えるもののリサイクルできない中古品が寄せられはじめた。ビールはそれを必要としている人びとに提供したいと考え、何時間もあちこちの慈善組織に電話したが、いっこうにはかどらなかった。ついでに、自分のところにも不要なベッドがあり、リサイクルショップに引きとってもらえず困っていた。

まさにそのとき、オンライン・コミュニティをつくって、あげたい人ともらいたい人をもっと効率よく結びつければ、こうした問題を一挙に解決できるかもしれないと思いついたのである。

ビールはフリーサイクル開設を知らせる最初のEメールを四十人ほどの友人に送り、参加を呼びかけるとともに、宣伝してくれるよう頼んだ。フリーサイクル最初期メンバーの何人かが提供したい品物を出品しはじめると、ビールが思ってもいなかったことが起こった。

ある女性が、数時間で使用期限が切れる使いかけの毛染め剤を出品したのだ。「すぐに使わなければならないので、今夜、毛染めをしたい方に差し上げます」と彼女はコメントしていた。

あるテキサス州の男性はこれよりもっといい品物——釣具——を出品したのだが、条件つきだった。釣具を盗まれたことのある人に提供したいというのだ。「三十四年まえ、子どもだった私は釣具箱を盗みました。いまとなっては、その人を探し出すことも、過ちを正すこともできません。そこで、次善の策をとることにしたのです」

このシステムにギブ・アンド・テイクの考えをもち込もうとする人もいれば、ガラクタを提

供する人もいて、フリーサイクルはムダ骨に終わったかに見えた。

ところが、お金をとってもわけなく売れたに違いないような品物を人びとが提供しはじめると、サイトはにわかに活気づいた。ある人が少なくとも二〇〇ドル（約二万円）はしそうな、非常に状態のいいカメラを提供すると、ほかの人もまだまだ使えるコンピュータ、液晶テレビ、チャイルドシート、ピアノ、掃除機、エクササイズ器具などを出品しはじめたのだ。

フリーサイクルが二〇〇三年五月にスタートしたとき、会員は三十人だった。それが一年経たないうちに、驚異的な速度で成長を遂げ、世界三百六十都市に十万人を超える会員をもつまでになったのである。二〇〇五年三月には会員数は十倍に増え、百万人に達していた。

最近、社会学者のロブ・ウィラー、フランク・フリン、ソーニャ・ザクが、人びとが交換システムに参加する動機について調べた。三人は、社会学者のあいだで巻き起こっている激しい論争の真相を突き止めようとやっきになった。

専門家の多くは、クレイグズリストで行なわれているタイプの直接的なやりとりは、資源をやりとりするのに最適な方法だと考えていた。

クレイグズリストのようなシステムは、多くの人間がマッチャーだという事実を利用して、人びとに価値を交換させている。しかし一部の研究者は、むしろフリーサイクルのようなシステムこそ、今後急速に成長するだろうと考えている。

こういったシステムでは、会員はある人に品物を提供し、別の人から受けとるので、同じ人

物と価値を交換することはけっしてない。こうした交換システムは、人びとがギバーになってくれることを前提にしているので、当然、テイカーに食い物にされる恐れもあるが、品物やサービスの交換を容易にする点では、直接的なやりとりと同じくらい生産的だと、専門家は考えている。

フリーサイクルがどのくらい役に立つか知るために、ウィラーのチームは、クレイグズリストとフリーサイクルの会員を無作為に抽出して調査した。そしてアメリカ国内の数十カ所のコミュニティから、この二つの交換組織の会員千人あまりのアンケート結果を収集した。アンケートの質問の一つは、この二つのサイトでやりとりした合計品物数に関するものだ。

クレイグズリストでもフリーサイクルでも、会員はそれぞれ平均四～七品受けとっており、その平均価値は三四～一〇〇ドル（約三千四百～一万円）だった。クレイグズリストでは、会員はそれぞれ平均六品売っていた。一方フリーサイクルでは、会員はそれぞれ平均二十一品を提供しており、受けとったアイテム数の三倍以上だった。

この違いはおそらく、二つの異なるタイプのシステムが、異なるタイプの人びとを引き寄せているということなのだろう。

マッチャーとテイカーはクレイグズリストに引きつけられ、それに対し、ギバーはフリーサイクルに押し寄せているのかもしれない。ビールもこう話してくれた。「世の中にテイカーしかいなければ、フリーサイクルは存在していないでしょう」と。

ところがウィラーのチームは、話はこれだけではすまないことを発見したのである。フリー

サイクルは確かに、ギバーの傾向がもともと強い人を引きつけることで成長を遂げたというのもあるが、このサイトはそれよりはるかに興味深いことをなし遂げているのだ。つまり、**フリーサイクルはどういうわけか、マッチャーとテイカーをギバーのように振る舞わせている**のである。ウィラーのチームは調査で、フリーサイクルの会員にこんな質問をして、ギバーか、マッチャーか、テイカーかを判定していた――「自分の儲けを最大にすることと、人に貢献することのどちらを普通優先しますか？」

　与えることよりも受けとることを優先するほうが多い会員でさえ、フリーサイクルでは、受けとった品物の二・五倍を提供していたのである。

　実のところ、当初多くの人は人に与えるためではなく、人から受けとるためにフリーサイクルに参加することが多い。

「フリーサイクルは『タダでものがもらえるところ』と聞かされているのです。だから『何かをタダでもらおう』と思って、たいていの人は参加します」とビールはいう。

「ところが、大変化が起こりました。不況の折に、助けを求める若い親がどっと押し寄せ、ベビーカー、チャイルドシート、ベビーベッド、食事用ベビーチェアなどをもらったのですが、その後、親たちはそれをクレイグズリストで売ってひと儲けするのではなく、また無償で提供しはじめたのです」

　受けとろうとしてあるグループに参加した人びとが、どうして最後には与えることになった

のだろうか。

個人を相手にするときは、ギバーは相手の真意を見極め、テイカーに対してはマッチャーとして振る舞うことで自己防衛する。

しかし相手がグループの場合、ギバーが食い物にされないようにするための別の方法がある。それは、グループ全員にギバーとして振る舞ってもらうことだ。

この戦略はパート7に出てきたゲラーとバウアーがすでにとっていて、二人は指導した相手に直接、同じように後輩を指導して恩送りしてほしいと頼んでいた。それよりまえには、パート2で登場したシリコンバレーのギバーで、『フォーチュン』誌のベストネットワーカーに選ばれたリフキンが、やはり同じことをしている。

自分が親切にした人びとには、同じネットワークのほかの人を助けてくれるよううながし、親切をごく当たりまえのことにしていた。

パート1で述べたように、ギバーにしろ、**マッチャーにしろ、テイカーにしろ、どれか一つのタイプで人生のすべての領域に対処する人はまずいない**。グループにおいて与えることが当たりまえになると、たとえほかの場所ではテイカーやマッチャーのように振る舞っていたとしても、メンバーもそれを支持して与えるようになるのである。

このことが、与えることのリスクを減らすのだ。誰もが貢献すれば全体のパイは大きくなるので、ギバーはもう受けとるよりはるかに多くを与えなくてもよくなるからだ。

では、メンバーをギバーにするグループとは、いったいどんなグループなのだろうか。

人間が「お互いを助ける」理由

ほぼ四十年にわたり、名高い二人の心理学者が、与えるという決断は純粋に利他的なものなのか、それとも根本的に利己的なものなのかをめぐって意見を戦わせてきた。思想的な論争に飽き足らず、各心理学者はもっと決定的な武器——心理実験——を用いて戦うようになった。

純粋に利他的だとする心理学者はC・ダニエル・バトソンで、人は困っている誰かに共感を覚えると、心から無私無欲に与えると考えている。窮乏がひどければひどいほど、いっそうその人に強い愛着をもつようになり、ますます共感する。誰かに共感するとき、私たちはその人を助けることにエネルギーと注意力を集中する。それは、そうすればいい気分になるというだけでなく、心から相手を思いやっているからなのだ。

なかには、ほかの人よりも強く頻繁《ひんぱん》に共感を覚える人もいるが、人間にはみな共感する能力があるとバトソンは考えている。アダム・スミスが何世紀もまえにこう述べている。

「他人の不幸に同情する気持ちは（中略）人間が生まれもつその他すべての感情と同様に、けっして高潔で思いやりのある人だけにかぎったものではないが、こうした人びとはおそらく、極めて鋭い感受性でそれを感じるのだろう。最大の悪人、もっとも冷酷な犯罪者にしたところで、まったくそれをもち合わせていないということはない」

バトソンとは逆に、人は根本的に利己的だとする心理学者は、ロバート・チャルディーニだ。彼は、純粋な利他主義など存在しないと確信している。人間はちょくちょく寛大になったり、親切になったり、人を思いやったりするものだとは思うが、だからといってこうした振る舞いが、一〇〇パーセント利他主義にもとづくものだとは考えていない。ただ、ほかの人が心を痛めていれば自分も心が痛むので、この相手への共感が助けたいと思わせるのだという。

チャルディーニのバトソンの主張への最初の挑戦はこのようなものだった――「私たちが共感から人助けをするのは、相手に得をさせたいからではない」。

困っている人を見ると、私たちは苦しみや悲しみ、後ろめたさを感じる。こうした自分のネガティブな気持ちを和らげるために、人助けをするのである。チャルディーニは、これを示唆《しさ》する一連の研究を積み重ねてきた。

バトソンの反論――確かに、ネガティブな気持ちを和らげるために人助けをすることもあるが、これだけが理由ではない。ネガティブな気持ちが、必ずしも人助けにつながるわけではない。苦しみや、悲しみや、後ろめたさを感じると、人はこうしたネガティブな気持ちを和らげようとする。そのための戦略として、人助けを選ぶこともある。

しかしたいていは、ほかの方法――見て見ぬふりをする、その状況から完全に逃れるなど――を使って、ネガティブな気持ちを和らげようとするだろう。

バトソンは、共感が人助けをうながすのは、相手の苦しみを和らげたいからなのか、それとも自分自身の苦しみを和らげたいからなのかを知るための、うまい方法を考え出した。目的が

自分自身の苦しみを和らげるためなら、とにかく気分がよくなるような行動をとるはずだ。目的が相手の苦しみを和らげるためなら、たとえ犠牲が大きくても、ほかの行動のほうが気分がよくなりそうでも、相手を助けるはずである。

ある実験でバトソンと同僚は、被験者に、女性が電気ショックを受ける様子を見守るか、それとも実験室を出て苦しみを避けるかのいずれかを選ばせた。案の定、七五パーセントが出ていった。

しかしその女性に共感を覚えると、出ていく被験者はわずか一四パーセントに減った。残りの八六パーセントは留まり、女性の代わりに電気ショックを受けようと申し出たのである。助けるために留まった被験者のうち、もっとも強く共感した人は、それほど共感していない人の四倍、進んで電気ショックに耐えた。

バトソンと同僚はこのパターンを、六回以上の実験で証明した。その場から立ち去ればネガティブな気持ちを和らげることができるとわかっていても、相手に共感を覚えると、ともかく留まり、自分の時間と苦痛を犠牲にして助けようとするのだ。この証拠の根拠について、バトソンはこう主張している。

「嫌な気分を和らげることは、人びとが人助けをする唯一の理由ではない」

そして八十五種類にのぼる研究を総合的に分析した結果が、彼の主張を裏づけている。

だがチャルディーニは、これで引き下がったわけではなかった。彼は、共感が人に人助けをさせることは認めていた。気づかいと思いやりの気持ちが、自分を犠牲にしてでも、相手の利

益になるような行動に走らせるのだ。ただしチャルディーニは、それが純粋な利他主義によるものだとは思わなかった。困っている人に共感すると、相手に強い愛着を抱くので、相手との一体感を覚えるのだと、チャルディーニは主張する。**困っている相手を自己意識に同化させ、相手のなかに自分自身を見出す**のである。

　これこそが、私たちが人助けをする理由なのだ。つまり、**実際には、自分自身を助けている**のである。ここで再びアダム・スミスを引用しよう。

「想像力によって、私たちは彼の境遇に自分自身を置き、まったく同じ苦痛に耐えていると心に思い描き、いわば彼の体のなかに入り込み、ある程度、彼になって、そこから彼の諸感覚について知り、何かを感じさえする」

　チャルディーニと同僚は、この考え――共感「自己と他者の重なり合い」（一体感）をもたらし、人助けをうながす――を裏づける実験を数多く行なった。バトソンのチームはまた、こう反論した――それこそ、利他主義なのだ、と。

自分自身のアイデンティティと相手のアイデンティティが同化するまで他人に共感すると、相手のことを自分自身と同じくらい思いやるようになる。そうなると、自分の利益を相手の利益より重視しなくなるので、助けることは純粋に利他的なのである――。

　まさにこう着状態。どちらの陣営も、相手への共感が私たちに人助けをさせることには同意している。またどちらの陣営も、一体感が謎を解くカギであることにも同意している。だが一体感が利己的か利他的かで、根本的に意見が食い違っている。この対立には妥協点が見出せる

と、私は考えている。それこそ、ビールがとっくの昔に発見していたものなのだ。

ビールがフリーサイクルをはじめたのは、中古品をゴミ処理場行きにさせたくなかったからである。ついでに、自分もちょっと困っていたというのもあったが――。

ＮＰＯライズ・イン・トゥーソンで、ビールは倉庫一つ分の不用品を抱えており、上司から倉庫を空にするようにいわれていた。おまけに、自分自身も処分したい古いベッドをもっていた。もらってくれる友人もいなかったうえ、大きすぎて捨てることもできなかった。処分するには、トラックを借りてゴミ処理場まで運ばなければならず、捨てるのにもお金がかかる。そのとき、フリーサイクルで誰かにあげることができれば、そのほうがずっと簡単で安上がりだと気づいたのだ。

これこそ、テイカーやマッチャーがフリーサイクルで品物を提供しはじめる理由である。クレイグズリストなどの売買サイトでは売れそうにない不用品を処分するのにもってこいの方法なのだ。

だがそのうち（ビールには経験からわかっていたのだが）、最初は利己的な理由から品物を提供していた人びとも、あげた相手のことを気にかけるようになるのである。もらい手がベッドを引きとる手配をしてくれたとき、ビールはワクワクした。「ついにベッドをお払い箱にできると思うと、せいせいした気分でした」と彼はいう。

「けれど玄関先でもらい手にお礼をいわれたとき、とてもいい気分がしたんです。半ば利己的

な行為にすぎなかったのに、誰かを助けられて、幸せな気分にもなれた。すっかり病みつきになって、ほかの品物も提供するようになりました」

　十年にわたる研究で、私はビールの経験は例外などではなく、ごく当たりまえのことだという結論に達した。つまり、人との絆《きずな》とは他者志向性のことなのである。**与えるときはたいてい、相手に得をさせたいという欲求と、自分自身も得をしたいという欲求が複雑に混ざり合っているのだ。**テイカーやマッチャーはおそらく、他人の利益にも自分の利益にもなると感じれば与えるのだろう。動物行動学者のフランス・ドゥ・ヴァールが著書『共感の時代へ』（紀伊國屋書店）で書いているように、「利己的か利他的かで分けることは、根本の問題から注意をそらすためのものかもしれない。なぜ自己を他者から、あるいは自己から他者を引き離そうとするのだろう。この二つを一体化することが、人間の協同性に隠された秘密であるというのに」

　オンライン百科事典ウィキペディアは、三百万人を超えるボランティアによって無償で執筆されており、うち十万人が定期的に投稿している。ウィキペディアに執筆する理由を聞かれると、利己的な理由——新しい交友をつくりたい、名声を得たい、孤独感を紛らわせたい、評価され、必要とされていると感じたい——でかかわっていると答えたボランティアはほとんどいなかった。

　だからといって、「人を助けたい」という比較的利他的な価値観も、唯一の要因というわけではなかった。ウィキペディアの投稿者は必ずしも人生全般にわたってギバーというわけでは

ないが、ウィキペディアの見出し語を要約したり、それに相互参照をつけたりすることに、自分の時間を提供している。

調査では、二つの理由が突出していた――一つは、書くことが楽しいから、そしてもう一つは、情報はタダであるべきだと考えているからだった。

ウィキペディアで執筆している多くのボランティアにとって、書くことは他者志向の行動なのだ。それは、個人的な楽しみであるとともに、ほかの人にも利益をもたらしてくれるのである。

ビールは、フリーサイクルの他者志向のしくみが、急成長の大きな理由の一つだと考えている。不要品を提供して人の役に立つことは、パート2で紹介したリフキンの五分間の親切と同じ、「贈与経済」である。つまり、**自分自身には費用はかからないが、ほかの人にとっては潜在的に極めて利益になること**なのだ。

フリーサイクルの正式な行動方針が、この二つの利益を強調しているのは注目に値する――「会員は人に貢献できるとともに、自分自身も利益を得ることができる」。

フリーサイクルの使命は「世界規模の贈与運動を確立して、ゴミを減らし、貴重な資源を守り、ゴミ処理場への負担を緩和する一方で、会員がより大きなコミュニティの力から恩恵を得られるようにすることである」

難しい商談を勝ちとった〝切り札〟

二〇〇八年の世界金融恐慌で打撃を受けた企業のなかに、あるフランスの会社があった。仮に、ヌーボー社としておこう。ヌーボー社は、自慢のサッカーチームを有するフランス中部の小さな町に本社を置いていた。創業者はこの町のかつての栄光をとり戻そうと、ここを本拠地に選んだのだが、人口も収益も減り続けるばかりで、もっと大きな都市へ移転する必要に迫られていた。

そこでヌーボー社の経営陣は、本社を抜本的に再編成することで窮状を乗り切ることにした。つまり外部の援助を求めたのだ。ヌーボー社は、ベストな提案を提示した会社ならどこにでも依頼するつもりだったが、あるコンサルティング会社一社だけは別だった。この会社は何年もヌーボー社の最大のライバル会社と仕事をしていて、信用できなかった。この会社と手を組めば内部情報が漏れる――もしくは、テイカーによって盗まれてしまう――かもしれない。

ところが、信用のない自社のために、この仕事を獲得したいと願っているあるコンサルタントがいた（仮に、フィリップとしよう）。彼はヌーボー社の経営陣に信用されていないことを知っていた。これまでも何度か提案を提示したことがあったのだが、決まって断られていたからだ。

同僚のコンサルタントたちは、くり返し会社の機密保持規定について説明したが、ヌーボー

社の経営陣は受け入れなかった――もう時間のムダなのかもしれない。

しかしフィリップは心からヌーボー社の成功の手助けをしたいと思い、チームを率い、ヌーボー社のために提案書を作成した。そのあと、チーム全員でどうすればヌーボー社に、当社が信頼の置ける会社だと証明できるだろうか？ という意見を出し合った。

フィリップの会社は、売込みの順番が最後だった。売込み会議に、フィリップは五人のコンサルタントを従えて向かった。経営陣十数人が居並ぶ大きな部屋に通されたフィリップのチームは、さっそく提案をプレゼンしたが、経営陣の誰ひとりとして眉ひとつ動かさない。

「ご提案はいいと思います」とある幹部がいった。「だが、御社は信用できない。おつき合いすべき理由もないでしょう。弊社の利益を優先してくださる保証はありませんよね？」

フィリップは会社の機密保持規定とビジネスの儀礼について改めて説明したが、聞く耳をもたれなかった。理屈で説得しようとしてもムダだと悟ると、フィリップは唯一残されたアピール手段に出た。書類ケースのなかに手を伸ばし、町のサッカークラブのブルーのスカーフを引っぱり出したのだ。

ホームタウンの誇りのシンボルであるスカーフを身につけると、フィリップはこう主張した。

「もう何年も、当社の機密保持規定が信用できることをわかっていただこうと努力してきました。しかしもう言葉ではうまく説得できませんので、我々の本気を別の方法で示したいと思います」

チームの五人のメンバーも右にならって、スカーフを首に巻いた。

これを見て、ヌーボー社の幹部たちはびっくり仰天した。そして、誰が指揮をとるのかと尋ねた。すると、フィリップが進み出た。「指揮は私がとります。八月の休暇中に仕事を開始します。私の家はこちらの本社のすぐ隣ですから、この仕事に専念できます」

数時間後、フィリップの会社はこのプロジェクトをものにした。

ヌーボー社の経営陣は、フィリップがこの町の住民だと知らなかった。「これは企業の再建任務でしたが」とフィリップは説明する。「この町とここに住む人たちに関心をもってもらうことは、従業員にとっても会社にとってもプラスでしょう。互いに共通点がありますから」

共通点は、与えるという行為に多大な影響をおよぼす。ある実験で、イギリスの心理学者がサッカーチームのマンチェスター・ユナイテッドのファンを募集した。

建物から別の建物に歩いて移動する際、彼らは、あるジョギング中の人が草の生い茂る土手を滑り落ち、足首を抱えて痛がっているのを目にした。果たして彼らはこのランナーを助けるだろうか?

それは、その人が着ているTシャツによることがわかった。何の変哲もないTシャツであれば、三三パーセントしか助けなかった。ところが、マンチェスター・ユナイテッドのTシャツを着ていれば、九二パーセントが助けたのである。

イェール大学の心理学者ジャック・ドビディオは、これを「共通のアイデンティティの活性化」と呼んでいる。ほかの誰かとアイデンティティを共有すると、その相手に親切にすること

は、他者志向的な性質を帯びる。自分のグループに属する人びとを助ければ、グループ全体がよりよい状態になるので、結果的に自分自身も助けることになる。

共通のアイデンティティは、フリーサイクルの急成長と、受けとるより与える比率のほうがはるかに高い理由を解くカギでもある。カリフォルニア大学バークリー校のロブ・ウィラー教授のチームが、クレイグズリストとフリーサイクルの会員を比較した際、それぞれのグループがサイトに感じている愛着と結びつきの度合いに関心をもった。

会員がサイトに愛着を感じれば感じるほど、クレイグズリストやフリーサイクルは、自己イメージの重要な部分を占め、その人のコアバリュー（倫理的価値基準）を反映するようになったのだ。

また、会員がサイトとの強い結びつきを訴えれば訴えるほど、クレイグズリストやフリーサイクルという有意義なコミュニティに自分も属しているのだという意識を強く感じていた。果たして会員は、クレイグズリストとフリーサイクルのどちらにより強い愛着と結びつきを感じるのだろうか。

その答えは、会員がサイトからどのくらい受けとっているかによる。

品物をほとんど受けとったり買ったりしていない会員は、愛着と強い結びつきに関していえば、クレイグズリストもフリーサイクルもまったく違いはなかった。人びとはどちらのサイトにも等しく愛着と結びつきを感じていた。ところが、たくさんの品物を受けとったり買ったり

している会員は、クレイグズリストよりもフリーサイクルにかなり強い愛着と結びつきを感じていたのである。

これは、会員がギバーでも、マッチャーでも、テイカーでも変わらなかった。つまり会員は、ギバーでなくとも、クレイグズリストよりフリーサイクルに愛着を感じていたのである。なぜ人びとは、ギブ・アンド・テイクではなく、受けとるよりもずっと多く与えるコミュニティのほうに愛着と強い結びつきを感じるのか。

ウィラー教授のチームは、主に二つの理由から、当たりまえに与えることと直接的なギブ・アンド・テイクは、根本的に異なると主張している。

一つ目の違いは、交換という点にある。直接的なギブ・アンド・テイクでは、やりとりは経済的な取引だ。会員がクレイグズリストで品物を買うと、売り手は普通、買い手の利益はほとんど気にかけず、自分ができるだけ得をしようとする。

それに対し、与えることが当たりまえである場合、提供者は受けとった人からまったく何も得ることはない。**会員がフリーサイクルで品物を受けとることは、無条件でギバーから贈り物をもらっているということ**なのだ。ウィラー教授のチームによれば、これは「ギバーが自分自身の利益ではなく、受けとる側の利益のために行動していることを示しており、品物自体の価値に加え、受けとる相手への思いやりもそこに付帯している」。

単なる経済的な取引より、価値のある贈り物のほうがうれしいということだろう。

二つ目の違いは、誰が受けとる側に利益をもたらしてくれているかということに関係がある。

クレイグズリストで安価に品物を買うと、交渉者としての自分の手腕や、売り手の好意（もしくはバカ正直さ）のおかげだと思うだけだ。誰かと品物をやりとりしても、コミュニティからはまったく何も得ることはない。

「その結果、直接的なやりとりを行なったところで、グループの一員であるという実感が得られないので、グループに愛着を感じにくくなる」とウィラー教授のチームは書いている。

これに対し、人に何かをあげることが当たりまえという場合、コミュニティは贈り物の源になる。与えることがごく普通に行なわれていれば、AさんはBさんに与え、BさんはCさんに与えるというやりとりがくり返される。フリーサイクルの会員がさまざまな人から多数の品物を受けとると、会員はその利益をグループ全体のおかげだと考えるのだ。

この二つの影響力が合わさって、フリーサイクルとの絆が強まっていく。誰かから品物を買う代わりに、人びとはコミュニティから贈り物を受けとっている気分になる。そこから生まれる感謝の気持ちと善意が、コミュニティへの愛着へとつながり、自分はフリーサイクルの一員なのだと実感できるのだ。

こうなると人びとは進んで、フリーサイクルの空気を共有する人なら誰にでも、品物を無償で提供するようになる。これがフリーサイクルのコミュニティ全体に広がって人助けをするようになるのだ。

不要になった品物を提供するので、テイカーは価値あるものを失ったと感じずにすむ。それ

でいて、与えることが大前提になっているおかげで、自分が何か必要になれば、無料で品物を受けとることもできる。

マッチャーにとっては、お返しする方法がないので、恩送りが次善の策となる。とくにマッチャーは、自分と同じ境遇にある人びとを助けようとするからだ。これは、育児用品を提供する親によく見られる。似たような境遇の親たちを助けることで、恩返しをするのだ。

しかし、フリーサイクルのコミュニティには、愛着を抱かせるほかの何かがある。そしてそれは、シリコンバレーのギバーであるリフキンがよく理解していたことだ。

二人の「アダム・リフキン」

シリコンバレーの自称「シャイで内気なコンピュータ・オタク」のリフキンにはじめて会ったとき、彼の知人のなかでもっともおもしろいつながりについて話してもらった。「僕の大好きな友人といえば」と彼は答えた。「アダム・リフキンですよ」

自分自身のことではない。リフキンは、もう一人のアダム・リフキンという名の男――ハリウッドの脚本家で、ディレクターで、プロデューサーで、俳優で、『デトロイト・ロック・シティ』『マスターズ／超空の覇者』といった映画にたずさわっている――と強い絆でつながっているのだ。混乱を避けるため、彼を「ハリウッド・アダム」、シリコンバレーのパンダ似の男を「パンダ・アダム」と呼ぶことにしよう。

一九九二年、ハリウッド・アダムはまだ駆け出しで、一方、パンダ・アダムはロサンゼルスに引っ越し、カリフォルニア工科大学の博士課程に進学したところだった。

いろいろな人がハリウッド・アダムに連絡をとろうとして、間違ってパンダ・アダムに電話した。ハリウッドに同姓同名の男がいることを知ったパンダ・アダムは、いつかハリウッド・アダムに連絡がとれるかもしれないと思い、インターネットに自宅の電話番号を載せた。

三年間、電話はかかってこなかった。一九九六年、ハリウッド・アダムはニューヨークにいて、友人からパンダ・アダムのウェブサイトを紹介された。「インターネットのことはさっぱりわからなかったが、パンダ・アダムのウェブサイトには感心しました。彼とは何度も間違えられていたので、さっそく電話してみました」

そのとき、東海岸は午前で、西海岸はちょうど夜が明けたころだった。耳をつんざくような電話のベルの音に、眠っていたパンダ・アダムは起こされた。

パンダ・アダム「（眠そうに）……もしもし？」

ハリウッド・アダム「アダム・リフキンさんでしょうか。私はアダム・リフキンです」

パンダ・アダム「ああ、あなたからの電話を首を長くして待っていましたよ」

見た目には、二人にはあまり共通点がなかった。二人が知るかぎり、親戚関係もなかった。パンダはニューヨークで育ち、ハリウッドはシカゴで育った。パンダはソフトウエアエンジニ

アで、ハリウッドは映画界で働いていた。だが二人は、すぐに相手との絆を感じた。「ハリウッド・アダムは魅力的な人なんです」とパンダ・アダムはいう。

「彼のハリウッドでのキャリアと、僕のシリコンバレーでのキャリアは、思っていた以上に似たところがあって。誰かにハリウッドのコネを尋ねられたら、何はさておき、彼の名前を挙げますよ。ハリウッド・アダムは僕の知り合いを助けるために、数えきれないくらい人を紹介してくれましたから。映画業界の人間っていうのは、たいてい自己中心的なナルシシストばかりだけれど、ハリウッド・アダムはとても人がよくて、親切なんです。僕たちは哲学が同じなんですよね」

「パンダ・アダムは素晴らしい人ですよ」とハリウッド・アダムもいう。「ユーモアのセンスも似ているし、損得抜きで助け合える。恩を着せようなんて、お互いに考えたこともないですよ。人の役に立ちたいっていうことだけです」

　パンダ・アダムこそ、ハリウッド・アダムにツイッターを手ほどきした張本人だ。また、ハリウッド・アダムがショータイム・チャンネルのテレビシリーズ『ＬＯＯＫ』を制作した際、パンダ・アダムは彼を北カリフォルニアに招き、ユーチューブとツイッターで放映させた。なぜ二人のアダム・リフキンは、これほど強く互いに愛着をもっているのだろう。

「名前の類似性効果」？　そう、それが正しいことをデータが示してくれている――少なくとも、ある程度は。

ニューヨーク州立大学バッファロー校の心理学者ブレット・ペラムは、**人は自分自身を連想させる人びと、場所、ものなどを好む**らしいことに気づいた。

たとえば、自分の名前の文字が入っているチョコレートや、クラッカー、お茶などを好むほか、当人たちは否定するが、自分と似たイニシャルをもつ相手に恋心を抱きがちなことも発見した。それに証拠が示すところによると、類似性は助ける相手にも影響をおよぼすことがあるという。

研究者のジェフ・ガラク、デボラ・スモール、アンドルー・スティーブンは、小口融資を行なうNPO機関「キヴァ」のウェブサイトで、二万三千人に融資された二十八万九千件のローンについて調査した。

キヴァでは、発展途上国の人たちが貧困を逃れたり起業したりするのを助けるため、誰でも最低二五ドル（約二千五百円）から融資することができる。調査の結果、自分と同じイニシャルや職業が同じ相手に融資する傾向が見られた。

どうやら自分との類似性は、何かに引きつけられる際にちょっとした潤滑油の役割を果たすらしい。誰かに出会ったとき、その人に自分自身を連想させるものがあると、人は少しだけ熱心になり、友好的になり、心を開くようになるのだ。

これと同じことが、二人のアダム・リフキンが最初に出会ったときに起こった。二人は当初、表面的な類似性をもとに意気投合したが、それをきっかけに、真の類似性をもとに信頼関係を築き、互いに助け合うようになった。

しかし二人のアダム・リフキンの絆は、名前が同じという事実以上のものだ。

心理学者のペラムの研究では、住んでいる場所、選ぶ職業、結婚する相手に関する名前の類似性効果は、ありふれた名前よりも珍しい名前をもつ人のほうが強かった。つまり、**人は、特異な共通性をもつ相手に引きつけられる**ものなのだ。

これこそ、二人のアダム・リフキンが会ってすぐに感じた絆である。アダム・リフキンというのは珍しい名前なので、この特異な共通性が二人をより強く引きつけたのかもしれない。事実、ペラムの研究では、名前が珍しければ珍しいほど、自分の名前に似た地名に愛着を感じることがわかっている。

オハイオ州立大学の心理学者マリリン・ブルーアーは、特異な共通性がなぜこれほど人に影響を与えるかを説明する学説を展開している。一方で、私たちには同化したいという欲求があり、人とつながり、強く結びつき、コミュニティの一員になりたいと思う。その一方で異化したいという欲求もあり、ユニークでほかとは違う、個性的な存在でありたいとも思っている。

社会で生きていると、この二つの動機がしょっちゅう葛藤《かっとう》することになる。グループと強く結びつけばつくほど、特異意識を失うリスクが大きくなる。逆に、自分が他人から際立った存在になればなるほど、帰属意識を失うリスクは大きくなるからだ。

では、この葛藤をどのように解消すればいいだろうか。解決策は、同時に「同じで異なる」

存在になることである。つまり、同時に「同化し異化する」方法を探せばいいのだ。**「同化し異化する」ことを達成するもっとも一般的な方法は、特異なグループに参加すること**である。グループに所属して、関心、アイデンティティ、目標、価値観、スキル、特性、経験を分かち合えば、人とつながっているという意識や帰属意識をもつことができる。

また、ほかのグループと明らかに違っているグループに所属することで、特異意識をもつこともできる。人は、珍しい類似性を共有する個人やグループにより強く愛着を感じるものなのだ。共通の特徴が珍しければ珍しいほど、絆が強くなるのである。

研究によれば、人は、帰属意識と特異意識の両方を与えてくれるグループでより幸福を感じるという。こうしたグループを非常に誇りに思い、強い愛着を抱くとともに、自分が評価されているとも感じるのだ。

フリーサイクルは当初、環境保護を強調することで、「同化し異化する」ことをアピールしていた。もっとも大きな目標は、ほかの多くのリサイクル運動とは異なっていた。古い素材を新しい素材に再生するのではなく、再生できない品物を必要としているもらい手を見つけて、不用品をゴミ処理場行きにしないようにすることだった。

この共通の目的が、フリーサイクルのコミュニティ内に共有のアイデンティティを生み出し、会員同士の連帯感を高めたのである。

しかし、先に紹介したウィラー教授の研究チームは落とし穴を見つけた。このようなシステムはグループに助けてもらっていると感じるくらい利益を受けとったあとでなければ、人びと

はグループに愛着を感じないというのだ。
では、フリーサイクルはどのようにして、みんなに利益を感じさせ、その一方でタダ乗りを防いだのだろうか。

人が節電に走る「意外な動機」

フリーサイクルがスタートした当初、初期会員のなかに九十八歳の男性がいた。自転車の部品を集めていて、それを地元の子どもたちにあげていた。この老人は「素晴らしいお手本だった」とフリーサイクルを立ち上げたビールは振り返る。

トゥーソン市民（フリーサイクルはアリゾナ州トゥーソンではじまった）は彼を隣近所のやさしいおじいちゃんのように感じていた。彼が気前よく与えるのを見て、人びとはそれを見習わなければといっそう強く思った。しかし、この九十八歳の男性がこれほど強力なお手本になったのは、共通のアイデンティティだけが理由ではなかったのだ。

フリーサイクルでは、ギバーは達成できそうな水準を手本にしていた。誰かが衣類や古い電化製品を提供しているのを見て、会員はこれなら自分でもできそうだと思う。九十八歳の老人が子どもたちのために自転車を組み立てているのを見て、自分にも何かできることがあると気づく。フリーサイクルではじまったささやかな親切は、ほかの人びとにもささやかな親切の輪を広げていった。

たいていの人はタダでものをもらおうとフリーサイクルに参加するが、だからといって、その全員がテイカーというわけではない。**人はあるグループに参加すると、どのように振る舞うのがふさわしいか、その手がかりを探す。**

フリーサイクルの新会員は、ほかの会員がお金のかからない親切をしているのを見ているうちに、それが当たりまえのことになって右にならえをする。目に見える形で親切をすることによって、フリーサイクルは人びとに、それが当然なのだと理解しやすくしていたのだ。

これは効果的な教え方だ。実際に目で確かめられるということが、どれほどギブ・アンド・テイクのやり方に影響を与えるかを考えればなおさらだろう。**人は人生の多くの領域で、ほかの人がどう行動しているか知らないばかりに、受けとることに終始している。**

フリーサイクルが立ち上がってからわずか数カ月後、前述のチャルディーニは心理学者チームと協力して、八百人以上のカリフォルニア州住民を対象にエネルギー消費についてアンケート調査を行なった。アンケートでは、省エネを決断する際、次にあげる要因がどのくらい重要かを答えてもらった。

（a）お金の節約になる
（b）環境保護に役立つ
（c）社会のためになる

(d) みんながしている

カリフォルニア州住民は一貫して、もっとも重要な要因は「環境保護」と答えていた。「社会のため」は二位、「お金の節約」が三位、「みんながしているから」は最下位だった。チャルディーニのチームは、これが本心なのか確かめようと、ある実験を企てた。チームは、カリフォルニア州サンマルコスのほぼ四百世帯を訪問し、次の四種類のドアにつるす広告のうち一つを無作為に配布した。

(a) 省エネで「お金を節約しよう」——サンマルコスの研究者によれば、この夏の冷房にエアコンではなく扇風機を使うと、月五四ドル（約五千四百円）節約できるそうです。

(b) 省エネで「環境を保護しよう」——サンマルコスの研究者によれば、この夏の冷房にエアコンではなく扇風機を使うと、温室効果ガスの排出量を月一一九キロ減らすことができるそうですよ。

(c) 「未来の世代のために」省エネにとり組もう——サンマルコスの研究者によれば、この夏の冷房にエアコンではなく扇風機を使うと、月の電気代が二九パーセント減らせるそうですよ。

(d) 「ご近所と一緒に」省エネしよう——あなたの住む街を対象にした最近の調査によると、サンマルコス住民の七七パーセントが、夏の冷房にエアコンではなく主に扇風機を使っ

ています。

チャルディーニのチームは、どの広告をもっているかわからない状態で、各家庭を一軒一軒訪ねてインタビューした。広告によってどのくらい省エネする気になったか尋ねられると、（d）の「ご近所と一緒に」という広告を配布された住民がもっともやる気がなかった。（b）の「環境保護」広告の住民より一八パーセント、（c）の「未来の世代」広告の住民より一三パーセント、（a）の「お金の節約」広告の住民より六パーセント、省エネに対するモチベーションが低かったのである。

　ところが、チャルディーニのチームが住民の光熱費の請求書を調べてみると、意外なことが判明した。住民は自己申告したやる気度とは裏腹に、その後二カ月間、「ご近所と一緒に」広告の住民が「もっとも」節電していたのである。

「ご近所と一緒に」広告の住民の消費電力は、ほかの三つの広告の住民より、一日平均五～九キロワット時少なかったのだ。ちなみに、ほかの三グループはどれも等しく節電効果が上がっていなかった。ほかの人びとが省エネしているのを知ったことが、自分もやろうという気になった一番のきっかけだったのである。

　しかしこの人たちはひょっとすると、節電にうるさい隣人の多い地域に住んでいて、すでに節電していた可能性もある。そこで、近所の人が節電していることを知れば、電力テイカー（電力のムダ遣いをしている人）がそれをやめるかどうかを確かめるため、チャルディーニのチー

ムはカリフォルニア州の二百九十世帯を対象に別の実験を行なった。

今度は住民に、過去一、二週間の電力消費量を近所の似たような家庭と比較した結果が書かれたものを玄関のドアのところにかけてもらった。さあ、住民は節電（与えること）をしただろうか、それとも電力のムダ遣い（受けとること）をしただろうか。

その後数週間にわたり、電力テイカーは一日平均一・二二キロワット時と、エネルギー消費量をかなり減らしたのである。近所の人の平均使用量よりも自分が電力を使っていることがわかったせいで、その平均使用量に合わせようと、エネルギー消費を減らしたのだ。

ただし、これがうまくいくのは、近所の人たちと比較した場合にかぎられる。チャルディーニのチームはそれをこう説明している。

> カギとなる要因は「ほかの人たち」――ほかのカリフォルニア州住民、その街のほかの住人、特定のコミュニティのほかの住民――である。人は類似した他者にもっとも影響を受けるので省エネしようという決断は、意思決定者に一番類似した人たち――同じコミュニティの住民――にもっとも強力に影響を受けたのである。

受けとるほうが多くなってしまうのは、自分が平均から外れていることに気づいていないせいでもある。マッチャーの傾向をもっている人はとくに、平均を教えてやるだけで与えようという気になることも多い。ギバーであれ、テイカーであれ、マッチャーであれ、近所の人びと

が設けた基準を破りたくはないので、誰もがそれに合わせるのだ。

進化論を提唱したチャールズ・ダーウィンはかつて、その多くがギバーのように振る舞うある部族について書いている。彼らは「常に助け合い、公益のために自分を犠牲にし、ほかのほとんどの部族に勝利していた――これは、自然淘汰《とうた》の結果なのだろう」。

相手の望みをかなえ、自分の欲しいものを手に入れる

世界最古のビジネススクール、ウォートン校の教授になったとき、私は教育現場で与えることに関する実験をやってみることにした。私は、クラスでこれから**「助け合いの輪」**という課題をやると宣言した。この課題は、ミシガン州立大学の社会学者ウェイン・ベイカーと、ヒューマックス社を経営する妻のシェリルが開発したものだ。

この課題では、各学生がクラスメートに願い事を一つ出し、残りの学生が自分の知識、情報源、コネを使って、その願いをかなえる手助けをする。願い事は、就職の紹介や旅行のコツなど、自分の仕事や個人的生活において意味のあることにする。

一人の学生が、「こんな課題がうまくいくわけがないですよ。ウォートン校にはギバーは一人もいないんですから」といった。ギバーはビジネスではなく、医学とか社会福祉を学んでいるという。別の学生もうなずいて、「クラスメートはライバルだから、助けてはくれないでしょう」といった。

この二人の学生は、ほかの学生が自分のネットワークを利用して互いに助け合いはじめるのを、信じられないという様子で見つめていた。

アレックスという一年生は、遊園地が大好きで、いつか「シックス・フラッグス」（アメリカ各地にある巨大遊園地）の経営にかかわりたいと思ってウォートン校に入学したと語った。だが、どこからはじめていいのかわからなかったので、「誰かこの業界にうまく入り込む手助けをしてくれませんか」と頼んだ。すると、アンドルーという学生が手をあげ、自分はシックス・フラッグスの元ＣＥＯをちょっと知っているといった。アンドルーは大胆にも二人のあいだをとりもつことにし、数週間後、アレックスは元ＣＥＯから仕事に関する貴重なアドバイスをもらった。

また、ミシェルという四年生は、自分には健康上の問題で発育が止まった友人がいて、サイズの合う服が見つからないと訴えた。すると、やはり四年生のジェシカが、ファッション業界におじがいるので、助けてもらえないか連絡をとってみると応じた。三カ月後、オーダーメードの服がこの友人の家に届いた。

社会学者のベイカーは「助け合いの輪」を多くの企業で指導してきた。たいてい、同じ業界のライバル会社からリーダーと管理職を集め、それぞれ願い事を一つあげ、互いに助け合ってもらった。

あるとき製薬会社の上級管理職が、ある酵素の成分を合成するために外部業者に五万ドル（約五百万円）を支払うところなのだが、もっと安くすむ方法を教えてもらえないかと尋ねた。

すると、グループのメンバーの一人が、たまたま自分の研究所に設備があるからといって、無料でやってくれた。

ウェインは上級管理職たちに、「助け合いの輪」の課題に二時間半参加して、お金と時間をどのくらい節約できたか見積もってもらった。工学・建築コンサルティングの三十人は二五万ドル（約二千五百万円）と五十日以上、世界的な製薬会社の十五人は、九万ドル（約九百万円）と六十七時間以上と答えた。

私個人としては、「助け合いの輪」を、「ＩＢＭ」「シティグループ」「エスティ ローダー」「ＵＰＳ（ユナイテッド・パーセル・サービス）」「ノバルティス」「ボーイング」といった企業の管理職、従業員に教えてきた結果、かなえられた願い——グーグルへの就職から、重要な人物の紹介、子どもが大ファンのアメフト選手のサイン入り記念品にいたるまで——その多種多様さにびっくり仰天している。

だがこうなるまえには必ず、ウォートン校の学生がそうだったように、他人が本当に自分のためになど気前よく動いてくれるのかと誰もが疑っていた。そのたびに私は、「みなさん、自分のなかにいるギバーを過小評価しているのではないですか」と応じた。

往々にして人は、**他人はギバーでないと思い込み、相手に与える気をなくさせたりするような行動や言動をとるようになる**。そこで「助け合いの輪」では、与える状況を意図的につくり出すことにした。職場では、与えることのほとんどが、助けを求められ、それに応えた結果であることが調査からわかっている。

ある調査では、管理職が助けたり助けられたりした回数を集計した。すると与えるやりとりのほぼ九〇パーセントが、助けを求められたことがきっかけになっていた。そうはいっても、助けを求めるというのはあまり気の進まないものである。

ほとんどの場合、恥ずかしさが先に立ってしまう。仕事ができない人間にも、情けない人間にも見られたくないし、それに、何より人に負担をかけたくないと思うからだ。ウォートン校のある学部長はこう説明している。

「学生はこれを『ゲーム・フェイス』と呼んでいる。彼らは、うまくいっているように見せなければならないというプレッシャーを絶えず感じている。弱みはいっさい見せてはならないし、心を開けば、自分をあまりに無防備にしてしまう恐れがある」

「助け合いの輪」では、誰もが願い事をいうので、恥ずかしいと思う理由はほとんどない。ほかの状況では、誰が助けてくれそうかもわからないし、手近なネットワークでは、適切な情報や人が手に入らない場合もある。だが、多種多様な知識やコネをもつ人びとのグループに尋ねれば、そのうちの誰かは自分の夢をかなえてくれるかもしれないと思えるのだ。

「助け合いの輪」以外では、ギバーは、誰が自分の知識やスキル、アドバイスやコネを必要としているかわからないので、助けることができずにいることが多い。それに対し「助け合いの輪」では、どんな助けが必要なのか具体的かつ明確なので、ギバーは効率よく人の役に立てる。

フリーサイクルと同様、「助け合いの輪」もやはり、ギバーが最初にお手本を示すことが多い。しかし、どの「助け合いの輪」にも、大勢のマッチャーと数名のテイカーがいて、彼らに

も協力してもらわなければならない。

そうでなければ、ギバーが全員を助ける一方で、見返りはほぼゼロという事態になり、やけどをするか、燃え尽きることになりかねない。

だが、マッチャーとテイカーは果たしてこのとり組みに参加するだろうか。

「助け合いの輪」では、有意義な頼み事をされることが多いので、たいていのマッチャーは共感を覚えて興味を示す。超一流のＣＥＯが声を震わせながら、まれな形態のがんと戦うためのコネを紹介してほしいと頼んだとき、明らかに部屋中に共感の空気が満ちあふれていた。

「自分でも意外なほど、助けてあげたいと心から思いました」と、ファイナンシャルサービス会社の上級管理職は打ち明けた。

「職業柄、ふだんはどうしても任務や金銭的なことばかりに捕われがちです。はじめて会った赤の他人のことが、こんなにも気にかかるなんて思ってもみませんでした。しかし彼の窮状は痛いほどわかるので、できることは何でもしてあげたいですね」

共感を覚えない場合でも、マッチャーは手を差し伸べ、何かと世話を焼く。「助け合いの輪」では、助けた相手が自分の願いをかなえてくれる相手とはかぎらないので、純粋にマッチャーとして振る舞うのはとても難しい。そこで、マッチャーになるもっとも簡単な方法は何かというと、ほかの人と同じくらい自分も役に立とうとすることである。

「助け合いの輪」は、例の通称パンダ・アダムのネットワークの縮小版なのだ――参加者は、グループのほかのメンバーに五分間の親切をするよう仕向けられるのだから。

すべての願いが必ず聞き届けられるように、参加者は、直接的には助けてもらっていない人びとも含めて、何か役に立つことをしなければならない。受けとるよりも多くを与えることで、参加者はグループの誰もが願い事をかなえられる確率を上げているのだ――パンダ・アダムが自分のネットワークで恩送りを当たりまえに推奨しているように。

だが、テイカーはどうだろう？　周囲の人びとは、テイカーがこの機会に乗じて願いをかなえ、お返しをまったくしないのではないかと心配している。このリスクを確かめるため、ベイカーと私は、百人の被験者にアンケート調査を行なって、まずギバーかテイカーかを判定した。そのあと「助け合いの輪」に参加してもらい、私たちは被験者がした貢献回数を数えた。

案の定、ギバーはテイカーよりかなり多くのことをしてあげており、その数は一人あたり平均四つだった。

ところが意外なことに、テイカーもなかなか気前がよく、一人あたり平均三つの貢献をしていたのだ。人助けよりも権力や業績のほうをはるかに重視するにもかかわらず、テイカーは受けとった三倍を与えていたのである。「助け合いの輪」は、テイカーをギバーとして振る舞わせる状況をつくり出していた。**カギは、与えることを人目にさらすこと**にある。

テイカーには、人目のある環境で気前よく知識や情報源やコネを分け与えれば、自分の評判が上がることがわかっているのだ。ケチで利己的な人間だと思われたら、自分の夢の実現に手を貸してもらえなくなるだろう。

「利他的だと『善人』と見なされ、強欲だったり利己的だったりするとそうは見なされない」

と、デューク大学の行動経済学者ダン・アリエリーと同僚は書いている。だから、与えることは「他人に自分は善人だと知らせる方法なのだ」。

研究では、ギバーは普通、人目につく・つかないにまったく関係なく役に立とうとするが、テイカーは人目につく場合において実行する傾向があることがわかっている。ある調査でも、ほかの人に結果を見られる会議では、テイカーは多くのアイデアを出すことが明らかになっている。しかし結果が非公開の場合には、あまり協力しない。

またテイカーは、表向きは環境保護意識が高い人で通っていることも、ある研究で暴露されている。内心、エコロジー製品よりも贅沢《ぜいたく》品を好むくせに、人目があるところではあえてエコロジー製品を選んだりする。

役に立った度合いを目に見えるようにすることは、テイカーにとってもよい行ないもできるしカッコもつけられるしということで、まさに一石二鳥なのである。

「テイカー」を「ギバー」に変えられるか

ここに根本的な疑問がある——フリーサイクルや「助け合いの輪」のようなシステムは、テイカーをますますつけ上がらせるのではないだろうか。彼らを真のギバーに変える方法はないのだろうか。

ここでは動機は問題ではなく、重要なのは〝行動そのもの〟である。テイカーが他人の利益

になるように行動すれば、たとえ動機が利己的なものであったとしても、「与えるシステム」の維持に貢献していることになるからだ。しかし注意したいのは、テイカーは注目されなくなったとたん、与えなくなるというリスクだ。

中国の研究者が行なったある調査で、三百人以上の銀行の窓口係が昇進の選考を受けた。上司は各窓口係がどのくらいの頻度で、同僚の仕事の負担を減らしてやったり、自分には関係のない仕事を手伝ったりといった人助けの行為をしたかを評価した。これをもとに、上司は七十人の窓口係を昇進させた。

その後三カ月にわたり、上司はそのうちの半分以上について、昇進させたことを後悔するはめになった。昇進した七十人の窓口係のうち、三十三人は本物のギバーで、昇進したあとも変わらず人助けを続けていたが、残りの三十七人は、昇進したとたん急に人助けをしなくなっていった。

そう、彼らは仮面をかぶっていたのだ。昇進前の三カ月間、人に見られているのがわかっていたからあえて他人に親切にしていたが、昇進後は一人につき平均二三パーセント、与えることが減っていた。

こうしたテイカーをギバーに変えるには、何が必要なのだろうか。

ハーバード大学の学部長トマス・ディングマンは、同大の学生は思いやりが大切であるという価値観をもっているのに、同級生たちはそうではないと思い込んでいるのを知り、何とかし

ようと乗り出した。そして開校以来四百年ではじめて、ハーバード大新入生に、社会に奉仕するという誓約にサインを求めた。誓約はこう結ばれていた——「ハーバード大学に入学するにあたり、知識の習得はもとより、同大の価値観を支持し、キャンパスをすべての学生が豊かになれる、思いやりにあふれた場所にすることを誓います」

誓約は人目につかせたほうが効果的だと考えたディングマンは、さらなる行動に出た。学生が誓約を守りとおせるように、額に入れ、大学の寮の廊下に飾ったのだ。たちまち反対の嵐が巻き起こり、なかでもコンピュータサイエンスの教授で、ハーバード大元学部長のハリー・ルイスがもっとも手厳しく非難した。「思いやりをもつよう訴えるのは、まったくもって結構なことだ」とルイス。「確かに、このコミュニティには思いやりというものがあまりにも欠けている」ともブログに書いたが、「ハーバード大にとって、学生に思いやりをもつよう誓約〝させる〟ことは賢明とはいえず、悪い先例をつくることになる」。

さあ、ルイスは正しいのか。

ニューヨーク州立大学の心理学者ピーター・ゴルビツァーによる一連の実験で、ある個性にもとづいた行動をとると公言した被験者は、公言しなかった被験者よりも、そのような行動をとることがかなり少なかった。それは、**アイデンティティに関する計画を他人に知らせたことで、実際に行動を起こさなくても、自分のアイデンティティを主張することができた**からだ。

「思いやりをもちます」という誓約にサインすることで、ハーバード大生は、実際にそのように行動しなくても、ギバーとしてのイメージを確立することができてしまったからだ。

ディングマンはすぐさま、誓約を廊下に飾るアイデアを引っ込めた。だからといって、非公開でサインしたところでやはり逆効果であることは、証拠が示している。

ある実験で、ノースウェスタン大学の心理学者、ソーニャ・サチデバ、ルーメン・イリエフ、ダグラス・メディンは、被験者を無作為に二つのグループに分け、一つには「思いやり、寛大さ、やさしさ」といったギバーらしい言葉を使って、もう一方には「本、カギ、家」といったニュートラルな言葉を使って、それぞれ自分自身について書いてもらった。それから、研究者は彼らにチャリティーに寄付しないか尋ねた（種類は自分で選べる）。自分自身をギバーとして書いた人びとが寄付した額は、中立的な言葉を使った人びとの、平均二・五分の一だった。彼らはこう思ったに違いない。「私はもともと〝いい人《ギバー》〟なのだから、今回は別に寄付しなくてもいいだろう」と。

思いやりの誓約も同じ結果をもたらす可能性がある。**誓約にサインすることで、ギバーとしての信用を確立し、与えるよりも多く受けとっていいという心理的な許可をもらうことになったかもしれない。**

誰かを変えようとするとき、私たちはこのハーバード大の誓約にそっくりなアプローチをとることが多い。相手の信念を変えることからとりかかり、同じ行動をさせようとする。「ギバーとして行動します」と宣誓させれば、思いやりを大切にするようになり、実際に人の役に

立つ、誠実な人間になるだろうと思うのだ。

しかし多くの心理学の研究から、この推論は逆効果であることがわかっている。これと正反対のアプローチをとるほうが、はるかに効果的に影響をおよぼすことができるのだ。つまり、**最初に人びとの行動を変えれば、信念もあとからついてくる**のである。テイカーをギバーに変えるには、まず、与えようという気にさせなければならない。そうすればいずれ、条件が整えば、テイカーは自分のことをギバーだと思うようになるだろう。

だがこれは、先の銀行の窓口係には起こらなかった。三カ月間同僚に親切にして、昇進したとたん、与えることをやめてしまったのである。過去三十五年間にわたり、心理学者のバトソンと同僚が行なった調査によれば、**与えることを昇進のような外的な理由のせいにできる場合には、人は自分をギバーだと思うようにはならない**という。だが、**自分の選択によってくり返し人に与えていると、与えることを自分の個性の一部として内面化する**ようになる。これが、「認知的不協和（二つの矛盾する態度や信念などを同時に抱くことによる心理的葛藤）」の過程で起こる人もいる。

つまり、みずから進んで与えると決めたからには、それを変えるわけにはいかない。そこで、言行を一致させ、偽善を避けるための一番手っとり早い方法が、自分は人助けをしたいのだ、ギバーなのだと決めることなのである。

内面化のプロセスが、自分自身の振る舞いを客観視した結果、起こる人もいる。作家のE・M・フォースターはこうわかりやすくいいかえている。

「自分の行動を見ずして、自分が何者かどうしてわかるだろう」

この考えを裏づける、ボランティアに関する調査では、出世のためにボランティア組織に参加する場合でも、長くたずさわるほど、それだけ与える時間が増え、ますますボランティアの役割を自分の重要な一部と考えるようになるという。こうなれば、助けている相手と共通の意識が育まれて、しだいにギバーになっていく。同様のプロセスは社内でも起こりうることが、研究により立証されている。自分の仕事の範囲を超えて同僚や顧客を助けようと心に決めると、人は組織への帰属意識が高まる。

フリーサイクルと「助け合いの輪」では、与えることが大前提になってはいても、何を誰に与えるかは参加者の自由意思に一〇〇パーセント委《ゆだ》ねられている。

ウォートン校の私の授業でも、学生自身が与え方と助ける相手を独自に決めるようにしたところ、共同体の意識がはっきりと育まれはじめた。ある学生はこういう。「このコミュニティで、与えることと助け合うことのメリットをしっかり教えてもらったので、同窓生の友人のほうが、ほかのグループよりも頼み事がしやすいです」

学期の終わり、「ウォートン校にはギバーなんていない」とうそぶいた皮肉屋の学生がこういった。「どういうわけか、クラス全員が本物のギバーのようです。もはや、クラスという枠組みを超えていますよ」

PART 9

「成功への道」を切り拓《ひら》く人たち

――あとに続くのは誰だ

「ある人びとは、誰かによくしてやると、お返しをしてもらおうと常に期待している。また、ある人びとはそうではないが、よくしてやったことを意識していて、相手は自分に返すべき恩義があると思っている。しかし第三の人びとは、そんなことなど考えもしない。彼らはブドウの木のようなもので、何の見返りも期待せずにブドウの実をつける。（中略）だから、誰かを助けてやったら、（中略）あとはもうほかのことにとりかかるのだ。（中略）私たちはそのような人間でなくてはならない」

マルクス・アウレリウス（ローマ皇帝）

頭のいい人ほど早く行動している

　何年もまえ、ある人物がスポーツ界で活躍した。身長一八三センチ、体重九〇キロをゆうに超えるデリク・ソレンソンは、タフで攻撃的な選手だった。デリクはＮＣＡＡ（全米大学体育協会）チームを全国優勝に導き、プロ入りを果たした。怪我で選手生命を断たれたあと、一流のスポーツチームに口説かれて、契約交渉人になった。こうしてデリクは、世界最高レベルのチームをつくろうと、選手やその選手の代理人を相手に辣腕《らつわん》を振るうことになったのである。

　交渉のスキルに磨きをかけるため、デリクは有数のビジネススクールの「交渉学コース」を受講した。授業では、製薬工場を買収しようとしている製薬会社の経営幹部から、大工と激しく口論する開発者にいたるまで、さまざまな役割を演じながら交渉術を練習することができた。

　あるとき授業でデリクは、「事業が競合している四人の漁師」という議論設定で、そのうちの一人を演じることになった。四人は魚を乱獲していて、このままでは資源が枯渇してしまう。そこで、この難局をどう乗り切るべきかを話し合うのだ。

　一人の交渉者は、最大漁獲量を四等分してはどうかといった。もう一人の漁師は、取り分を五分五分にする別の方法を提案した――ほかの漁師より大規模に操業している漁師が、漁獲量を五〇パーセント減らすべきだというのである。これは公正な解決法だと全員が同意し、交渉はその日のところは散会となった。あとは、合意を尊重して守り、漁獲量をどのくらいにする

かを決めるのは、各交渉者に委《ゆだ》ねられた。

二人の交渉者は漁獲量を五〇パーセント減らし、それ以上は一歩も譲らなかった。三人目の交渉者はギバーで、彼女は漁獲量を六五パーセント減らした。グループは資源を守ることで意見が一致していたが、デリクは自分の漁獲量をいっさい減らさないことに決めた。捕れるだけ捕って、自分の全漁獲量を増やし、ほかの三人に大打撃を与えたのである。グループが話し合うまえ、デリクは四人のなかでもっとも収益が低かったが、はるかに多くの取り分を獲得すると、収益はギバーより七〇パーセント、ほかの二人より三一パーセント上がった。仲間に問いただされると、デリクはこう応じた。

「この交渉に勝って、商売敵《がたき》をつぶしてしまおうと思ったから」

そのわずか数カ月後、デリクは仕事でめざましい出世を遂げはじめた。プロスポーツチームに雇われ、すご腕の交渉者として名声を確立し、世界選手権で優勝することになるチームを結成するうえで重要な役割を果たした。

デリクがプロの交渉者として、最初にチームのために働きはじめたとき、仕事の内容は、予算を管理し、もっとも有望な選手を見つけ、新しい選手を雇う際に代理人と契約交渉し、手持ちの選手を維持することだった。財源が厳しいときに、テイカーのような交渉の仕方はデリクの有利に働いた。デリクは過小評価されている人材を見つけようと、ほかのリーグもくまなく探し回り、マイナーリーグでたまたま逸材を発見した。そして、その選手の代理人と契約交渉

をすることになった。例によって、デリクはわざと安い見積もりを提示した。それを見て、代理人はガッカリした。同等のほかの選手は、もっと高い年俸をもらっていたからだ。

エージェントは年俸のアップを要求したが、デリクはそれを無視し、一歩も譲ろうとしなかった。結局、代理人は根負けし、デリクの条件を飲んだ。この交渉はデリクの勝利に終わり、チームは何千ドルも節約することができた。

しかしその夜、帰宅すると、デリクは落ちつかない気分になった。「あの代理人、怒っていたな。同等の選手の年俸の話をもち出していたけれど、議論に熱中するあまり、こっちはあまりよく聞いていなかったし。きっと、僕のイメージも悪かったことだろう」

こんなあと味の悪い思いのまま、代理人とのやりとりを終えたくないとデリクは思った。そして契約書を破り捨てると、当初の要求額に応じ、年俸を数千ドルアップしたのである。

これは賢明な決断だったのだろうか？　デリクはチームに金銭的負担をかけたうえ、ほかの交渉にも影響する先例をつくってしまったかもしれない。それに、取引はすでにまとまっていたのだ。

ところが実際には、この行動があとあといい結果を残すことになる。

ヴァンダービルト大学の研究者ブルース・バリーとレイ・フリードマンが、さまざまな交渉を調査した際、より頭のいい交渉者のほうがよい結果を得るのではないかと推測した。ある調査でバリーらは、ＭＢＡ受講生約百人の知能に関するデータを手に入れた。彼らは各学生のＧ

MAT（数学的能力、言語能力、分析的思考力を測るテストで、多くのビジネススクールが入学者選抜の指標として採用している）のスコアを使って、知能を測った。そして被験者に二人一組で交渉を行なわせ、新しい商店街の開発業者か、商店街に出店してくれそうな店の代表者のいずれかを演じてもらった。交渉を終えると、被験者は最終合意を提出し、専門家がそれぞれのグループの取引の価値を評価した。

　案の定、両グループともに知能が高い人ほど、総利益はもっとも高かった。バリーらは各グループの利益を分析し、より知能の高い交渉者のほうが自分に有利な取引をしていることを確かめようとしたが、失敗に終わった。**もっとも知能の高い交渉者は、「交渉相手に」有利な取引をしていた**からだ。

「より知能の高い交渉者は相手の本当の利益を理解できるので、自分が少しばかり損をしてでも、相手の有利になるように取引をまとめるようだ」と、バリーらは書いている。**知能が高ければ高いほど、相手の成功に手を貸すようになる**のだ。これはまさに、デリクがマイナーリーグ選手の年俸をアップしたときの行動である。他者を慮《おもんぱか》ることで、自分はちょっと損をしたものの、代理人と選手にはかなりの利益をもたらすことができる。数千ドルという金額は、デリクのチームにとってははした金だったが、選手にとっては大金だった。

　何がデリクをギバーにさせたのだろうか。代理人との交渉の直前、デリクは自分にとって本当に大切なもの――**評判**――をかいま見る機会を得ていた。交渉学のコースの終わりに、生徒全員で表彰のための投票をすることになった。デリクは「もっとも協力的で賞」も、「もっと

もクリエイティブで賞」も、「もっとも倫理的で賞」も、すべて得票数がゼロだった。だが一つだけ、票を獲得した賞があった。デリクが圧倒的な勝者となったのは、何と「もっともあこぎで賞」だったのだ。

しかしデリクには同じ週、それ以上に驚きのニュースがあった。一度も受講したことのないクラスでまで「もっともあこぎで賞」に選ばれた、ビジネススクール史上唯一の生徒になったのである。デリクがコースに登録するのと同時に、別の交渉学のクラスもはじまっていたのだが、このクラスの生徒は誰もデリクと交渉をしたことがなかったうえ、そのほとんどは会ったことさえなかった。それにもかかわらず、デリクの評判はまたたく間に広まり、「あいつは汚い手を使う」というイメージがついてしまった。

デリクはプロの交渉者として、自分をできるだけ主張しなければ、踏みつけにされてしまうことを経験上よく知っていた。「交渉は戦いであり、勝者と敗者しかいない。いままでの経験から、とにかくより多く得られるようがんばっていた」

「もっともあこぎな交渉者」に選ばれたあと、デリクは、交渉の席での自分のやり方を反省した。「より多く受けとることで、短期的な利益は得たけれど、長期的には損をしました。同僚との関係は壊れ、そのせいで評判が地に落ちてしまった」

代理人との交渉で、契約書を破り捨て年俸をアップしたときのことを、デリクはこう振り返る。「選手がフリーエージェント（自由契約選手）になったときには、代理人が電話をくれてお礼をいわれたんです。いま振り返ってみれば、あのように行動して本当によかった。関係が

すっかり改善されて、チームの利益にもなったわけだから」

実はデリクは、テイカーとして交渉しはじめるずっとまえには、まわりから寛大で親切な人だと思われていて、同僚にアドバイスしたり、若いアスリートを指導したりと、頼ってくる人には誰でも時間を割いていた。小学校から大学までずっと、ほぼすべてのチームのキャプテンに選ばれていたし、最初に入ったプロチームでも、新人にもかかわらずキャプテンになり、ひたすら自分の利益よりもチームの利益を優先し、ずっと年上の選手からも敬意を払われていたのである。

デリクは現在、プロの交渉者として成功できたのは、テイカーからギバーに変わったおかげだと思っている。これは**新たな価値観を身につけたからではなく、以前身につけた価値観を新たな領域で発揮する自信と勇気がついたから**なのだ。デリクのように「もっともあこぎで賞」を受賞するまえに、読者のみなさんにも、ぜひとも人の利益になるような行動を起こしてもらいたいと思う。

しかし、いまだにデリクは、自分がギバーだということを、仲間以外の人びとが知ったらどう考えるだろうと心配している。実は、デリク・ソレンソンというのは偽名で、素性を隠すことを条件に彼のエピソードを紹介している。

個人的な意見をいわせてもらえば、私がもっとも尊敬する成功者はみなギバーだし、恩送りを心がけるのは自分の務めだとも思っている。ウォートン校での私の仕事は、世界有数の分析

的思考力の持ち主たちを教育して、よりよいリーダーや管理職、交渉人にすることだ。

ウォートン校に着任したとき、生徒たちにギバー、マッチャー、テイカーの三タイプを紹介し、本書のはじめに問いかけたのと同じ質問をした——「成功の階段の一番下で終わるのは、どのタイプだと思いますか」。

ほぼ満場一致で、ギバーだった。続いて、もっとも成功するのはどのタイプか尋ねると、マッチャーとテイカーで均等に分かれた。そこで持論を展開することにした。

「君たちは、ギバーは成功できないと思っているかもしれない。確かに、何の見返りも期待せず、ひたすら他人を助けている人たちのなかには、成功の階段の一番下に転げ落ちる人もたくさんいる。しかし同じギバーであっても、ほんのちょっと工夫をすれば、階段の一番上にのぼることができるんだ。

他人の人生に〝ちょっといいこと〟を起こすことに、注意とエネルギーを集中してみてほしい。そうすれば、成功はおのずとついてくる。僕にとって苦しい戦いになるだろうが、君たちが間違っていることを証明してみせようじゃないか」

そして、本書がその証明である。

「与える人」は〝その一歩先〟を見る

多くの人がギバーとしての価値観をもっているにもかかわらず、仕事ではそれを表に出した

がらない。しかし、人と人とが密接に結びついた世界で、チームワーク、サービス業、ソーシャルメディアといったことがますます重要になっていくにしたがって、ギバーが人間関係や個人の評判を築き、成功を拡大させるチャンスが広がっているのだ。

ギバーの頭のなかでは、成功の定義そのものがちょっと変わっている。

テイカーが成功を、人を出し抜いて優れた成果を達成することだと考えるのに対し、マッチャーは成功を、個人の業績と他人の業績を公正に釣り合わせることだと考える。

一方、ギバーは成功を、他人にプラスの影響をもたらす個人的なものだと考えるのだ。

この成功の定義は、働く人の雇用スタイル、評価、報酬、昇進のやり方を根本から変えてしまう。個々の従業員の生産性だけでなく、この生産性が周囲の人びとに与える影響にも注意を払わなければならないということだ。成功のイメージが、「個人の業績＋他人への貢献度」で成り立つとすれば、職場でもギバーになる人が増えるかもしれない。テイカーもマッチャーも、個人と共同体両方の利益を高めるため、他者を思いやらざるをえないだろう。

シリコンバレーの起業家リフキンは、出会う人すべてに支援の手を差し伸べることで有力者のネットワークを築き上げ、会社をいくつも立ち上げて成功させ、何千人という仲間に仕事、スキルアップ、事業の立ち上げなどを世話してやった。

ベンチャーキャピタリストのホーニックは、儲かりそうな会社に投資するかたわら、やる気のある起業家が売込みの腕を磨き、会社の立ち上げ資金を入手できるよう支援することで、自

分の評判を強固なものにした。

脚本家のマイヤーは、エミー賞をいくつも獲得し、「ハリウッドでもっともひょうきんな男」として名声を確立する一方、『アーミーマン』や『ザ・シンプソンズ』で一緒に働いた同僚たちの未来を広げる手助けをした。

会計学の教授スケンダーは数々の教育関係の賞に輝く一方で、後進たちの可能性を見抜き、彼らの背中を押し、やる気を引き出してその能力を開花させた。

教師のコンリーは恵まれない子どもの大学進学を助けるＮＰＯを立ち上げたあと、全国レベルの教育関連の賞にノミネートされた。

コンサルティング業界ではゲラーとバウアーが、後輩を育成することでどんどん出世し、予定よりも早くパートナーに昇進した。

彼らは私がもっとも魅力的だと感じる、成功したギバーたちである。他人を蹴落とすことなく、自分と周囲の人びとに利益を分け与えることで大成功を収めた。

起きている時間の大半を仕事に費やしている私たちが、ほんの少しでもギバーになったら、もっと大きな成功や、豊かな人生や、より鮮やかな時間が手に入るだろうか——。

それは、やってみるだけの価値はある。

（了）

Why Helping Others Drives Our Success

本書の「アクションのための提言」「脚注」「参考文献」は、
三笠書房ホームページ内で閲覧・ダウンロードしていただけます。
http://www.mikasashobo.co.jp

GIVE & TAKE《ギブアンドテイク》
「与《あた》える人《ひと》」こそ成功《せいこう》する時代《じだい》

著　者――アダム・グラント

監訳者――楠木　建（くすのき・けん）

発行者――押鐘太陽

発行所――株式会社三笠書房

〒102-0072 東京都千代田区飯田橋3-3-1
電話：(03)5226-5734（営業部）
　　：(03)5226-5731（編集部）
http://www.mikasashobo.co.jp

印　刷――誠宏印刷

製　本――若林製本工場

編集責任者　長澤義文
ISBN978-4-8379-5746-1 C0030

ハイ・コンセプト

「新しいこと」を考え出す人の時代

ダニエル・ピンク【著】
大前研一【訳】

◎この"6つの感性"に成功のカギがある!

21世紀にまともな給料をもらって、良い生活をしよう
と思った時に何をしなければならないか――

本書は、この「100万ドルの価値がある質問」に初
めて真っ正面から答えを示した、アメリカの大ベスト
セラーである――大前研一

ハーバード流交渉術

必ず「望む結果」を引き出せる!

ロジャー・フィッシャー／ウィリアム・ユーリー【著】
岩瀬大輔【訳】

「交渉力」を身につける――
ハーバード史上最高の研究!!

相手を満足させながら相手の一つ上を行く。たったそ
れだけでいい! ◆どんな複雑な利害があっても「最
高の解決法」を導く ◆相手の面子を立てながら、自分の
要求を通す ◆「どう見ても不利」な状況も一発大逆転で
きる ◆理屈が通じない相手を180度変える「ひと言」……

自助論

スマイルズの世界的名著

S・スマイルズ【著】／竹内均【訳】

今日 一日の確かな成長のための
最高峰の「自己実現のセオリー」!

「天は自ら助くる者を助く」――。 刊行以来今日に至
るまで、世界数十カ国の人々の向上意欲をかきたて、
希望の光明を与え続けてきた名著中の名著! 自分
を高め、人生をもっと豊かにするには。

T30148

［手書きメモ：右側］
感動を与えつつ一緒に遊ぶ

［手書きメモ：下部］
日中揉める所は不思議の。日中友好は韓国の思うせいに 中韓
友好は日本が困る。日韓はまた中口をまわれば、日本はそれをさらに良くするか、緊張させ
上、中口が発祥だと認めているにちがし、韓口は、いっそうひどいわねに
したようと、自分たちが起源だと言い張る。日本は本当に多くを